本书为河北省教育厅人文社会科学研究重大课题攻关项目"京津冀基础教育协同发展路径与方法研究"（编号：ZD202010）最终成果

京津冀基础教育协同发展研究

吴洪成　吴冠斌　著

WUHAN UNIVERSITY PRESS
武汉大学出版社

图书在版编目(CIP)数据

京津冀基础教育协同发展研究 / 吴洪成,吴冠斌著 . -- 武汉 ：武汉大学出版社, 2024.12. -- ISBN 978-7-307-24789-5

Ⅰ. G639.21

中国国家版本馆 CIP 数据核字第 2024WF1955 号

责任编辑:吴月婵　　　责任校对:汪欣怡　　　版式设计:马　佳

出版发行：**武汉大学出版社**　（430072　武昌　珞珈山）

（电子邮箱:cbs22@ whu.edu.cn　网址:www.wdp.com.cn）

印刷:武汉邮科印务有限公司

开本:720×1000　1/16　印张:20　字数:325 千字　插页:1

版次:2024 年 12 月第 1 版　　2024 年 12 月第 1 次印刷

ISBN 978-7-307-24789-5　　定价:99.00 元

序　言

本书是基于国家政府重大区域社会发展战略的现实驱动而创作的。我现在工作和生活于河北省一所重点综合性大学——河北大学，该大学毗邻国家开发新区，即本书所关注的战略规划聚焦点——雄安新区。鉴于将学术与社会相联系和结合的时代要求，为尽力发挥学科专业特点，服务于社会现实需求，本书选择了京津冀基础教育协同发展的课题加以探讨，其间，研究人员虽然经历了4年不平凡的岁月，但仍持续推进相关的课题研究工作。我想这与政府部门的战略谋划不断地感召和影响是不能分割的。

2014年2月，习近平总书记在北京主持召开京津冀协同发展工作座谈会时，提出了"京津冀完全能够相互融合、协同发展"的重要论断，并强调"京津冀协同发展意义重大，对这个问题的认识要上升到国家战略层面"。国家领导人的讲话精神是催化剂，是强心针，鼓角铮鸣的区域一体化初步设计自然提高到顶层设计、国家力量介入的框架内，这是燕赵大地这片濒海内湖地区自古未有的历史机遇，未来前景可期，但所面临的压力和挑战巨大。京津冀基础教育是京津冀协同发展的奠基和引领的组成部分，具有特殊的意义和作用。

教育与社会相依互动、彼此联系又相互制约且互为反作用。教育既是社会的一个子系统，同时又担负着影响社会全局的人才和社会生产力、生产关系的提升和平衡，相较于其他的社会部门或领域，其特殊的功能和价值是不可低估的。京津冀基础教育协同发展直接关乎三地教育的未来绩效优化及社会繁荣富强，对于河北省来说，这是一次换血、输血和健身强体、培本固元的教育升级契机；对于天津来说，则是教育领域的根深叶茂、稳中求优的统筹和调整；就关乎更紧密的北京而论，涉及北京外迁人口的教育机会和教育质量，同时担负区域领头羊、核心枢纽的责任和外溢性帮扶的服务工作。从教育反作用于社会的视角透析，其间的成败得失、功业强弱，以及效果大小，都会直接影响区域产业结构的转型升级和创新驱动。

现阶段，学界对基础教育的关注点往往聚焦在基础教育优质发展的内涵和策略上，且研究视域也往往局限在县域范围内。在京津冀协同发展战略的引领下，实现基础教育协同发展成为三省市教育领域的一项艰巨任务。为此，充分认识基础教育协同发展在京津冀教育协同发展中的重要地位，准确把握新时代赋予它的新内涵就显得迫切而重要。

作者在归纳现有京津冀基础教育协同发展的范式和模型的基础上，分析相关影响因素，并借助协同理论和共同体理论等思想流派，从京津冀基础教育协同主体、协同目标、动力机制、运行阶段和评价机制等方面对创新京津冀基础教育协同发展进行了构想、分析和研究。由于京津冀基础教育协同发展的鲜明特征和针对性问题，研究者需要具体进行实证、个案和理论多维度和交叉学科的方法研究加以理论构架和实践探索。与此同时，这样的设计及努力求索也有助于加强对其教育内涵、本质、特征和规律的认识。这对推动基础教育区域教育理论深化，乃至加强教育发展与经济社会进步之间内在关系的理解和体验都具有重要价值。

京津冀基础教育协同发展较国内外其他相关区域的实践成效而言存在着更为复杂和多因素交织干扰的特殊情形，这对课题的研究及其成效都带来了挑战。这当中的难度系数之大、心力耗费之多是可以想见的。而要解决主题内容中存在的问题和困惑，并不能简单地一蹴而就。诸多困惑和复杂因素的交织在书中已经作了不同方式的呈现，相信细心的读者能够从中体会。对此，从课题的对象和聚焦内容的典型性分析，京津冀基础教育区域间不均衡是其中的代表，以下就这一问题进行例证。目前，在京津冀政府平等协商的基础上，三地已联合签订了多项教育领域协同共建的合作协议。但在已经签订合作协议内容中缺乏刚性政策约束，各项协议并未系统说明京津冀基础教育资源共享的实施举措如何从实处建设京津冀基础教育共享体制。在三地未来的基础教育共建项目中，应以完善资源共享体系、均衡区域间基础教育发展层阶为工作重点。着眼于现实，京津冀基础教育在创新程度、经费投入、教师水平和生源质量等方面仍存在较大的提升空间。

该书集理论谈论、现实考察、学理分析以及实证研究于一体，该课题即为我们付出的体现，相信其中的思考和策略构想对京津冀教育的协同发展与该区域在全国新进行列中的走向会有一定的意义。

吴洪成
河北大学教育科学研究所

目　　录

第一章　概　　论

随着京津冀协同发展国家战略的确立，推动共建、共治、共享，重构基于质量效益的区域经济一体化、协同化的联动关系，成为当前京津冀三省市最为突出的工作重心，以及区域现代化的潮流趋势。基础教育和经济社会之间的内在联系，决定了基础教育协同发展既是区域协同发展的有机组成部分和具体内容，也是区域协同发展的内源和推动力。教育部近期就基础教育改革的政策文件中明确规定："基础教育是科教兴国的奠基工程……必须把基础教育摆在优先地位并作为基础设施建设和教育事业发展的重点领域，切实予以保障。"①因此，本书在教育资源共享的视角下，探讨京津冀基础教育协同发展的相关问题，并在针对其中的症结、困惑加以归因分析的前提下，设计出优化提升的策略，对京津冀协同发展战略的有效推进和目标达成有显著的现实意义。

第一节　研　究　背　景

本节就课题研究缘起，分几个部分加以阐释。

一、京津冀协同发展战略实施的形势使然

2014 年 2 月，习近平总书记在北京主持召开京津冀协同发展工作座谈会时，提出了"京津冀完全能够相互融合、协同发展"的重要论断，并强调"京津冀协同

---

① 中华人民共和国教育部．国务院关于基础教育改革与发展的决定［EB/OL］．（2001-05-29）［2024-06-26］．http：//www.moe.gov.cn/jyb_xxgk/moe_1777/moe_1778/201412/t2014 1217_181775.html.

发展意义重大，对这个问题的认识要上升到国家战略层面"。① 国家领导人的讲话精神是催化剂或强心针，鼓角争鸣的区域一体化初步设计自然提高到顶层设计、国家力量介入的框架内，这是燕赵地区这片濒海内湖地区自古未有的历史机遇，未来前景可期，但压力和挑战巨大。

2015 年 4 月，中央政治局会议审议通过了《京津冀协同发展规划纲要》，标志着"京津冀协同发展"正式成为国家重大战略，三省市合作有了遵循和行动的核心指南。京津冀协同发展战略的要旨和驱动是有序疏解北京非首都功能，牵住这个"牛鼻子"，即诸多问题纠结缠绕的"枢纽"所在，降低北京人口密度，实现城市运行与资源环境相适应；通过化解北京非首都功能，削枝强干、优化主体强势，从而使首都及周边区域经济结构和空间结构得以有效调整，走出一条内涵集约发展的新路子，探索出一种人口经济密集地区优化开发的模式，促进区域间协调互动，形成继珠三角区域、长三角区域之外新的增长极。

在这般浪潮汹涌、澎湃激荡的社会洪流席卷之下，京津冀三省市高度重视制订教育协同战略宏图的规划。为此，北京市教委、天津市教委和河北省教育厅于2019 年 1 月专门联合印发了《京津冀教育协同发展行动计划（2018—2020 年）》，并擘画了"优化提升教育功能布局，推动基础教育优质发展，加快职业教育融合发展，推动高等教育创新发展"的目标任务。近年来，在各方努力下，京津冀教育协同发展已经取得了一系列成果。

在中国教育发展战略学会 2022 学术年会上，时任北京教育科学研究院院长方中雄指出，"十三五"末期，首都教育功能疏解任务基本达到预期，首都教育的空间布局和社会服务能力逐步优化，城市副中心和雄安新区"两翼"的教育联动格局初步形成，三地各级各类教育事业合作持续深化，教育协同发展工作内容不断充实，工作机制逐步完善。② 然而，由于三省市基础教育中区域间落差大、区域内不均衡的"双重"非均衡痼疾严重存在，京津冀基础教育协同发展面临着

① 新华社. 习近平总书记引领推动京津冀协同发展纪事［EB/OL］.（2023-05-14）［2024-06-26］. https：www.gov.cn/yaowen/liebiao/202305/content-6857724.htm.

② 叶雨婷. 专家：京津冀教育协同发展关键问题有待解决［EB/OL］.（2022-12-19）［2024-06-30］. https：//finance. sina. com. cn/jjxw/2022-12-19/doc-imxxexzy3947230. shtml.

"外推"向"内生"的转化力不足以及"单向"到"互惠"合作平台不成熟的挑战。①

现阶段，京津冀在学前教育、基础教育、职业教育以及高等教育四大教育领域均有合作。但是，相对而言，基础教育作为教育事业的根基、学校教育制度的纵向主体，其地位和意义尤为突出。甚至可以认为，在学生进步和人生成长中发挥了决定性作用。随着京津冀区域协同发展的脚步不断向前迈进，对于在区域社会发展中具有基础性、先导性、全局性地位和作用的三省市来说，基础教育如何协同发展、保质达标，在优化自身体制、内容及方式的同时，切实助推社会其他各项事业的协同提升，无疑就成为摆在政策制定者、社会管理者、理论研究者和实践工作者面前重大而紧迫的理论命题和现实挑战。

二、京津冀社会公共服务能力提升的驱动

《京津冀协同发展规划纲要》明确指出，推动京津冀协同发展要以有序疏解北京非首都功能、解决北京"大城市病"为出发点。在合作共赢理念的统领之下，在具体行动实施过程中，京津冀三地发挥各自比较优势、适应现代产业的分工要求、坚持区域优势互补原则，统一谋划、统筹社会各部门领域诸多项目和任务。以三地同根同源、比邻共处所拥有的资源环境承载能力为基础，考虑京津冀城市群建设的实际需要，从而优化区域分工和产业布局，着力推动公共服务共建共享，加快市场一体化进程，努力形成京津冀目标同向、措施一体、优势互补、互利共赢的协同发展新格局。由此可见，促进基本公共服务均等化是京津冀协同发展不可或缺的重要内容。其中，教育作为一项基本社会公共服务，在支撑和引领经济发展、促进社会公平方面发挥着不可替代的基础性作用。

就现有的情况分析，京津冀区域内教育发展水平仍存在较大差距，推动区域内教育均衡的任务十分艰巨。学者曹浩文从人力资源投入(师生比、教师学历水平)、财力资源投入(生均公共财政预算教育事业费、生均公共财政预算公用经费)、物力资源投入(每百名学生拥有教学用计算机台数)三个视角构建京津冀基本公共教育服务评价指标，结果发现：京津冀基本公共教育服务的很多指标在

---

① 叶雨婷. 专家：京津冀教育协同发展关键问题有待解决［EB/OL］.（2022-12-19）［2024-06-30］. https：//finance. sina. com. cn/jjxw/2022-12-19/doc-imxxexzy3947230. shtml.

2014—2016 年差距不仅没有缩小，反而有扩大的趋势，一些指标的差距仍然非常明显。① 另外，由北京教育科学研究院、社会科学文献出版社共同发布的《京津冀教育蓝皮书：京津冀教育发展研究报告（2020~2021）》指出，"十三五"时期京津冀三省市在教育经费水平、师资队伍、办学条件等方面仍存在较大差距，教育整体高质量发展和协同发展仍面临较大挑战。②

教育在受政治、经济与文化制约的同时，又反作用于社会的各项事业发展的水平和效益。基于这一教育学原理，以及上文有关教育在区域社会系统中地位和作用的分析，可以得出如下结论：在京津冀协同发展的战略框架下，三省市教育发展不均衡将直接影响到京津冀区域经济社会协同发展的速度和质量，是促进京津冀基本公共服务均等化必须面对的现实问题。这就需要三地不仅要立足于各自实际教育，有更加精确的定位、清晰的目标和可行的路径，更要从协同发展的重大国家发展战略要求出发，主动打破"一亩三分地"的思维惯性和传统做法，积极统筹协调和资源共享，完善协同发展机制。

三、京津冀教育协同发展的基本态势

京津冀是北京、天津和河北的简称，均处于华北平原腹地，北接燕山，西倚太行，东濒渤海，南连河南、山西、山东三省所在的中原大地。从古人类活动及华夏文明点燃火焰开始，该区域一直以来就构成地缘相接、人缘相亲，地域一体、文化一脉的特定历史文化圈，区域合作的历史由来已久。学者陶品竹将京津冀政府层面自 20 世纪 80 年代以来正式的官方合作划分为五个阶段：开启（1982—1984 年的京津唐地区国土规划纲要研究工作）——分歧（首都经济圈抑或环渤海经济区）——聚合（《廊坊共识》与京津冀都市圈区域规划）——重启（环首都经济圈）——升华（上升为重大国家战略）。③ 教育协同作为区域协同发展的重

---

① 曹浩文. 京津冀基本公共教育服务差距缩小了吗？——基于 2014 至 2016 年数据的对比[J]. 教育科学研究，2018（9）：17-22.

② 方中雄，冯洪荣，郭秀晶，等. 京津冀教育发展报告（2021—2022）[R]. 北京：社会科学文献出版社，2022.

③ 陶品竹. 京津冀协同发展与区域法治建设研究[M]. 北京：中国政法大学出版社，2018：2-5.

要内容，必然受到教育外部社会板块组织及其关系的支配。已有的相关探讨工作及其研究成果为本研究奠定了坚实基础。

借鉴陈建军、徐之顺等学者研究成果①，作者将"聚合"之后的京津冀基础教育协同发展历程归纳为三个阶段：

第一阶段：政策松绑、经济带动，京津冀教育协同发展雏形初现（20世纪80年代至21世纪10年代）。在这一时期，由于中央和三地政府尚未制定专门针对京津冀教育协同的制度文件，所以也就没有形成促进京津冀教育协同发展的自觉。此阶段的意义在于，中央政府通过一些具有全局性的政策文件给地方教育行政部门和各级各类学校乃至社会团体和经济单位松绑，这些举措客观上把京津冀教育协同共赢和京津冀经济一体化进程捆绑在一起。第二阶段：政府主导、多元参与，京津冀教育协同发展全面实施（2014—2020年）。这一时期京津冀教育协同内容及方式的特征是"政府推动"，即从中央到三地政府逐级出台促进京津冀教育协同的宏观政策，并强化相关配套措施，并以此为契机，三省市基层教育行政部门、各级各类学校、企业及其他社会团体广泛交流、多边合作。至此，京津冀教育协同发展由政府主导、社会多元主体广泛参与的模式框架基本形成。第三阶段：视域拓展、观念认同，京津冀教育一体化格局初步形成（2021年至今）。此阶段，京津冀教育协同发展的显著特征是，京津冀教育协同的效应得到最大程度发挥，成为国内城市群各类教育优质均衡发展的"新标杆"，并产生广泛的示范引领作用。

京津冀教育协同发展正处在第二阶段，并正在向第三阶段有序过渡。总之，在京津冀协同发展背景下，无论是三省市整个教育体系，还是基础教育领域，都为协同共赢、优势互补奠定了基础，积累了宝贵的经验。

四、京津冀基础教育不平衡状态及其困惑

目前，在京津冀政府平等协商的基础上，三地已联合签订了多项教育领域协

---

① 陈建军曾在《长三角区域经济一体化的历史进程与动力结构》一文中，将长江三角洲区域经济一体化划分为上海经济区时期、浦东开发时期以及经济全球化时期三个阶段；徐之顺团队借鉴陈建军的研究成果，在《转方式·调结构·促增长——长江三角洲区域经济社会协调发展研究》一书中，将长三角高等教育区域一体化划分为三个历史阶段：区域教育市场孕育、区域教育合作次第展开、区域教育共同体初步创设。

同共建的合作协议。但在已经签订合作协议内容中缺乏刚性政策约束，各项协议并未系统说明京津冀基础教育资源共享的实施举措，如何从实处建设京津冀基础教育共享体制。在三地未来的基础教育共建项目中，应以完善资源共享体系、均衡区域间基础教育发展层阶为工作重点。着眼于现实，京津冀基础教育在创新程度、经费投入、教师水平和生源质量等方面仍存在较大的提升空间。

与津冀两地相比，北京市拥有丰富的优质教育资源，教育领域水平更高。目前，北京市已经拥有了较为完善的教育创新制度，具备高质量的教育设备和教育服务水平。天津市是由国家直接管理的直辖市，拥有丰厚的教育资源、科技和文化领域资源，在城市建设与教育资源拥有量上有独特的优势。反观河北，作为毗邻两地的省域，无论是在教育还是在其他领域的能力都与京津有较为明显的差距，在基础教育领域的经费投入较少，优秀教师所占比例与京津相比差距较大，继而造成河北省基础教育资源相比北京和天津两地较为匮乏。不过，河北省虽然在经济力量和教育资源上不占优势，但区域内拥有大量优秀生源和基础教育领域独特的教学经验以及方式。因此，京津两地同样应加强与河北省基础教育领域的合作项目开发，在一定程度上实现教育资源共享互通，协商构建出完善的基础教育协同体系，以良性互动为依托，实现三地基础教育协同发展。

然而，京津冀基础教育质量与水平不均衡，三地在协同发展建设中的定位不明确，导致三地基础教育协同发展存在很多难以在短期内解决的问题。例如，教育协同管理的体系不够完善和优质资源稀缺容易激发保护性壁垒等突出问题。

由此看出，对京津冀基础教育协同发展的诸多问题进行深入分析，思考解决问题的途径，可以加速推动京津冀一体化进程。

第二节　研究目的与意义

教育是人类社会演进到一定阶段的产物，它和社会政治、经济、文化、科技都具有密切的联系。因此，在理解教育与社会相关问题时，如何能不囿于教育的专业圈或者学科界限，而是跳出教育看教育、立足全局看教育、着眼长远看教育是新时代教育改革的需要，无论是理论探讨，还是实践需要都是如此。京津冀不是三个简单字符的拼凑，而是一个跨越三个省市的特定地理形态、行政区划以及燕赵文化区域，想要实现基础教育协同共进，离不开理论研究者、政策制定者以及实际工作者的勠力同心，共同探索科学有效的思想方法和实践路径。本研究聚焦京津冀基础教育协同发展的理论分析基础之上的实践路径思考，在多方调查、现状考察的基础上，突出问题导向和政策引领，进行深入分析和综合研判，以回应京津冀基础教育协同发展进程中面临的各种困境。

一、梳理京津冀基础教育协同发展的现状

京津冀基础教育协同发展直接关乎三地教育的未来优化绩效及社会繁荣富强，对于河北省来说是一次换血、输血和健身强体、培本固元的教育升级的契机，对于天津来说，则是教育领域的根深叶茂、稳中求优的统筹和调整，对于关乎更重的北京而论，涉及北京外迁人口的教育机会和教育质量，同时担负区域领头羊、核心枢纽的责任，担当外溢性帮扶的服务奉献者的角色。从教育反作用于社会的视角透析，其间的成败得失、功业强弱，以及效果大小，都会直接影响区域产业结构的转型升级和创新驱动。

依据科学研究所遵循的原则，全面认识现实状况、充分探究存在问题及其症结，是提高科学性和精准性的前提。本研究综合运用文献法、调查法、案例研究法等，对市、县（区）、部分代表性学校展开调研，客观肯定跨区域基础教育协同发展的经验和成就，清晰了解三省市基础教育间存在的差距及主要问题。

总结、剖析京津冀基础教育协同发展成就及困惑"症结"，应注重搜集三个方面的基础工作或行动努力：1. 三省市基础教育发展概况、教育水平、优势和劣势，尤其是河北同京津两地之间的差距，这是推进三省市基础教育优势互补、合作共赢的基本前提；2. 三省市基础教育协同发展的共同需求，尤其是不同利益主体的现实愿望是什么，这是京津冀基础教育协同发展深入推进的关键；3. 呈现相关利益主体在落实京津冀基础教育协同发展政策方面所开展的各项工作，尤其是地方教育行政部门、各中小学以及其他社会团体的主动作为。

为此，本研究既注重搜集各级政府为促进京津冀基础教育协同发展政策落地所制定的制度和文件，同时关注来自中小学校、来自基层的鲜活典型案例，以及联盟校、附属校，培训、交流及其他方式支援、协作活动的实情、内容、试验得失，以及成就绩效的多元丰富资源，还有各地教育部门的相关信息、数据、图文

的鲜活素材。在论据史实的充分依托下，开展课题立论和探索，得出可信、有说服力的结论，从而实现课题的预期目标。

二、破解京津冀教育协同发展的阻力

基础教育主要是指小学和初中、高中阶段的教育，是学制体系办学类型或种类的主干。换言之，基础教育只是教育体系的主要部分，而非整体。如此而来，京津冀区域社会协同战略转向中的教育问题是基础教育的背景依托，有必要对此加以阐释。

京津冀教育协同发展不是简单的合作，而是存量上的改革，是对京津冀地区教育资源的重构。① 也即，落实京津冀教育协同发展需要将三省市的现有教育资源从整体上作一个区域内的大调整、大优化。也就是说，京津冀三省市在走出"一亩三分地"传统思维的前提下，原来的三省市自成体系、互不衔接、独自发展的教育发展格局将被打破，各自先前的教育理念、管理模式和运行机制也都将被纳入统一的框架内作衡量。这种新变化不可避免地会遇到来自相关利益方的阻力，出现一些困难。这种冲突在基础教育领域内更显著。

在基础教育领域，首都人口外迁过程中存在子女教育问题：外迁人口子女在搬迁地能否接受同北京一样高质量的基础教育；在京津冀三省市不同的教育考试和评价机制前提下，区域考生尤其是河北省考生如何享有更多京津高校入学机会；如何统筹资源从根本上解决河北省教育公共服务短板……②

本研究在梳理京津冀基础教育协同发展已经取得的成绩的同时，将正视上述问题和可能存在的挑战，客观分析，准确判断，并借鉴国内外区域教育一体化的成功经验，提出构建京津冀基础教育系统发展长效机制的有效措施，为缓和、减轻，乃至化解上述困境和矛盾略尽绵薄之力。

三、明晰跨区域基础教育协同发展的自身特征

推动京津冀协同发展是党中央在新的历史条件下作出的重大决策部署，具有

---

① 人民日报. 京津冀教育协同，一场存量改革［EB/OL］.（2017-04-13）［2024-06-28］. http://www.xinhuanet.com/politics/2017-04/13/c_129531446.htm.

② 李俊凯. 京津冀教育协同发展实践策略研究［M］. 北京：科学出版社，2017：15.

鲜明的时代性和地域性。严谨扎实而有条不紊地落实京津冀基础教育协同发展工作，不仅关系京津冀协同发展战略的推进速度和实效质量，而且对于推动我国跨区域基础教育一体化发展，甚至全国基础教育发展都具有重要意义。

作为我国经济社会发展的重要增长极，长三角、珠三角和京津冀三大区域的协同一体化进步，尤其受到广泛关注。区域经济社会的优化提升需要以高素质人才为依托，教育作为人才培养和智力支持的根本保障，成为区域积极、长远设计的关键。高兵通过比较上述三大区域教育与人力资源发展状况发现：从人口发展状况来看，京津冀区域总抚养比高，人口密度较低；从居民受教育发展水平来看，京津冀区域居民高学历人口比重大；从科技资源配置来看，京津冀科技资源具有政府主导的特征；从教育发展规模来看，京津冀区域教师数量充足，高等教育规模大；从教育投入来看，京津冀区域教育经费投入比重大。[①]

京津冀区域教育这种横比有差距、内视有机遇的鲜明特质，决定了它的基础教育协同的特定内涵和独特模式，也就不能照搬其他国家或国内先行、成熟地区的个体经验及固定程式，而需要走出一条符合自身实际的行之有效的道路。这就是京津冀包括教育在内的协同发展特征的追求和发挥问题。无论从丰富该领域专题理论，还是实践应用而言，这都是有必要的。

四、深化基础教育区域平衡的理论

现阶段，学界对基础教育的关注点往往聚焦在基础教育优质发展的内涵和策略上，且研究视域也往往局限在县域范围。在京津冀协同发展战略的引领下，实现基础教育均衡发展成为三省市教育领域的一项艰巨任务。为此，充分认识基础教育协同发展在京津冀协同发展中的重要地位，准确把握新时代赋予它的新内涵就显得迫切而重要。本研究在归纳现有京津冀基础教育协同发展的范式和模型的基础上，分析阻力因素，并借助协同理论和共同体理论，从主体机制、目标机制、动力机制、运行机制和评价机制五个方面对创新京津冀基础教育协作发展机制进行了构想，构建起三省市基础教育协同发展的理论框架与模型。与此同时，由于京津冀基础教育协同发展的鲜明特征，对其教育内涵、本质、特征和规律的

---

① 高兵. 京津冀教育协同发展战略研究［M］. 北京：知识产权出版社，2016：87-98.

认识，对推动基础教育区域教育理论发展乃至深化教育发展与经济社会发展之间内在关系的理解和感悟都具有重要价值。

第三节　国内相关研究综述①

纵观国内学界的相关成果，近些年来我国学者从不同方面对京津冀基础教育协同发展体系进行了多角度的理论与实证分析，对京津冀基础教育发展政策、京津冀基础教育协同发展特色及京津冀基础教育发展差异等方面进行了分析。由于京津冀区域的特殊性，国外学者的关注较少，成果存在局限性，但对于校际资源共享方面的探索很充分。笔者对国内文献进行了梳理与归纳，为京津冀基础教育协同发展的研究提供了依托和必要资源。

一、研究综述

为更系统地了解国内学者关于京津冀基础教育问题的研究现状，笔者于2022年2月分别以"京津冀教育协同发展""京津冀基础教育"和"基础教育协同发展"为关键词在中国知网进行搜索，范围包括学术期刊与博硕论文。其中，以"京津冀教育协同发展"为关键词检索到期刊论文775篇，博硕论文125篇；以"京津冀基础教育"为关键词检索到期刊论文52篇，博硕论文13篇；以"基础教育协同发展"为关键词检索到期刊论文56篇，博硕论文8篇。下文主要从京津冀教育协同发展政策、京津冀教育协同发展特色、京津冀教育协同发展差异以及京津冀教育资源共享等几个方面对学者们的研究进行总结归纳。

（一）关于京津冀教育协同发展政策研究

区域教育协同发展需要政策支撑，优惠政策会对各地政府落实教育合作共建起到促进作用。现阶段，国家对于京津冀一体化发展在政策规划方面所有倾斜，

---

① 本部分内容参考了河北大学2022届教育学原理专业硕士研究生谢济聪的学位论文《京津冀基础教育协同发展问题研究——基于教育资源共享的视角》，该论文的指导教师为本书第一作者河北大学吴洪成教授。

其中包括促进教育一体化建设政策文本的出台。就此，国内学者的论文对这些政策在京津冀协同发展中的作用进行了分析和说明。

李忠华认为，2005 年签署的《京津冀人才开发一体化合作协议书》以人力资源共享项目开发为主体，为京津冀教育协同发展起到了良好的助推作用，并加深了京津冀各项教育资源的交流共享。2012 年出台的《积极推进教育领域合作促进经济社会发展合作协议》进一步确定了教育资源共享在教育协同发展中的重要作用，在政策上为京津冀教育协同发展提供物质或经济实力支持。2014 年，京津冀三地教育行政部门共同签署了《积极推进教育领域合作促进经济社会发展合作协议》，为京津冀教育资源共享体系的形成获得了强有力的保障，明晰了京津冀教育一体化发展规划，并为京津冀三地提供了文化资本的场域。① 2015 年，中共中央、国务院正式印发《京津冀协同发展规划纲要》是明确京津冀协同发展由倡议升级为国家重点战略的标志。

由此可知，在我国政府颁布的一系列政策的助推下，京津冀三地有了共建协同发展体系的便利条件。与此同时，京津冀三地政府在顶层设计上也有了初步的合作形式。彭丽华等认为京津冀三地签署的一系列计划与协议，奠定了京津冀教育协同发展的稳定根基。2017 年 2 月，在京津冀三地联合召开的教育协同发展推进会上确定了《"十三五"时期京津冀教育协同发展专项工作计划》。此外，三地教育部门还签订了《关于开展教育协同发展的合作协议》，将京津冀基础教育协同发展作为促进京津冀一体化建设中的重点内容。②

2021 年 10 月 19 日，京津冀教育部门共同签署了《"十四五"时期京津冀教育协同发展总体框架协议（2021—2025 年）》。该协议规划了六个层面的京津冀教育共建重点内容。当天下午，北京市教育委员会与雄安新区管理委员会共同商讨了11 项工作议程，并签署了《关于雄安教育发展合作协议（2021—2025 年）》。曲经纬认为，这两份协议是三地教育部门在总结"十三五"时期工作经验基础上，结合新阶段、新形势、新要求，对"十四五"时期京津冀教育协同发展从整体上进

---

① 李忠华. 文化资本视阈下的京津冀教育资源协同发展[J]. 中国集体经济，2016(30)：7.

② 彭丽华，董烈霞. 京津冀协同发展战略视角下基础教育协同发展探析[J]. 知识经济，2017(20)：167.

行的规划。①

上述可见，我国政府对于推进京津冀教育协同发展十分重视，因此京津冀三地教育协同发展拥有良好的政策背景以及来自多方的支持，极大地提升了三地基础教育合作共建的积极性。

(二)关于京津冀基础教育协同发展特色研究

京津冀三地在基础教育领域各有优势，特色鲜明。郝志功认为北京市和天津市拥有优质的教育资源，尤其是北京市率先实现了教育大众化及普及化，教育质量明显高于我国其他地区。② 从京津冀三地的教育模式现状分析，北京市教育现代化水平在全国范围内一直处于领先地位，实施的"选课走班"制度为其他地区高中课程设置和招生体制改革提供了范本；天津市在普通高中阶段推进特色课程开发，为学生多元化发展尝试了创新探索；河北省则在义务教育均衡发展过程中摸索出联盟校、建分校、撤并校以及建新校四种教育发展模式。这些办学模式和特色以区域实际发展为依托，与国家落实立德树人的教育核心理念紧密贴合。

区域教育协同发展特色建立在不同的合作形式基础上，因此，在京津冀三地基础教育合作形式上，很多学者作了调查、分析。胡志强表示我国的基础教育校际合作仍处于初级阶段，基础教育合作项目形成教育集团、校际联盟和学校群建设三种类型。③ 蔡春等认为，京津冀三地在基础教育行业合作关系较为稳定，合作内容丰富，包括开展专项扶贫项目、促进师资交流共建、校际间联合办学，以及教育资源共享等多个层面。④ 在三地政府积极响应区域教育协同发展号召的背景下，彭丽华等竭力倡议河北省基础教育学校以国家政策为抓手，与北京市和天津

① 曲经纬."十三五"期间京津冀教育系统合作协议达168个[N].北京城市副中心报，2021-10-29(001).

② 郝志功.基于京津冀协同发展的基础教育均等化研究[C]//河北省廊坊市应用经济学会.对接京津：廊坊市域经济发展——第九次京津冀协同发展：国家重大发展战略廊坊论坛论文集[C].廊坊：河北工业大学廊坊分校党委，2015：22-27.

③ 胡志强.当前中小学校际合作的实践类型、核心问题与改进策略[J].教育理论与实践，2017，37(2)：13.

④ 蔡春，王寰安.京津冀基础教育合作办学模式研究[J].中国教育学刊，2021(3)：50.

市基础教育名校联合，开展跨区域合作办学。此外，京津冀联合成立教育联盟，以多元化合作形式，在基础教育协同建设中摸索出建立分校、合作办学等模式。在线下合作的基础上，京津冀还在线上成立基础教育师生共享交流合作项目，利用互联网打破区域限制，三地师生可以共享共用各具特色的优秀教学课件。[①]

义务教育是基础教育的一部分。在义务教育阶段，京津冀三地的学校培养学生的内容是一致的。通过义务教育达成多种形式的合作，基础教育均衡发展程度也会得到相应的提升。但目前这些合作形式并不成熟，三地教育资源共享模式的构建尚不理想，这些问题使京津冀基础教育一体化进展步伐缓慢、成效减少，以至于形式多于内容，表层覆盖本质，或虎头蛇尾，雷声大雨点小。

(三) 关于京津冀基础教育协同发展差异研究

京津冀三地政治地位高低有别，教育经费投入与教育资源拥有量存在较大差异，从独特政治治理务实而高效率的视角而论，这都会对京津冀基础教育一体化战略顺利推行产生阻碍。只有找出京津冀基础教育差异的具体方面，才能有针对性地提出解决策略。薛二勇等从教师的学历水平差异入手，对京津冀三地基础教育教师学历水平进行了分析。在小学阶段，教育部发布数据显示，河北省本科及以上学历教师占总体教师的比例，比京津两地比值低，且与全国各地区均值相比仍有差距；初中和普通高中阶段，三地教师学历水平差距更大。这说明在基础教育阶段，随着教育层次的提升，三地优质教师资源向京津倾斜的程度加深，对河北省基础教育水平提升产生不利影响。[②] 由于教师资源在教育领域的主导地位，教师学历层次的差距会造成三地基础教育水平不均衡。因此，京津冀基础教育协同应重视教师资源的互通交流，重心集中在将京津的优秀师资向河北省调动、分流，用以帮扶河北省贫困地区的基础教育建设。刘丹丹认为就京津冀而言，北京市作为首都，相比于其他地区在资金、科技、人才等重要资源占有量上处于领先位置，但存在主城区资源和城市功能过于集中的趋势。而与之地缘相近的河北省

---

① 彭丽华，董烈霞. 京津冀协同发展战略视角下基础教育协同发展探析[J]. 知识经济，2017(20)：167.

② 薛二勇，刘爱玲. 京津冀教育协同发展政策的构建[J]. 教育研究，2016，37(11)：34.

由于"环京津贫困带"的存在，整体区域经济发展中处于劣势，在京津冀一体化过程中出现节奏不适应的情况。① 这种发展差异使得京津冀基础教育协同中的合作项目难以真正实现其价值。

京津冀基础教育现实的不均衡，不仅体现在师资力量的差异上，还体现在政府教育经费投入差距中。马俊红从生均教育经费投入的角度分析，认为生均教育经费就是政府在一年内按学生数量平均投入的教育费用，他认为尽管京津冀三地的生均教育经费在逐年增加，但由于河北省的经济发展速度较慢，所以区域生均教育经费上升幅度比较有限，因此三地教育部门的生均教育经费投入差距仍在逐渐加大。② 吴冠斌表示京津冀三地在教育事业费投入和生均教师数量两方面存在较大差距，三地人均教育事业费差距逐年增大，教育非均等化问题较为突出。③ 这也说明京津冀经济发展水平不同，造成政府对教育事业的投入经费不均衡，导致目前三地的教育经费呈"三级阶梯状"，造成教师资源吸收和流失两方面存在难以平衡调节的矛盾，教育部门的优秀人才资源无法实现共享。

郑国萍等从供需角度入手，认为京津冀三地在教育事业上存在着供需不平衡问题。她表示教育协同的供给方在教育资源和教育服务上达不到需求方的要求，教育需求方不仅对教育资源存在数量需求，还在教育资源的质量和结构上有深层愿望，因此教育供需方在教育协同发展过程中存在供需不匹配，落差大，甚至相矛盾的诸多困扰。同时，由于三地政府公共财政性教育投入以及用于教育事业支出的财政拨款数额不同，京津冀可利用的财政性教育经费高低悬殊。加之基础教育服务拥有地区属性，跨区域基础教育合作项目难以深入实施，造成区域基础教育资源分配不合理。④

王宁认为在教育资源地区分布上，京津冀教育资源呈现 X 形分布，其中北京市和天津市为一条线，河北省唐山市、廊坊市、保定市和石家庄市为另一条线的

———————

①　刘丹丹. 试论京津冀协同发展战略视阈下的教育协同发展[J]. 河北青年管理干部学院学报，2017，29(2)：55.

②　马俊红. 关于构建京津冀基础教育服务协同发展机制探讨[J]. 商，2015(42)：71.

③　吴冠斌. 京津冀区域基础教育校际合作现状研究[J]. 河北教育(综合版)，2019，57(Z1)：84.

④　郑国萍，陈国华. 京津冀教育协同发展供需矛盾及应对策略[J]. 河北师范大学学报(教育科学版)，2017，19(4)：96.

交叉分布。① 这种教育资源不平衡的主要原因就是直辖市、省会城市和中心城市的教育资源丰富密集，但非核心城市的教育资源相对贫瘠。从教学质量上来说，河北省和京津两地的差距依然很大。因此三地应该尽快落实教育资源共享机制。但目前京津冀区域内部有不同的教育资源分享模式和平台，所以在教育协同进程中会出现资源共享模式不兼容的现象。

（四）关于基础教育资源共享的研究

京津冀基础教育协同发展要重视区域间教育资源共享体系建设，因为造成京津冀三地教育层次水平落差大的根本原因是教育资源失衡。京津冀教育资源共享的最终目标是通过资源量充足的地区向周边地区辐射，其理想愿景是在不加大教育投入的前提下，提升整体区域内教育资源的质量。

李显军从基础教育资源共享优势角度出发，认为在教育成本固定和教育支出不足的情况下，通过教育资源共享手段实现教育均衡是可行的。因为，通过教育资源共享途径可以推动不同学校取长补短，使学校各项资源得到充分利用。② 其实，这是办学资源优化、最大效益追求在方式、手段或技术实践方面的努力，是非常有益的方案设计。

朱剑通过对校际联盟的深入研究，认为共享模式可以使学校间的不同学科得到交流融合，形成校际间优势互补的结果，最终实现共同进步的目标。③

郑国萍从微观角度进行分析，认为教育资源共享的具体内容是有教育资源优势的政府、教育管理部门、学校和任职教师等多方参与，利用教育政策、制度建设、创新产品以及教育服务等途径，通过调整资源供给质量和数量，最大可能和限度满足教育弱势地区的实际需求，最终形成资源互通共享的教育格局，达成区域间教育均衡。④

教育资源共享的方式，是教育协同合作活动的参照依据。吴继光通过认真比

---

①　王宁. 京津冀基本公共服务均等化：问题与对策[J]. 商，2015(28)：62.

②　李显军. 论教育资源共享[J]. 教育与教学研究，2002(8)：24-29.

③　朱剑. 美国的五校联盟探析[J]. 现代教育科学，2006(3)：58-60.

④　郑国萍，陈国华. 京津冀教育协同发展供需矛盾及应对策略[J]. 河北师范大学学报（教育科学版），2017，19(4)：95.

较、配对，得出了以下几种方式：第一，按照学校区域划分基础教育阶段的各所学校，让同一学区内的各所学校提供教育资源共享服务，形成学区化交流模式；第二，推动位置相邻的学校形成校际联盟，在联盟内实行教育资源合作共享模式；第三，将社会教育组织引入教育资源共享体系，形成与学校间相互交流、合作共享教育资源的双赢合作模式。① 另有学者从"互联网+教育资源共享"技术出发，认为在网络迅速发展的时代，"互联网+教育资源共享"已经成为教育组织方式的重要内容。任友群等从系统科学出发，对教育资源共享主体与对象进行分析，认为在网络日益普及的当下，数字化教育资源共享应该引起关注，教育资源可以通过数字化方式实现共享。这种方式可以打破地域的限制，推动教育资源均衡协调，提高学校的教学质量。② 高扬等提出在创新型发展形势逐渐兴盛的背景下，依靠网络进行教育资源共享，成为学校合作的重要途径。于是，建设网络教育资源共享平台也就自然成为区域教育协同发展的目标。③ 以上学者对资源共享的意义、目标及具体方式进行阐述，充分说明了教育资源共享在区域教育一体化中的功能和价值日益受到承认或者关注。学者们在此基础上提出教育资源共享主体多元化和合作项目形式多样化的具体设想，为京津冀基础教育协作中教育资源共享模式的实施与创新提供了背景基础或资源参考。

二、研究现状评述

通过对学者的相关成果内容及论点的呈现与总结，可以得出以下认识：

（一）学者们关于京津冀三地教育协同发展的政策研究比较充分，有很高的借鉴价值

在此基础上，学者们从教育模式与合作形式两方面入手，对京津冀基础教育

---

① 吴继光. 教育资源共享在基础教育领域的模式研究［J］. 中国现代教育装备，2009（10）：9-11.

② 任友群，徐光涛，王美. 信息化促进优质教育资源共享——系统科学的视角［J］. 开放教育研究，2013，19（5）：104-111.

③ 高扬，何晓萍. 网络环境下数字化教育资源共享模式探究［J］. 江西图书馆学刊，2010，40（4）：31-34.

协同发展特色作了总结，尽管研究成果呈现篇幅普遍较短，但条理清晰、内容翔实、中心明确，有一定深度。在京津冀基础教育协同发展差异方面，学者们分析了三地的师资、政府经费投入金额以及教育供需之间的关系，为以后相关问题探索提供了参考。学者们关于教育资源共享的见解，涉及资源共享在教育领域的重要意义以及基本共享方式，为形成可行的策略提供了重要的依据。可惜的是，针对基础教育区域协同发展实证分析、实施路径，以及合作机制等方面的研究较为薄弱，特别是对于京津冀基础教育协同发展方面的研究较少。目前能找到的关于京津冀基础教育协同发展问题讨论的成果为本研究提供的理论支撑有限。

（二）随着京津冀一体化战略地位的提升，京津冀教育协同发展的重要性随之凸显

从国内外相关文献可知，尽管拥有优越的地理条件和国家的政策扶持，京津冀教育协同发展路径却不像预期那么顺利。由于京津冀三地的政治地位和经济水平有较大差异，教育经费的投入不平衡，导致三地拥有的教育资源有一定差距。加上京津冀各自为政多年，行政体制难以在短期内融合，教育资源难以得到深入共享。本研究在借鉴以往研究成果的基础上，主要立足于教育资源共享的立场，提供针对京津冀基础教育协同发展问题的相关策略，以期优化京津冀基础教育协同发展体系，进而推动我国京津冀一体化战略的现实进程。

第四节 研 究 设 计

一、研究思路

本研究在京津冀协同发展的大背景之下，聚焦京津冀基础教育协同发展的实践策略，概述中央政府、三省市各级政府、地方教育行政部门、中小学以及其他团体组织促进京津冀基础教育协同的举措和成就，在坚持客观公正、实事求是的原则下，正视协同共建过程中存在的突出问题和挑战，综合研判未来发展态势，提出兼具理论指导性和实践可行性的对策建议。具体研究思路如图 1.1 所示。具体思路如下：

第一，在全面分析对京津冀基础教育协同发展的研究背景和意义的基础上，

明确本研究的理论基础，并梳理影响区域教育协同互动的因素。区域教育协同作为一种复杂的社会现象，社会学领域中的协同理论、系统理论、耗散结构理论对分析其中的相关问题具有一定的指导价值，教育公平理论、教育与经济社会互动理论对于把握京津冀基础教育协同的内涵和关键节点也都有直接的指导意义。

第二，运用文献法和比较研究法，探讨并参照梳理长三角、珠三角等国内其他城市群的基础教育协同发展阶段和主要经验，借鉴和吸收国外典型地区的区域教育协同创新模式。

第三，依据国家有关义务教育均衡发展实施文件精神，参考有关研究成果，构建京津冀基础教育均衡优化指数，量化三省市义务教育协同共赢愿景规划。

第四，通过数理统计、案例分析等方法，探讨近京津、环京津、远京津、雄安新区基础教育协同相关活动实践以及存在的主要问题。

第五，在分层分类进行分析的基础上，从京津冀基础教育协同发展的现状特点、问题难点、重点任务、对策建议和实施步骤等方面加以深入辨析，从治理体系、机制建设和各级各类教育的协同进步等方面提出优化京津冀教育协同发展的系统构建的策略建议。

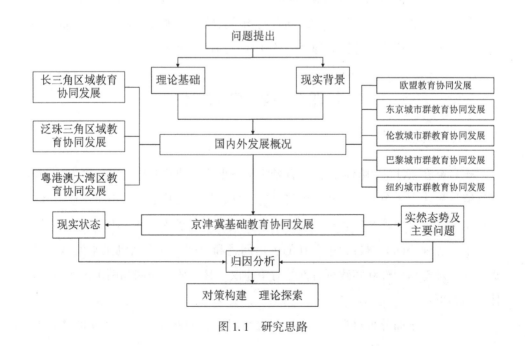

图 1.1　研究思路

二、主体内容

在分析目前中外区域基础教育协同实践活动的基础上，运用相关理论作为工具和依据，结合现状问题及其归因分析，对京津冀基础教育协同深化战略提出针对性的对策和建议。相关章节内容如图 1.2 所示：

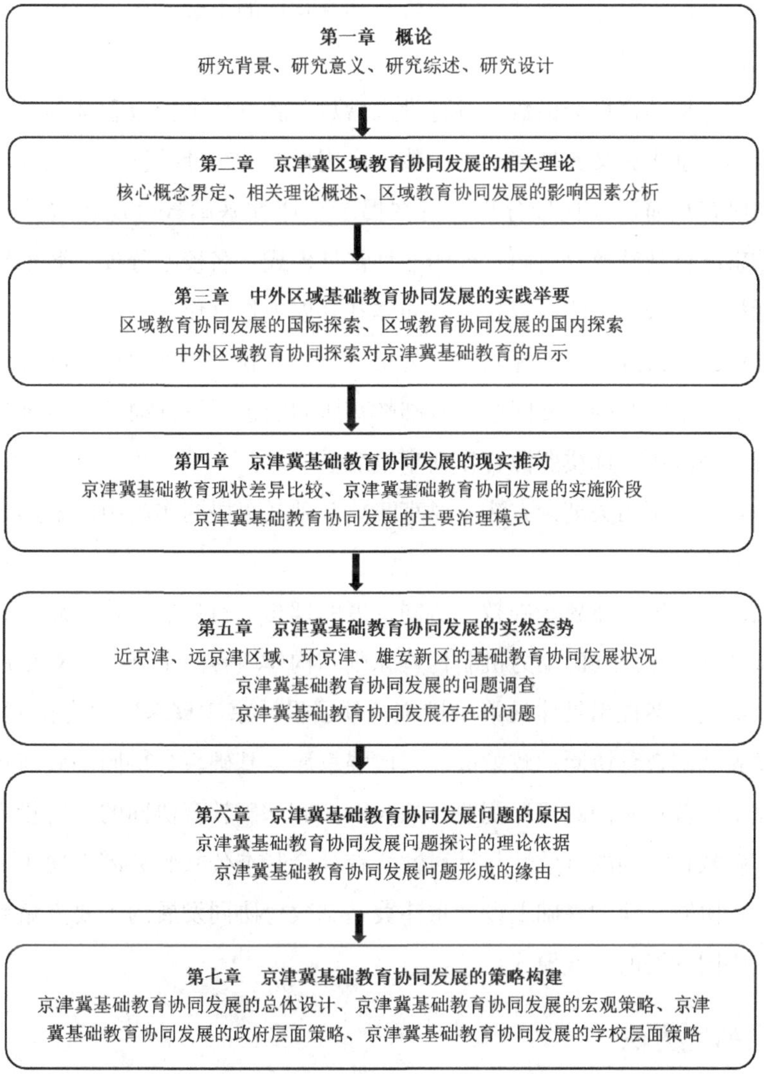

图 1.2 研究主体

第一章，主要介绍京津冀基础教育协同发展研究背景和意义，进行研究设计，明确研究方法。

第二章，首先对京津冀、京津冀基础教育协同发展、教育均衡发展等相关概念进行了界定，其次以协同发展理论、府际关系理论、区域平衡理论、合作博弈理论、教育地理空间理论、教育公平理论构成本研究的理论基础，最后在政治、经济、文化、教育等方面分析影响区域基础教育协同推进成效的因素。

第三章，探讨中外区域基础教育协同共赢互促的实践活动，归纳、总结其中提供或蕴含的经验启示。

第四章，从教育机会指数、教育投入指数、教育公平指数和基础教育指数四个维度构建了京津冀义务教育水平指数，运用最新的统计数据，对三省市义务教育现状加以客观描述和比较分析，旨在揭示京津冀基础教育现状差异及阶段进展，总结京津冀基础教育协同发展的五种常见模式：名校办分校、名校集团化办学、校际教育帮扶、组建区域教育共同体和开展项目合作。

第五章，分析近京津、环京津、远京津、雄安新区基础教育协同合作的实际状况，指出其中存在的主要问题：基础教育协同的顶层设计缺乏、促进基础教育协同运行机制薄弱、优质资源合作共享组织松散。

第六章，运用相关理论方法，对京津冀基础教育协同实施中问题形成的缘由加以深入分析。

第七章，阐述京津冀基础教育协同发展的理念、目标、定位、思路，以此为前提，从基础教育协同的动力机制构建原则和构建内容两个维度，对京津冀基础教育协同优化方案提出具体的策略措施：顶层设计京津冀基础教育协同的蓝图，完善京津冀基础教育协同的政策法规，增强京津冀基础教育协同的政府行为，均衡京津冀基础教育协同的资源配置，加大京津冀基础教育协同的经济投入，提升京津冀基础教育协同的有效性与针对性。在社会基本公共服务需求视角下的跨区域基础教育协同共建的基础上设计京津冀基础教育协同发展的主要方略和京津冀基础教育协同发展的实践模式。

三、研究方法

各类课题或问题的探究，都要在科学方法的作用下进行，选择恰当的研究方法会带来事半功倍的效果。在研究不断深入的过程中，研究方法始终贯穿其中，为结论和成果的呈现提供解决工具和技术手段。在充分了解京津冀基础教育协同现状的基础上，本课题选择了文献研究法、调查研究法、比较研究法、数理统计法和案例分析法作为主要研究方法。

（一）文献研究法

文献研究法是指通过查阅与本研究相关的国内文献，对相关资料进行总结与归纳，并从中筛选出可供利用的相关素材，作为认识背景参考或采纳资源。本研究搜集并分析了国内关于跨区域基础教育合作、京津冀基础教育协同发展的文献资料及三省市基础教育资源的数据，对三省市在推进基础教育协同过程中签订的相关协议文本、高层会议记录以及达成的共识进行分析，以期切实和完整了解前人对跨区域基础教育合作与京津冀基础教育协同问题的研究现状，并尝试探索搜集到的协议文本中所隐藏的关于京津冀基础教育协同的发展其他有价值的信息，为实现预设目标，尤其是提炼概括有意义的论点作铺垫。

（二）调查研究法

调查研究法是指通过考察了解论题所涉及的各种客观情况直接获取有关材料，并对之加以分类整理、客观分析，从而呈现经验与局限以及成就与缺失的研究方法。本研究编制了《京津冀基础教育协同发展视域下中小学校际合作机制研究调查问卷》（见附录），以河北省106所参与跨区域校际合作的小学为研究对象，通过现场发放问卷和邮件发送问卷相结合的形式，了解这些学校的部分教师和校长对京津冀小学校际合作的态度和想法。在进行问卷调查的同时，还运用访谈法对问卷内容及所获信息有所补益、丰富。具体的访谈对象包括三类：第一类是河北省京津冀教育协同发展领导小组部分成员和"京津冀教育协同发展研究院"部分专家，访谈内容包括受访者对京津冀义务教育发展失衡问题的见解，以及各级政府为消弭三省市基础教育差距所制定的相关政策及其执行情况；第二类是河北省内各地级市教育局京津冀教育协同发展主管处室、部分参与京津冀教育合作的区县教育局的相关负责人，访谈内容包括各教育行政部门对区域内小学参与京津冀校际合作的支持情况，已经取得的成效和存在的现实问题；第三类是

19位负责与京津小学合作交流工作的校长或副校长，访谈内容包括他们对三省市基础教育整体差距和校际差距的看法，所分管学校参与京津冀小学校际合作的现状以及对促进京津冀义务教育协同发展的建议。

（三）比较研究法

比较研究法是指在统一的标准下，对两个或两个以上相互有关联的事物进行对比分析，从而获得比较对象间同异结果、差距大小或特征的研究方法。在本课题中，比较研究法的运用体现在三个方面：一是将京津冀同长三角地区、泛珠三角地区等区域进行比较，探索两地区在推进义务教育协同发展过程中可供借鉴的成熟经验；二是利用差距估算模型测算三省市义务教育内部的差异，明确三省市实施基础教育协同的重点和难点；三是比较分析近京津、环京津、远京津、雄安新区基础教育协同的实践状况，从而分析京津冀三地基础教育协同推进中的问题及成因，并进一步提出优化策略。

（四）数理统计法

数理统计法是指运用制作图表或分类等测评方法对相关素材或内容数据进行加工，使对本研究有参考价值的数据资料呈现方式更加客观简洁，能够使读者一目了然，使结论更为准确、科学。笔者通过使用该方法对国家与地方教育局和统计局发布的有关京津冀基础教育协同发展的现有数据进行统计汇总，从而制作出一定的获得描述结论的图表数据。以此作为分析京津冀基础教育协同发展问题的依据，对京津冀基础教育协同的诸多成效及存在的问题加以透视，并就其困惑的成因进行深度研究。

（五）案例分析法

案例分析法是以一个典型事例或组织为具体研究对象，进行全面系统的调查研究，以了解其发生特点和发展规律的有效方法。本研究通过对参与三省市义务教育协同活动的典型区县以及参与跨区域协同发展的代表性学校所举办的各种活动进行剖析，分析协同各项工作中的各自分工及影响因素，探寻京津冀地区的教育长效协同发展的策略方法。

第二章　京津冀区域教育协同发展的
相关理论

什么是区域教育协同发展？影响区域教育协同发展的因素有哪些？厘清对这些基本概念及前提的认识，是我们深入探讨京津冀基础教育协同发展的关键。

第一节　核心概念界定

探讨京津冀基础教育协同发展，首先要明确这样几个核心概念，即京津冀区域、基础教育、教育协同发展、京津冀基础教育协同发展。

一、京津冀区域

京津冀区域，首先是区域，其次才是前面的限定词。而二者合起来，则是一个完整的全称。

（一）区域

区域是一个很宽泛、不确定的概念，它具有多规定性和多层次性。因此，不同的学科也都可以从各自的角度对其作相应的解释。例如，区域可能是地理学的名词，也可能是行政管理的术语，还可能是经济学的概念。在教育上它又是综合性的，行政区域和经济区域是与教育区域联系最紧密的专业范畴。本研究所指的区域相对比较宽泛，需要在不同情况下、特定空间范围下进行讨论。

1. 区域的界定

区域作为人类社会生存发展的活动空间，从不同的分析角度，按照不同的标准划分，便产生了不同的区域概念和类型。[①]（1）自然区域。地球表面的某种地

[①]　曹克瑜. 区域经济理论与实践[M]. 西安：陕西人民出版社，2009：130-132.

域单元。根据自然环境及其成分的共同性、结构的相似性和自然地理过程的统一性，将地表划分为具有一定关系的综合体。自然区域内部的组成物质具有连续性和均质性特征。(2)行政区域。是国家按行政权力覆盖面而划分的行政单元。(3)经济区域。人类运用科学技术、工程措施等对自然环境进行利用、改造和建设过程中形成特定性质的生产地域综合体。(4)社会文化区域。根据人类社会活动的特征，在人口、民族、宗教、语言、政治等因素交互影响下而产生的"人类活动形态"——文化的地域单元，其区域可以超过行政边界，也可以包括不同的自然地理单元，如语系的划分、民族的分布等。

在通常使用中，与"区域"概念相近的词汇还有：地区（area）、地域（territory）、空间（space）；地区、地域与区域，在本质上基本一致，其区别在于："区域"一般是泛指，而"地区"则是特指，如华东地区；"区域"范围有大有小，而"地域"一般范围较大，且更强调地方性、景观性。至于"空间"，虽然其基本含义也与区域相近，但其范围更抽象、更笼统。在本研究中，地区、地域、空间等术语，除非有规定好的或比较明确的界定外，与区域的概念可以通用。

2. 区域的共性

不论上述哪种理解，对于"区域"及与其相近的术语的理解，都有如下共性。[①] (1)连续性，区域具有空间连续性，如行政区域在权力延伸上的连续性，经济区域在多活动联系上的连续性等。(2)同类性，区域内某组事物的同类性或联系性，这种同类性或联系性是相对的，是随区域大小的变化而变化的，同时区域内的同类性总是高于区域外的同类性。(3)界限性，区域具有一定的范围和界线。其范围有大有小，是依据不同要求、不同指标体系而划分出来的；其界线往往具有过渡性特征，是一个由量变到质变的"地带"（自然界区域界线有时是截然的，但大部分是具有过渡性的）。(4)层次性，区域是有等级的，如行政区域中的中央、省、地市、县、乡、村等。地表上任何区域都可与同等级若干区域共同组成更高一级的区域（最高级区域为整个地球表层区域），同时区域内部又可进一步划分出低一级的区域。各级区域间呈镶嵌关系，区分区域的等级是有意义的，因为不同级别的区域，其结构、内外部联系及相应的研究手段均有所不同。

---

① 张金锁，康凯. 区域经济学[M]. 天津：天津大学出版社，2009.

(5)整体性，地表区域内各组成成分间具有内在联系，并经这种长期的相互联系，相互渗透、融合，形成一个不可分割的统一整体。

3. 我国行政区域划分

行政区域是国家组织结构的重要形式，是中央和地方治理空间的法定依据。国家对行政区域的划分，是各级政权设置和行政体制与经济体制的前提和基础。中华人民共和国成立后，我国的行政区域划分经过多次调整，形成并不断完善了行政区域划分体系：从中央到地方实行5级管理体制(部分地区4级，采取"省直管县")，地方行政区域是4级。到2020年年底，全国省级行政区域34个(含4个直辖市、23个省、5个自治区、2个特别行政区)，地级行政区域333个(含293个地级市、7个地区、30个自治州、3个盟)，县级行政区域2843个(含977个市辖区、394个县级市、1301个县、117个自治县、49个旗、3个自治旗、1个特区、1个林区)，乡级行政区划38602个(包括8984个街道、21389个镇、7116个乡、957个民族乡、153个苏木、1个民族苏木、2个县辖区)。[①] 此外，按照城市行政级别类型，可以分为直辖市、副省级城市、地级城市、部分县级市和区乡四种类型。

(二)京津冀区域

京津冀包括北京市和天津市2个直辖市以及河北省的11个地级市，总面积占21.8万平方千米，区域总人口1.127亿(2018年)，是我国北方区域最具发展潜力的地区，同时也是我国为实现全面小康目标设立的"首都经济圈"。该区域以北京市、天津市、保定市以及廊坊市为中部核心功能区，首先在"京津保"三地进行区域联合发展。

京津冀三地历史文化悠久，相生相伴、彼此交融、相互合作交流，无法分割。在我国古代时期被称为幽燕和燕赵，从元朝到清朝，几百年间一直被划为整体区域。在元朝时，三地隶属于中书省和元大都，明朝时隶属于北直隶和北京，到了清朝时隶属于直隶省和京师。民国初期，北京为京兆，天津属于直隶省。后

---

① 中华人民共和国民政部. 中华人民共和国乡镇行政区划简册2021年[M]. 北京：中国社会出版社，2021.

来民国定都南京，北京被改称为北平，天津属于河北省。因此，在历史上，京津冀本就同根同源，有着深厚的同胞感情。

现阶段，京津冀区域拥有良好的区域优势和丰富的社会资源，与长江三角洲地区、珠江三角洲地区一起被称为中国的"三大增长极"。由于横跨两市一省，京津冀区域差异明显，"京津冀地区处于工业化后期后半阶段，其中北京市和天津市已经处于后工业化阶段，河北省则处于工业化后期前半阶段"①。不同的产业结构和经济水平决定了京津冀区域的发展诉求不尽相同，在协同互动过程中需要寻求各具特色的发展路径，各具特色，合作共赢，获得利益和社会综合效益的最大化。

京津冀协同发展上升为国家战略并非一夜之举，而是经历了比较长时期的磨合。有学者将京津冀协同发展的过程大致分为三个阶段：区域合作阶段、经济一体化阶段和区域协同发展阶段。② 此处根据京津冀区域间的合作紧密程度，将京津冀协同发展的历程划分为起步阶段、快速发展阶段和全面深化阶段。

1. 以经济领域合作为主的起步阶段

京津冀协同发展起步阶段是指从改革开放初期到 2003 年。京津冀区域在此阶段的协同发展集中在政府间的合作，合作的动力来自两个方面：一是区域间专业化的分工和协作。京津冀地区是一个地理上接近、产业联系紧密的地区，在此基础上进行区域合作，既可以加快资源的流动，又可以加快商品的流动，促进商品的交易，进而实现专业化的生产；二是继续深化以市场为导向的改革，中国的改革开放始终坚持市场导向，致力于构建具有中国特色的社会主义市场经济，这一点已经得到了充分体现。京津冀是经济联系紧密的大区域，其内部资源配置、分工与规模经济已成为一种普遍现象，并由此产生了区域间的经济协作。

在京津冀区域协同发展的起步阶段，三省市合作的内容主要是根据改革开放的潮流，按照经济发展的规律，通过调剂物资余缺，组织专业化生产，对区域经济进行了初步探索。因此，这一时期的地区经济合作不够密切，合作的范围也很

---

① 肖金成．关于京津冀协同发展的若干思考［EB/OL］．（2015-08-26）［2024-06-30］．http：//www.xinhuanet.com/politics/2015-08/26/c_128168732.htm.

② 颜廷标．京津冀协同创新机理与路径研究［M］．石家庄：河北人民出版社，2020：2.

狭窄，三地政府之间的关系很微妙，尽管在合作的态度上都显示出了很好的主动性，但发展的目的却是推动当地的发展。具体发展过程如表 2.1 所示。

表 2.1　　　　　　　　　　　以经济领域合作为主的起步阶段

年份	主要成果概述
1976	京津唐国土规划课题研究，首次使用了京津冀跨区域的概念
1981	在呼和浩特市召开了华北地区经济技术协作会议，并成立了中国第一个区域经济合作组织——华北经济技术协作区(由京、津、冀、晋、蒙组成)
1982	《北京市城市建设总体规划方案》首次正式提出了"首都圈"的概念
1984	3 月 14 日，津京联合玻壳厂在杨柳青动工兴建。1986 年 3 月 31 日建成，同年 6 月 3 日试生产并举行竣工典礼。该厂利用天津市第六玻璃厂的外迁扩建，由天津、北京两市联合投资
1984	10 月，《中共中央关于经济体制改革的决定》指出，对外要开放，国内各地区之间更要相互开放
1985	8 月 18 日，环渤海 15 城市正式结成技术市场协作网
1986	环渤海地区 15 个城市共同发起成立了环渤海地区市长联席会
1988	北京与河北环京地区的六个地市组建了开放式、网络型的协作组织——环京经济协作区，通过建立市长、专员联席会议制度，致力于推动企业间联合与合作
1993	9 月京津塘高速公路全线通车，此为中国首条高速公路
1994	《北京城市总体规划(1991—2010 年)》提出，要北京利用首都科技、人才优势，促进和加强与京、津地区的经济科技协作，为区域经济的繁荣发展作出贡献
1996	《北京市经济发展战略研究报告》提出"首都经济圈"的概念，"2+7"的模式，以京津为核心，包括河北省的唐山、秦皇岛、承德、张家口、保定、廊坊和沧州七市
2001	《京津冀北(大北京地区)城乡空间发展规划研究》提出"大北京"概念，直接推动了《北京城市总体规划(2004—2020 年)》的修订，提出建设京津保、京津唐、京津承三个"金三角"，发挥环京津之优势，加快河北发展

数据来源：根据网络资源整理。

京津冀三省市从 1981 年开始合作，同年成立以京津冀为主体的华北经济技术合作联盟，并于 1986 年成立了渤海城市政府间的联席会议。1988 年，北京与河北环京地区的六个地市建立了一个由市长和委员组成的"环京经济合作区"。这一时期，以北京为代表的重大战略和规划活动占据了主体地位，其中以《北京市发展战略研究报告》和京津冀北部(大北京区域)的城乡发展规划为主体。从上述几个具有代表性的历史案例来看，该阶段的京津冀之间存在着松散的、一般的经贸合作，并且还处于表面状态。

2. 从虚拟协作扩展到实物协作的快速发展阶段

2004—2013年，京津冀地区的经济、社会发展进入了一个新的发展时期，也是整个区域经济和社会发展的新时期。在改革开放之后，社会主义市场经济体系逐步健全，市场化的发展使大地区之间的要素流通更加积极，企业之间的合作也更加密切，在交通、能源和生态等方面，各级政府之间的协作日益频繁，为实现京津冀地区的经济协调发展创造了良好的契机。河北省在这段时间里，为京津地区的高端产业发展，与北京市、天津市等相关部门进行了多次交流，取得了丰硕的成果。然而，在京津地区尤其是北京地区面临"空间发展瓶颈"的情况下，京津冀地区大规模的经济合作日益频繁，以"廊坊协议"与"北京协议"为代表的京津冀地区经济整合迈出了重要一步。具体情况如表2.2所示。

表2.2　　　　　　　　从虚拟协作扩展到实物协作的快速发展阶段

年份	主要成果及意义
2004	达成"廊坊共识"。公共基础设施、资源和生态环境保护、产业和公共服务等方面加速一体化的进程，标志着京津冀区域发展终结"纸面文章"，京津冀三地的合作开始从务虚转向务实
2004	6月，国家发展改革委、商务部和京、津、冀、晋等七省区市领导在廊坊达成《环渤海区域合作框架协议》。此次会议商定成立环渤海合作机制的三层组织架构，常驻机构设在河北廊坊。"环渤海"从概念变为务实的合作
2004	11月，国家发展改革委正式启动京津冀都市圈区域规划的编制工作
2005	6月，国家发展改革委在唐山市召开"京津冀区域规划工作座谈会"
2006	北京市与河北省正式签署《北京市人民政府、河北省人民政府关于加强经济和社会发展备忘录》，将在交通基础设施、水资源和环境保护、能源开发、旅游、农业等九个方面展开合作，以期促进两地经济发展

年份	主要成果及意义
2006	河北省出台《城镇体系规划（2006—2020年）》，进一步充分利用环京津和环渤海的区域优势，与周边地区的优势互补，互相促进，共同发展
2008	2月，"第一次京津冀发展改革委区域工作联席会"召开。京津冀发展改革委共同签署了《北京市、天津市、河北省发展改革委建立"促进京津冀都市圈发展协调沟通机制"的意见》
2008	天津市、河北省签订《关于加强经济与社会发展合作备忘录》，双方共同推进滨海新区、曹妃甸新区和渤海新区的建设
2008	北京市和河北省签署《会谈纪要》，将在交通基础设施、水资源和环境保护、旅游合作、教育合作、商贸合作，双方商定共同推动张承地区发展
2010	北京市、河北省签署《关于加强经济和社会发展合作备忘录》，将在交通综合体系、能源、水资源和环境、工业、农业、旅游、商贸、人才和建筑业等九个方面展开合作
2010	8月5日《京津冀都市圈区域规划》上报国务院，区域发展规划按照"8+2"的模式制定：包括北京、天津两个直辖市和河北省的石家庄、秦皇岛、唐山、廊坊、保定、沧州、张家口、承德八个地级市
2010	10月，河北省政府《关于加快河北省环首都经济圈产业发展的实施意见》正式出台，提出了在规划体系等六个方面启动与北京的"对接工程"
2011	3月，国家"十二五"规划纲要提出"打造首都经济圈"
2014	1月，北京市《政府工作报告》提出，落实国家区域发展战略，积极配合编制首都经济圈发展规划，主动融入京津冀城市群发展

数据来源：根据网络资料整理。

　　京津冀协同发展开始进入快速发展阶段的标志性事件为2004年25个国际商协会组织达成的京津冀区域合作共识——廊坊共识。其间，经过数次磋商，河北省、北京市、天津市签署《促进经济社会发展的谅解备忘录》，共同推进资源开发、城市开发、产业开发等方面的战略性突破。在此过程中，京津冀三省市之间的贸易合作日趋紧密，各地区之间的经济一体化程度也越来越高。

　　3. 全方位合作进入深度发展阶段

　　自2014年习近平同志在北京主持京津冀经济合作研讨会以来，京津冀发展已经步入了一体化发展的新时期。在这次大会上，京津冀一体化发展成为国家的重要战略，随后《京津冀协同发展纲要》发布，京津冀三地也分别组建了京津冀一体化发展领导小组，统筹协调三省市的协同发展事宜。在京津冀一体化进程中，由于领导小组坚强的组织和领导能力，各个方面都取得了良好的进展，产生了许多协同效应：合作范围得到了进一步扩展，合作内涵得到了进一步加强，合作基础也得到了进一步夯实。具体情况如表 2.3 所示。

表 2.3　　　　　　　　　　全方位合作进入深度发展阶段

年份	主要成果及意义
2014	2 月 26 日，习近平总书记主持召开京津冀三地协同发展座谈会，将京津冀协同发展上升为国家战略，并对三地协作发展提出七项具体要求
2014	3 月 5 日，李克强总理所作的首份政府工作报告提出将"加强环渤海及京津冀地区经济协作"，并将其纳入 2014 年重点工作
2014	3 月 25 日，《京津冀蓝皮书》在京发布。《京津冀蓝皮书》中的数据显示，京津冀城市群内部城镇化发展不平衡。在三地发展中，河北更多的是在扮演付出者，而非合作者的角色
2014	3 月 26 日，河北省出台《河北省委、省政府关于推进新型城镇化的意见》明确强调，河北省将落实京津冀协同发展国家战略，以建设京津冀城市群为载体，充分发挥保定和廊坊首都功能疏解及首都核心区生态建设的服务作用，进一步强化石家庄、唐山在京津冀区域中的两翼辐射带动功能，增强区域中心城市及新兴中心城市的多点支撑作用
2014	5 月，海关总署公布《京津冀海关区域通关一体化改革方案》。按照该方案，当年 7 月 1 日开始相关改革，率先在北京海关、天津海关启动实施；10 月前后，扩大至石家庄海关，实现在京津冀海关的全面推开
2014	7 月 1 日，京津冀在全国率先启动运行区域通关一体化改革
2014	7 月 31 日，河北省与北京签署《共同打造曹妃甸协同发展示范区框架协议》《共建北京新机场临空经济合作区协议》《共同推进中关村与河北科技园区合作协议》《共同加快张承地区生态环境建设协议》《共同加快推进市场一体化进程协议》《共同推进物流业协同发展合作协议》等七项协议

年份	主要成果及意义
2014	8月,"2014崇礼·中国城市发展国际论坛"证实,国务院已成立京津冀协同发展领导小组以及相应办公室,时任中共中央政治局常委、国务院副总理张高丽担任该小组组长
2014	天津市委书记孙春兰率领天津党政代表团到北京考察,京津两市签署了五份合作协议和一份备忘录,分别为《贯彻落实京津冀协同发展重大国家战略推进实施重点工作协议》《共建滨海—中关村科技园合作框架协议》《关于进一步加强环境保护合作的协议》《关于加强推进市场一体化进程的协议》《关于共同推进天津未来科技城京津合作示范区建设的合作框架协议》《交通一体化合作备忘录》。其中,交通一体化成为京津冀协同发展的优先领域。至此,京津签署的13项协议也基本上确定了天津滨海新区和河北曹妃甸、廊坊、保定、张家口承德将作为京津冀一体化"主战场"。京津冀三地双边合作框架协议初步搭建完成,深度对接的协同发展"路线图"逐渐清晰
2014	9月22日,通关一体化改革正式扩大到河北省,企业可在京津冀三地自主选择通关模式、申报口岸和查验地点;石家庄海关正式加入京津冀区域一体化通关。这标志着7月1日先在京津两地开始的京津冀区域通关一体化改革全面启动,这也意味着京津冀海关率先打破"一亩三分地",三地之间的通关壁垒被打破
2014	12月30日,三地政府、铁路总公司在北京签署协议,决定成立京津冀城际铁路投资有限公司,初期注册资本100亿元
2015	4月9日,京津冀城际铁路投资有限公司成立,主要负责京津冀城际铁路项目投资、铁路工程建设、资产管理、房地产开发、土地整理等业务的经营工作,给京津冀地区协同发展创造了便利条件
2015	4月30日,中共中央政治局召开会议,分析研究当前经济形势和经济工作,审议通过《京津冀协同发展规划纲要》。中共中央总书记习近平主持会议
2015	7月24日,京津冀三地商务部门在天津签署《关于进一步推动落实京津冀市场一体化行动方案的天津共识》,重点推进北京非首都功能疏解、加强电子商务发展等十个方面合作
2015	10月29日,占地2081亩的北京新发地高碑店分市场试运营启动,成为北京新发地的储备供应基地

续表

年份	主要成果及意义
2015	12月17日，北京市商务局与河北省发改委河北省商务厅就两地"十三五"物流业发展规划进行专题对接，将重点推动环首都"1小时"鲜活农产品物流圈建设、环京大型物流设施共建共享和物流标准化体系建设
2015	12月24日，京津冀一卡通"互通卡"正式发售，北京、天津、张家口、廊坊、保定、石家庄率先实现一卡通
2016	全国首个跨省区的"十三五"规划，力争在城市群发展、交通基础设施、产业转型升级、民生改善等方面进行统一布局，把京津冀打造成一个统筹区域
2016	3月24日，习近平主持召开中央政治局常委会会议，审议并原则同意《关于北京市行政副中心和疏解北京非首都功能集中承载地有关情况的汇报》
2016	5月27日，中共中央政治局会议审议了《关于规划建设北京城市副中心和研究设立河北雄安新区的有关情况的汇报》
2017	2月14日，京津冀三地人大常委会就深入推进京津冀协同立法工作开展协商，原则上通过了《京津冀人大立法项目协同办法》
2017	2月17日，京津冀三地在河北廊坊召开京津冀教育协同发展工作推进会
2017	6月23日，河北省政府办公厅印发《河北省综合交通运输体系发展"十三五"规划》，提出到2020年，河北将实现"市市通高铁、县县通高速、市市有机场、市市通道连港口"。《规划》指出，河北8市要通地铁、33县将建通用机场、雄安新区将成为未来京津冀区域的交通枢纽
2017	7月7日，京津冀三地共同发布了《京津冀人才一体化发展规划（2017—2030年）》。这是我国首个跨区域的人才规划，也是首个服务国家重大战略的人才专项规划
2017	7月7日，京津冀食药安全区域联动协作第二次联席会议在津召开，三地商讨在食品生产、药械流通、医疗机构制剂调剂使用联动和药品上市许可持有人试点协作等领域建立协作机制
2017	7月27日，天津率先实现对北京、河北的社保同城认定，成建制落户天津的京冀企业可以直接为员工申请天津户口
2017	8月19日，京津冀警务协同发展领导小组第二次全体会议在天津召开。会议审议通过了《"通武廊"三地"小京津冀"区域警务合作机制》《关于进一步加强京津冀三地交管部门重大交通安保工作的协作意见》等七项工作意见

续表

年份	主要成果及意义
2017	8月24日，京津冀大数据协同处理中心启动会在国家超级计算天津中心举行，标志着京津冀大数据综合试验区建设迈出坚实一步
2017	8月28日，北京市卫计委与保定市正式"牵手"，共同签订《医疗卫生协同发展框架协议》，北京五家三甲大医院将分别与保定市五家医疗机构进行点对点帮扶。至此，京冀合作正式形成环北京地区医疗带
2017	10月31日，第二届京津冀社会工作协同发展与"三社联动"创新实践论坛在京举行。论坛以学习贯彻党的十九大精神、推动京津冀社会工作协同发展为主题，由北京市民政局、天津市民政局、河北省民政厅联合主办
2017	12月1日，京津冀三地民政机构在京举行京津冀区域养老工作协同发展第三次联席会议，发布《京津冀区域养老工作协同发展实施方案》。该《方案》实施后，养老扶持政策"跟着老人走"的范围将扩大到协同发展区域所有养老机构
2018	1月17日，天津、石家庄海关签署了《天津海关石家庄海关深入贯彻落实"京津冀协同发展"战略加强海关通关协作合作备忘录》，制定了多项协作措施，助推津冀两地开放型经济发展
2018	1月24日，京津冀创业投资联盟正式揭牌。据悉，京津冀创投联盟的成立，将更好发挥创业投资对高新技术企业和科技型中小企业发展的支撑作用，完善各地科技创业投融资体系，加快科技成果向现实生产力转化的步伐
2018	5月18日，由商务部、省政府主办的2018中国·廊坊国际经济贸易洽谈会在廊坊隆重开幕，来自全球50多个国家和地区的1422家企业机构、2000多位嘉宾相聚廊坊，共享时代新机遇，共话合作新愿景，共赢美好新未来。同一天，由河北省人民政府、经济日报社共同主办，以"新时代·新动能——数字经济智慧未来"为主题的中国·廊坊数字经济大会也在廊坊京津冀大数据创新应用中心召开
2018	6月25日，首届京津冀农业产业化合作对接大会在石家庄召开，《京津冀农产品加工业发展规划（2018—2020）》发布。《规划》提出，北京以科技要素优势重点发展高端化、康养型、精致化农产品精深加工；天津以区位优势重点发展城市服务型绿色、精品、特色菜篮子农产品加工；河北以资源禀赋优势重点发展主食加工和精深加工，实现京津冀农产品加工业优势互补、资源共享、利益共赢

续表

年份	主要成果及意义
2018	7月2日，京津冀科技资源创新服务平台成立，由北京市科学技术情报研究所、天津市科学技术信息研究所、河北省科学技术情报研究院等机构牵头成立。这一平台以大数据、互联网、云计算、地理信息系统为技术手段，以"科技资源+数字地图+情报研究+平台服务"为特色模式，打造集信息查询、可视化与分析、综合评价、辅助决策等功能于一体的京津冀科技资源数字地图平台
2018	7月20日，京津冀地区建立互相衔接的创新券合作机制，三地百家服务机构、近千家开放实验室进行互认，惠及三地上万家小微企业。此次建立的创新券合作机制是全国首次创新券异地合作，有利于京津冀资源跨区域流动，促进产学研深度融合
2018	9月29日，京津冀三地检察机关服务保障京津冀协同发展工作交流会在天津召开。会议总结了三地检察机关服务保障京津冀协同发展工作情况，围绕各地区域发展定位、搭建检务交流平台、深化司法协作以及跨区域环境保护等问题进行了交流研讨。三地检察机关还签署了《京津冀检察机关服务和保障京津冀协同发展的合作框架补充意见》
2018	11月6日，天津市场监管委与北京市、河北省有关部门联合研究制定并发布《京津冀地区网络商品交易平台服务合同》示范文本，为市场主体订立合同提供依据和准绳，规范网络市场交易秩序，减少合同纠纷，遏制"霸王条款"
2019	4月2日，京津冀人才一体化发展部际协调小组第四次会议在京召开。北京市通州区、天津市武清区、河北省廊坊市三地选取了20家人力资源服务企业，共同成立"通武廊人力资源服务企业联盟"，并签订《通武廊人力资源服务协同发展合作框架协议》
2019	6月12日，第四届京津冀非公经济产业对接交流会暨三地民营企业走进北京城市副中心推介会在通州举行，北京市各区工商联、有关行业商协会、在京异地商会负责人，天津市、河北省有关园区、商会负责人，以及京津冀三地企业家代表参会
2019	9月17日，京津冀科学教育馆联盟成立大会在北京科学中心召开。北京市科协副巡视员、北京科学教育馆协会常务副理事长陈维成宣布了京津冀科学教育馆联盟领导机构，宣读了《京津冀科学教育馆联盟共识》

续表

年份	主要成果及意义
2019	11月19日，北京市应急管理局、天津市应急管理局、河北省应急管理厅签署《京津冀救灾物资协同保障协议》，三地将搭建救灾物资管理一体化信息保障平台，实现京津冀救灾物资全过程信息化管理，并确定跨省市物资应急援助响应程序，就近快速实施物资保障
2019	11月29日，京津冀食品检验检测技术创新联盟日前在石家庄成立。联盟由北京市食品安全监控和风险评估中心、天津市食品安全检测技术研究院、河北省食品检验研究院发起，三方共同签订《京津冀食品检验检测技术创新联盟合作框架协议》。根据《协议》，三方将推动互认，统一京津冀三地食品检验参数、检验方法和判定依据，实现重点风险指标检验结果互认和检验过程可追溯
2019	12月11日，京津冀三地文旅部门共同签署发布了《京津冀促进冬季文旅发展区域合作联合倡议书》。未来，京津冀将积极推动三地冬季文旅合作，最大限度发挥京津冀一体化的良好作用，共创三地冬季文旅市场蓝图
2019	12月13日，京津冀药品协同监管发展研讨会在天津举行。会上共同签署了《京津冀药品、医疗器械、化妆品区域联动合作框架协议》《京津冀药品安全协同监管区域合作协议》《京津冀医疗器械科学协同监管区域合作协议》等三地联动合作协议，将共同构筑"两品一械"安全屏障，在统一监管标准、协同监管与发展、案件查办联动等方面开展协作
2020	5月21日，北京市住建委同天津、河北两地住建部门共同编制发布了《城市综合管廊监控与报警系统安装工程施工规范》和《城市综合管廊工程资料管理规程》，标志着京津冀城市综合管廊工程建设有了"同一把尺子"
2020	11月19日，为落实京津冀工信部门颁布的《进一步加强产业协同发展备忘录》，共同规划"十四五"三地协同发展产业链，三地工信部门在京联合举办"2020京津冀产业链协同发展对接活动"
2020	12月3日，北京市政府正式批复《北京大兴国际机场临空经济区（北京部分）控制性详细规划（街区层面）》，标志着大兴机场临空经济区建设进入新阶段，"一个规划、一套标准、一体建设"，力争使大兴机场临空经济区成为京津冀协同发展新高地
2020	12月27日，京雄城际铁路实现全线开通运营

续表

年份	主要成果及意义
2021	1月12日，廊坊市政府正式批复了廊坊市北三县与北京市通州区协同发展"5+12"系列规划，为全面推进廊坊市北三县与北京市通州区协同发展奠定了规划基础，形成了全域覆盖、分层管理、分类指导、多规合一的高质量规划体系
2021	2月20日，中关村企业所得税试点新政落地推动科创中心建设，天竺综合保税区退税政策显著增强北京航空企业国际竞争力，新鲜出炉的《京津冀办税事项"最多跑一次"清单》共计129个办税事项，让纳税人办事更加省时、省心又省力
2021	5月24日，在第五届世界智能大会的"2021全国工业互联网平台赋能深度行（天津站）高峰论坛"上，《关于打造京津冀工业互联网协同发展示范区的框架合作协议》签约仪式成功举办
2021	11月1日，为方便群众首次申领居民身份证异地办理，京津冀地区正式启动首次申领居民身份证"跨省通办"试点工作
2021	11月29日，京津冀国家级经开区优化营商环境改革创新合作联盟在北京经开区成立。北京经开区相关负责人介绍，三地的14个国家级经开区，将针对企业和群众关注的高频政务服务事项，实现"跨省通办"和"异地代办"，并逐步推动"同事同标"
2022	1月24日，京津冀工业互联网协同发展示范区正式获得工业和信息化部支持创建批复。创建京津冀工业互联网协同发展示范区是北京市围绕高精尖产业发展规划，强化"五子"联动、推动京津冀产业协同发展的重要举措
2022	3月31日，全国首单京津冀科技创新资产支持票据（高成长债）在津落地发行，支持九家科创型中小企业实现融资1.61亿元
2022	6月21日，京津冀三地生态环境部门联合召开京津冀生态环境联建联防联治工作协调小组第一次会议，京津冀三地联合签署了《"十四五"时期京津冀生态环境联建联防联治合作框架协议》
2022	7月6日，京津冀晋联合发布跨地区企业公共信用评价标准
2022	9月2日，京津冀职业技能高质量发展推进会近日在北京人力资源产业园通州园区召开。京津冀职业技能发展联盟在活动中成立，京津冀五区两市将成立职业人才信息对接平台，实现岗位信息共享。京津冀职业技能发展联盟由北京市通州区和天津市宝坻区、武清区、滨海新区、河北雄安新区、廊坊市、唐山市七家人力社保部门（公共服务部门）共同发起。推进会上签署了《京津冀五区两市职业技能高质量发展战略合作框架协议书》，约定各地在培训平台共享、就业信息共享、技能水平评价、培训项目设置、智慧校园建设、筹办技能大赛、定期研讨等多个方面共建共享、共同谋划、共同发展

续表

年份	主要成果及意义
2022	11月11日，为进一步做好京津冀技术成果孵化转化工作，加快打造京津冀协同创新共同体，河北省科技厅印发《河北·京南国家科技成果转移转化示范区建设方案（2022—2025年）》。根据建设方案，京南示范区建设空间由"十园"拓展为石家庄、廊坊、保定、沧州、衡水和雄安新区"五市一区"全域。到2025年，京南示范区吸纳京津冀技术合同成交额增长15%以上，技术合同成交总额达1000亿元
2022	11月23日，2022年金融街论坛年会、京津冀金融司法协同论坛、金融专业化审判合作论坛在北京金融法院召开，三地相关负责人在线签署了《京津冀金融司法协同合作共建备忘录》，推动京津冀金融司法协作进程
2022	11月24日，京津冀国家级经开区优化营商环境改革创新高峰论坛在京以线上线下相结合的方式举行。本次论坛共发布110余项政务服务改革创新政策，以提升三地优化营商环境整体水平。京津冀经开区将于近期实施第四批26项"同事同标"事项，在三地自由贸易试验区实现"无差别受理、同标准办理"
2022	11月27日，主题为"协同发展，一起向未来"的2022年京津冀国际投资贸易洽谈会线上启幕。即日起至12月7日，投洽会将聚焦京津冀协同发展重点领域和关键环节，在线举办多场论坛、研讨会、交流峰会等系列活动，助力京津冀协同发展持续向纵深推进
2023	7月20日，由北京市、天津市、河北省联合组建的京津冀协同发展联合工作办公室在北京市发展改革委揭牌成立。京津冀协同发展联合办的主要职责是聚焦跨区域、跨领域重点事项，推动落实三省市层面协同机制确定的工作任务，协调督促各专题工作组具体任务落地实施
2023	11月，首批疏解的在京部委所属高校雄安校区集中开工动员会在雄安新区召开，标志着北京交通大学、北京科技大学、北京林业大学、中国地质大学（北京）等四所高校雄安校区全部开工建设
2023	12月27日上午，北京城市副中心三大文化建筑开放仪式在北京大运河博物馆举行，标志着北京艺术中心、北京城市图书馆、北京大运河博物馆正式对外开放
2023	11月29日上午，2023京津冀产业链供应链大会在北京开幕。大会发布了"五群六链五廊"的京津冀产业协同发展新图景。"五群"是指集成电路、网络安全、生物医药、电力装备、安全应急装备等产业集群；"六链"是指氢能、生物医药、网络安全和工业互联网、高端工业母机、新能源和智能网联汽车、机器人等产业链；"五廊"是指京津新一代信息技术、京保石新能源装备、京唐秦机器人、京张承绿色算力和绿色能源、京雄空天信息等产业廊道

年份	主要成果及意义
2023	12月，国务院批复《以京津冀为重点的华北地区灾后恢复重建提升防灾减灾能力规划》。按照"上蓄、中疏、下排、有效治洪"原则，加快实施海河水系防洪减灾系统提升工程，加快病险水库除险加固，推动流域综合治理和蓄滞洪区建设，加密重点区域气象监测网络，完善城市排水防涝设施
2023	12月18日，天津—北京大兴国际机场的津兴城际铁路开通运营，形成京津间四条高铁通道的格局。12月28日，京雄高速北京五环至六环段正式通车。至此，京雄高速全线贯通运营，北京到雄安1小时内通达
2023	12月26日，京津冀三地在石家庄签署《京津冀社会保障卡居民服务"一卡通"合作框架协议》，共同推进京津冀"一卡通"建设，加快实现三地社保卡跨省通用、一卡多用、线上线下场景融合发展。通过《框架协议》，三地建立共商共建机制、联席会议机制、信息共享机制，将共同编制京津冀社保卡居民服务"一卡通"的整体规划、数据标准、接口规范、场景任务等标准规范，共同落实三省市人大的"一卡通"协同立法规划，共同编制京津冀"一卡通"应用统一目录清单，构建"一卡通"数据共用体系和安全防护体系，推进三地用卡数据共享，确保网络安全和数据安全

数据来源：根据网络资料整理。

从以经济领域合作为主到全方位合作深度发展，其中既有多层次市场化改革的需要，也有国家重大战略的落实，更有京津冀三地地方政府之间的协作自觉，以及各市场主体的积极作为。随着京津冀一体化进程的持续深入，京津两市在产业、交通、环境治理和创新共同体建设等重大战略上的合作，也是三地合作的一个重要方向，目前已见成效，并处于逐步深入的发展过程中。随着京津冀合作的逐步形成，雄安新区的规模不断扩大，京津冀地区的一体化发展潜力巨大，并有望成为具有国际影响力和竞争力的都市圈。

二、区域基础教育

诚如上文所述，教育是人类特有的一种社会活动，具有鲜明的目的性、实践性和复杂性。教育是系统工程，其结构关系、内容要求，以及体制组织都相互牵引，丰富多彩。基础教育从属于整体、系统或体制化的教育，是其中的组成部分，但又具有奠基性作用和主体性地位。因此，先有区域教育，然后才能衍生、演绎出区域基础教育。

（一）区域教育

教育是在一定的时间空间范围内存在的，按照空间范围的大小，可以分为许多层次，其中区域教育是一个层次，是对教育发展区域性的一个具体表现。从文献和现实两方面看，区域教育的提法已经多见于报刊论著。在以往，这其实是教育地理学的分支领域或重要板块，但与其相关的成果并不突出。

本课题对于区域教育的理解，主要借鉴彭世华的《发展区域教育学》①。

1. 区域教育的定义

区域教育一般没有严格的范围和界线，指教育发展的一定地理空间，或一定地理空间的教育发展。其基本内涵重在考察教育发展的特殊性和差异性、行政区域的调控能力以及区位的影响。区域教育可以这样定义：一个国家之内各个地域在国家制度约束和干预下对本区域实施的教育，或者是一定区域范围内所形成的有着某种共同特征的教育。

2. 区域教育的特征

（1）区域教育内部的相对同质性和极化性。同质性体现在教育发展的社会经济背景相似，教育活动的地理位置一致或者接近，教育发展水平也比较接近。通常说的中、东、西部教育，就是根据教育发展的条件、水平以及地理位置来划分的；极化性是指一定区域的教育具有某种共同的利益和集团意识，形成了一定的内聚力。

（2）区域教育之间的相对差异性和趋同性。在社会经济发展区域运动规律的作用下，任何区域教育都要受特定条件的影响，在发展的结构、规模、效益等方面表现出相应的差异。同时还有趋同性，主要因为国家对教育发展的方向和最终目标是一致的，有时候针对一个特定区域教育发展也需要采取干预措施以促进区域间的教育协调发展也促使特定的区域教育发展的局部目标和方向趋于一致。

（3）区域教育内部的系统性和中观空间性。区域内的教育一般都具有比较完

① 彭世华. 发展区域教育学［M］. 北京：教育科学出版社，2003.

整的生产体系和运行体系，有相对比较大的幅员作为区域教育发展成长的空间，一所或者几所学校、单一的教育结构等都无法成为区域教育；区域教育和学校教育，是中观与微观的关系、整体和个体的关系，区域内的学校是区域教育的组成部分。

（4）区域教育利益的一致性与矛盾性。在教育的总体目标和根本利益上，国家教育和区域教育之间，各种区域教育之间是一致的，但不同阶段的教育目标和教育利益则可能不一致甚至是矛盾的。

（5）教育运行和管理的相对独立性。教育作为独立的事业领域，有别于经济产业、社会、科技等其他部门，有独立的功能和价值。

（二）基础教育

关于基础教育的界定，不同的人有着不同的理解。

第一种是基于基础教育基本功能及所处学段的界定。如《中国大百科全书·教育》指出：初等教育，即小学教育，或称基础教育，是使受教育者打下文化知识基础和作好初步生活准备的教育。通常指一个国家学制中的第一个阶段的教育。[①]《教育大辞典》指出：基础教育亦称"国民基础教育"，是对国民实施基本的普通文化知识的教育，是培养公民基本素质的教育，也是为继续升学或就业培训打好基础的教育。一般指小学教育，有的包括初中教育。学习年限为 5 至 6 年或 9 年。[②]

第二种是基于基础教育本质内涵的界定。如 1977 年，联合国教科文组织在肯尼亚首都内罗毕召开的高级教育计划官员讨论会上提出："基础教育是向每个人提供的并为一切人所共有的最低限度的知识、观点、社会准则和经验，它的目的是使每个人发挥自己的潜力、创造性和批判精神，以实现自己的抱负和获得幸福，并成为一个有益的公民和生产者，对所属的社会发展贡献力量。"[③]简言之，相对于专业教育，基础教育应是为人的终身发展、未来发展奠定基础的教育。

---

① 中国大百科全书出版社编辑部．中国大百科全书·教育［M］．北京：中国大百科全书出版社，1985.

② 顾明远．教育大辞典（简编本）［M］．上海：上海教育出版社，1999.

③ 李志义．让教育回归本然［J］．中国大学教学，2010(2)：5.

"基础教育的价值主要表现在两个方面：第一，基础教育的基本目标在于提高整个中华民族的素质，它的对象和着眼点是全体人民，而不是一部分人，更不是少数人；第二，基础教育的功能是为提高全民族的素质奠定基础，它强调的是基本素质的培养，而不是专业或某些专门人才的培养。"①如果按照哈维洛克和 C. V. 古德对教育变革推行方式的划分，改革更多地可以被理解为有计划的教育变革（planned change of education）。

本论题中的基础教育概念显然属于第二种理解的论域范围或内涵特指，由此，讨论的基础教育协同发展在本质上也属于"有计划的教育变革"，是在基础教育领域中发生并进行的一种有计划、有目的、有组织的改革过程。

受我国教育管理体制的影响，京津冀基础教育协同发展应首先从区域层面开始，通过顶层设计、制度创新与机制建设等多种途径，促进学校内外系统不断变革与更新，形成区域内基础教育改革与发展的全系统与大生态，最终落脚于人的全面发展尤其是学生的健康成长与卓越提升。

（三）区域基础教育质量评价

衡量与评价某一区域范围内基础教育的质量，一般可以从宏观、中观和微观三个层面进行。宏观层面，一定区域内基础教育体系健全与否及其建设水平、结构（主要指公办和民办学校比例）优化程度、中小学校布局合理与否，应该是基本的考量维度。中观层面，主要是指一定区域内基础教育课程教学实施、中小学校的办学与管理、校长和教师队伍建设等方面工作。微观层面，是指一定区域整体的、每一所中小学校的教育教学，包括课程与教材建设、课堂教学、评价制度等。

提高区域基础教育质量，必须从以上三个层面同时着手，否则，就不是真正意义上的区域基础教育质量。尽管区域基础教育质量必须建立在以上每个层面及其各领域质量的基础之上，没有每个层面及其各领域的质量，也就没有区域基础教育的整体质量，但是，区域整体的基础教育质量不是各层面及其各领域质量的简单组合、叠加和拼凑，而是区域基础教育各层面及其各领域之工作结构化有机

---

① 陶西平．重新认识基础教育"独立价值"[J]．中国教育学刊，2012（1）：6-7.

整合、协同实施、相互促进优化的结果，在这里结构功能发挥大于个体相加之和的思想方法是十分贴切的。

　　为此，提升区域基础教育质量的一个重要前提，就是要认识到区域基础教育改革与发展的特殊性。[①] 首先，区域基础教育阶段的中小学具有共生性。在区域内部，虽然各个学校是一个个相对独立的小生态系统，但在区域层面，绝大多数中小学在发展环境、政策导向、隶属关系等方面同属于一个大的教育生态系统。它们在总体发展目标、路径选择、改革机制等方面具有天然的共生性。这对于教育改革的区域推进以及区域教育质量的整体提高有着至关重要的作用。其次，区域整体推进的基础教育改革具有协同性。区域性的教育改革中，辖区内绝大部分学校都是行动的参与者，以主体责任者和主人翁姿态积极投身其中。而单个学校或单个教师的行为方式及努力效果却不理想，他们大多数时候都像是在单打独斗，影响其持续性的干扰因素可能会更多。区域推进的基础教育改革则类似一种集团军作战，学校与学校、学校与上级以及学校与其他社会教育机构之间的协同性更强，更能保证实践活动的规模效应，以及结构功能释放出的有效性。最后，区域基础教育生态具有持续性。在我国，基础教育状态更多的是通过某种区域生态呈现出来的，而越是好的区域教育生态越具有持续性，其改革精神、发展方向、重大举措等更具有稳定性。这是因为，好的区域教育生态必然是符合区域发展需求、遵循教育规律、获得师生认同，并内化于学校教育教学工作中的，其持续性和稳定性不会轻易因一人一事一物的改变而改变，这对区域教育生态的持续和良性动态互动运行及其目标愿景的达成是大有裨益的。

三、京津冀区域基础教育协同发展

　　这一标题所标识的语义是在前述两个概念界定的基础之上展开的，"协同发展"的主题在前述概念阐释中已明晰，京津冀区域基础教育，作为前缀或者规定，就使该标题有了特定含义和内容挖掘。

---

　　① 刘志军，刘子科. 城镇化背景下区域基础教育高位均衡发展研究［M］. 北京：教育科学出版社，2015.

（一）协同与协同发展

在词源学上，协同（synerg）一词源自希腊语 synergos，最早提出协同理论的是德国物理学家赫尔曼·哈肯（Hermann Haken），在他看来，协同即"系统中诸多子系统相互协调的、合作的或同步的联合作用、集体行为"。简言之，"协同"就是指基于某种联系而有机协调在一起的两个或多个事物联合发展，联合发展的效益优于分散状态下的各自为政、单打独斗、个人行为。哈肯教授称其为"协同学"（synergetics），即"协调合作之学"。他提出："各子系统之间如果呈现混沌状态，说明系统内各要素之间相互耦合得不够密切；如果各要素之间呈现良好有序的状态，说明各子系统之间充分发挥了协同效应。"[①]

20 世纪 80 年代，国内学者以郭治安代表将哈肯的协同理论引入中国。郭治安系统介绍了协同学的基本概念、方法和应用，揭示了"协同"的两层含义："一是指子系统之间的协同合作产生宏观的有序结构；二是指系统的宏观结构由几个序参量共同来决定，序参量之间的协同合作决定着系统的有序结构。"[②]

在《现代汉语词典》中，协同是指各方相互配合或甲方协助乙方做某件事，[③]发展有两层含义：一是指事物由小到大、由简单到复杂、由低级到高级的变化；二是指扩大（组织、规模等）。[④]《现代汉语词典》的词语解释是规范而标准化的，具有普通或者普遍性价值。但是，其专业论题的针对性有所不足。

薛二勇在此基础上加以操作性诠释，有所创新。他提出协同发展存在三种层次：一是主体间通过沟通合作产生协同效果，在此效果的影响下由彼此分散的关系形成某种稳定结构；二是在各主体进行协同发展的过程中，整体效益不能与各主体效益相加的总和相等；三是要利用各主体间的协同关系构造全新的空间体系

①　［德］赫尔曼·哈肯.协同学：大自然构成的奥秘［M］.凌复华，译.上海：上海译文出版社，2005：33.

②　郭治安，等.协同学入门［M］.成都：四川人民出版社，1988.

③　中国社会科学院语言研究所词典编辑室.现代汉语词典（第6版）［M］.北京：商务印书馆，2015：1506.

④　中国社会科学院语言研究所词典编辑室.现代汉语词典（第6版）［M］.北京：商务印书馆，2015：369.

或功能体系。① 结合用于阐释京津冀协同发展国家战略的相关表述以及京津冀基础教育联动发展的实际情况，本书认为，协同发展是一个系统中各主体和谐共生、取长补短，以提升集体发展水平为目标，促进该系统高效合理发展的动态过程。在京津冀基础教育协同发展建设中，要明确不同主体的定位，开发各主体发展潜力；应以明确京津冀三地基础教育特色及优势为基础，实现整体区域基础教育的互利共赢。

（二）区域基础教育协同发展

"协同发展"是一种发展状态，即事物总是以一种稳定、协调、有序的状态在发展。"这种发展一般表现为两种形式，一是要求事物在空间上的协同发展；二是要求事物在时间上的协同发展。"②区域基础教育协同发展分为"外延式均衡发展"与"内涵式均衡发展"两类。外延式均衡发展主要是靠追加教育投资来实现区域学校在办学条件等硬件方面的均衡；内涵式均衡发展是指在各个学校办学条件达到既定标准的基础上，教育行政部门和学校充分挖掘自身潜力，进行人事、财务、课程、教学、评价等方面的创新，通过"自组织"系统，在推进均衡发展、教育公平过程中求优质，在高水平、高层次的优质发展中求均衡，追求均衡与优质的和谐统一，获得最大限度的公平、民主与平等。总之，区域基础教育协同发展是一种高位均衡发展，是指在一定区域内，实现教育资源合理配置，使办学条件均衡、师资结构和水平均衡，使区域内的每一所学校得到良性发展，使每一个受教育者享受到均衡的优质教育。

区域基础教育协同发展的核心内涵是优质和公平，它既是一种理念，更是与此相应的各种行动，既要在均衡程度上努力追求高水平，又要在均衡途径上坚持提"谷"扬"峰"。区域基础教育协同发展，首先要追求整体的高位均衡，其次不否定个别学校的"拔尖"。这种高位均衡不是"削峰填谷"式的，而是"提谷扬峰"型的。这对任何时期、任何领域，乃至任何类型教育而言，均是一种挑战，积极

---

① 薛二勇，刘爱玲. 京津冀教育协同发展政策的构建[J]. 教育研究，2016，37(11)：33.
② 金东海，师玉生. 义务教育均衡发展与贫困地区学生就学资助的关联研究[J]. 西北师大学报(社会科学版)，2009，46(6)：132-137.

地努力，负荷挑担越大山，爬坡赶太阳。京津冀基础教育协同发展的理念及活动恰恰是这种情形和形势状态。

首先，区域基础教育均衡不是静态的，而是发展中的动态均衡。推进区域基础教育协同发展，追求的不应是静态的、暂时的、短期的均衡，而应该是前进和征程中的均衡。也就是说优质学校要在创新中不停顿，达到新的高度；薄弱学校要在跨越式提高中实现优质，从而形成与优质学校相协调、比肩而趋的特色。

其次，区域基础教育协同发展不是平均，而是高质量的均衡。协同不是平均，协同是平等地对待相同的、有差别地对待不同的，以及对弱势进行补偿。协同发展不是平均持平，而是在基础条件基本均衡的条件下多元优质、和而不同的和谐并进。推进区域基础教育协同发展，要着眼于高质量的均衡，即在区域行政决策力作用的推动下，各校注重内部改革、文化建设，学校之间优势互补、资源共享，从而全面促进学生个性施展、特色形成。

最后，区域基础教育协同发展不是整齐划一，而是特色呈现。均衡发展是一种追求目标，更是一种活动过程；基础教育协同发展是教育前景的目的，更是一种促进教育理想蓝图的积极途径。协同发展主要的不属于目的项目指标，其本质是追求一种理想、公平、高效、优质的教育形态。区域基础教育协同发展是一个长期的、动态的、辩证的实践活动过程，是在基础条件基本均衡的前提下多元优质、和而不同的和谐协调和互补共赢。

(三)京津冀基础教育协同发展

教育协同是京津冀协同实施的关键环节，也是最能体现京津冀协同发展这一重大国家战略中的一项重要内容。张益禄将京津冀教育协同发展概括为一个实质、两个服务、三个作用。其中，一个实质就是要把握教育协同发展的实质，京津冀教育应该站位于各自的比较优势，错位发展，包容增长，最终实现共同进步，河北是协同各方中明显的短板，在协同各方彼此平等参与中，应把缩小河北与京津的差距作为重要目标；两个服务就是教育为京津冀协同提供好服务，一是为社会提供教育基本公共服务，并逐步实现教育基本公共服务均等化，二是为京津冀区域经济跨越台阶提供人才支撑服务；三个作用就是要发挥好教育的适应、支撑和引领的三重作用。其中，适应就是要适应人口迁移的新常态，协同发展对教育的第一个要求就是基础教育要适应人口迁移步伐，建设配套设施，落实人才政策，引进优质基础教育资源，为社会提供基本公共服务；支撑就是要为京津冀协同发展、产业转型升级提供人才支撑；引领就是要发挥大学科研创新的生产力作用，加强高校间的合作交流，紧紧围绕京津冀区域经济发展中的重大问题，大力开展产学研协同创新。①

基于上述专家学者的深刻揭示，本课题进一步认为，京津冀基础教育协同发展是指北京、天津、河北三省市的各级政府、中小学及其他社会团体在加快融入京津冀协同发展新格局的过程中，主动打破传统体制、机制障碍及束缚，冲破地方资源、利益屏障，构建高效畅通的三地教育管理体制和区域协作机制，全面推进京津冀区域基础教育优质均衡发展。

第二节　相关理论概述

在阅读基础教育协同发展相关领域的书籍及文献资料后，笔者结合京津冀地区基础教育协同发展的现状，综合教育学与社会学等学科领域内容，将本书研究理论基础确定为协同发展理论、府际关系理论、区域分工与协作理论、合作博弈理论和教育公平理论。这些理论虽然是跨学科的，且本身并非教育学知识体系的相关部分，但由于教育论题的开放性，以及不成熟性和因素复杂性，吸取其他学科的理论方法，用以化解或分析教育理论及实践困境是有益和必需的。

一、协同理论

前文已经指出协同理论由德国物理学家赫尔曼·哈肯提出，主要研究的是远离平衡态的开放系统在与外界物质或能量交替的情况下，如何通过自己内部协同作用，自发地出现时间、空间和功能上的有序结构。② 关于协同理论的基本内涵，国内外学者的阐释主要体现在以下两个方面：

---

① 张益禄，岳凤霞. 纵横集［M］. 石家庄：河北教育出版社，2016.

② 于海洪，李月涵，马淑杰. 农村幼儿教育多元供给职能与绩效［M］. 西安：西安电子科技大学出版社，2017.

第一，协同理论运用的前提是将研究对象视作一个总系统，构成总系统的诸多要素视作不同的子系统。根据协同理论的基本观点，在没有开展协同之前，子系统是相对独立的系统，具有相对清晰的边界。但是，一旦不同的子系统围绕共同目标构成有机整体，即总系统之后，各个子系统就成为总系统的构成要素。在总系统的框架之下，各子系统之间的边界应当是相互开放的，从而为资源交换共享提供了可能。

第二，协同理论主要研究在序参量的支配下，系统从无序到有序的转变规律。在没有开展协同之前，系统之间的合作处于无序的状态，在这种协同理论意义上的无序状态中，各子系统都处于不断的协调之中，彼此间的联系日益紧密，在这种紧密联系的过程中，出现了推动系统由无序状态向有序状态转变的"序参量"，促使系统发挥最优效能。① 因此，我们可以将协同理解为主体间一致地为完成某一目标而努力的全过程，协同的主体包括了群体系统、组织系统、知识系统、空间系统等社会行动要素，而主体间努力的目标是发展，发展也是这些要素协同的动力。

从实践意义角度分析，协同理论和治理理论存在许多共通点，是可以相互融合的，二者作为协同治理理论的构建基础，为协同治理理论确定了理论基调，不过协同治理理论并不是将两者直接相加得到的。协同治理理论更重视各主体的地位平等，在共同治理的基础上进行协同发展。协同治理理论的目标是在多元主体合作共建的过程中，主体间通过平等协商实现协同治理，最终达到整体发展高于主体单独发展总和的结果。

京津冀基础教育协同发展是一项涉及诸多子系统的复杂的系统工程，目前子系统之间的交流尚属于起步阶段的较低水平的合作，符合协同理论中定义的暂时的无序状态。在这种协同理论意义上的无序状态中，各子系统都处于不断的协调之中，彼此间的联系日益紧密，在这种紧密联系的过程中出现了区域基础教育的优势互补，在一定程度上也符合协同理论中序参量的特征。

① 曹燕. 长三角区域高等教育协同发展政策优化研究[M]. 上海：上海社会科学院出版社，2023：52-53.

二、府际关系理论

府际关系一词起源于 20 世纪 30 年代，当时的美国学界对府际关系理论研究已较为成熟。保罗．R. 多梅尔表示，政府间的关系已经由最初划定国家与地方政府之间的权力范围，演化为一种高度复杂的共同承担责任和共同解决问题的体系。[①] 1998 年，林尚立在《国内政府间关系》中分别从纵向和横向两个角度对府际关系加以分析：从纵向上看，府际关系是指中央政府与地方政府间的关系；从横向上看，府际关系是指各级地方政府间的关系。[②] 两种府际关系都可以通过治理区域内存在的问题进行合作，在协同治理过程中联合进行区域的有效管理。中央政府可以与各级政府交流沟通，发布实际工作指令，使各级政府更高效解决地区问题。各地区政府则可以通过协商共建合作项目，实现区域整体的最优化。

针对当前出现的区域基础教育问题的现状，开展府际合作需要以下三个步骤。第一，基础教育区域共建需要各地教育行政部门积极沟通、协商，联合举办区域基础教育共建研讨会议；第二，在会议中签订合作协议，确定各方定位，需要完成的工作，以及担负的责任与义务；第三，协议内容交由各地区相关部门执行，有序实施，而不能仅停留于书本。

事实上，在京津冀基础教育协同过程中，三地政府在国家政策的感召及保障之下通过协商签订了各项合作协议，初步建立教育资源的共享平台。但由于缺乏顶层设计的指导协调，加上京津冀基础教育协同管理体制不成熟，导致三地在基础教育层次水平差异较大的制约，难以高效推进基础教育协同的计划内容及有序进程。府际关系理论在京津冀基础教育协同发展过程中可以发挥一定的参照作用，其思想方法应该有助于解决以上存在的现实问题。

三、区域分工与协作理论

区域分工与协作理论源于国家贸易理论，区域经济学家将其引入经济领域，

---

① 保罗·R. 多梅尔. 政府间关系[M]//理查德·D. 宾厄姆，等. 美国地方政府管理：实践中的公共行政. 九州，译. 北京：北京大学出版社，1997.

② 林尚立. 国内政府间关系[M]. 杭州：浙江人民出版社，1998.

用以解释一国范围内区域间经济关系的诸多繁难现象。其中，英国经济学家大卫·李嘉图（David Ricardo）比较优势理论以及赫克歇尔与俄林提出的资源要素禀赋理论是两块核心理论基石。后一理论认为，要素禀赋、技术、制度、规模经济等均具有不完全流动性，由此形成了一国范围内的区域分工。区域分工与协作就是一国内部的不同区域，从自身的条件和外部环境出发，在充分发挥自身优势的前提下进行产业和产品生产的分工和协作，从而实现社会经济活动在地域空间上的有机结合。① 京津冀基础教育协同发展是京津冀教育协同发展的一项重要内容，也是承接北京非首都功能转移，落实京津冀协同发展战略的重要举措。通过区域分工与协作理论分析可以看出，三省市在京津冀协同发展战略下有明确的功能定位。在这些功能定位当中，北京市为"全国政治中心、文化中心、国际交往中心、科技创新中心"；天津市为"全国先进制造研发基地、北方国际航运核心区、金融创新运营示范区、改革开放先行区"；河北省为"全国现代商贸物流重要基地、产业转型升级试验区、新型城镇化与城乡统筹示范区、京津冀生态环境支撑区"。上述定位，体现了区域整体和三省市的各自特色。

诚然，京津冀基础教育资源分布的问题客观存在，河北省的基础教育发展水平明显落后于京津，但河北省作为京津冀地区人口最多、幅员辽阔、资源丰富、市场潜力大的地区，承接部分不属于首都功能定位的教育、培训机构等社会公共服务功能，在优化提升首都核心功能的同时，也会在带动河北全面进步、保障京津冀区域整体稳定繁荣等方面产生积极作用。有鉴于此，区域分工与协作理论对探讨三省市基础教育协同的现实条件和动力机制有着重要的理论价值；同时也为京津冀区域基础教育优质均衡，以及良性循环所需要的机制形成提供了依据和方法。

四、合作博弈理论

1928 年，冯·诺依曼（Johnvon Neumann）首次提出了博弈的原理；1944 年，他的《博弈论和经济行为》的出版标志着博弈论的初步形成。后来，约翰·福布斯·纳什（John Forbes Nash, Jr.）、莱茵哈德·泽尔腾（Reinhard Selten）、约翰·

---

① 冷志明，张合平. 基于共生理论的区域经济合作机理研究［J］. 未来与发展，2007（6）：15-18+24.

C. 海萨尼(John C. Harsanyi)等学者推动博弈论走向成熟，他们也在 1994 年共同获得诺贝尔经济学奖。"博弈"所对应的英文单词为"Game"，指的是各行为主体(个人或集体)在受到一定规则约束、处于特定环境时，根据自己所掌握的已有信息，从分析对方的策略和局势入手，力求选取对自己最为有利的行动方案，以获得自身利益最大化的行为及活动过程。

京津冀基础教育协同的过程也是相关利益主体合作博弈的过程。也即，三省市在推进京津冀基础教育协同发展的过程中，不仅有合作关系，还存在竞争关系及利益冲突关系等不同方面的问题。在合作交流过程中，由于思想观念、教育层次水平、经济结构效益等多方面因素的差异，以及利益分配机制的偏颇，协同互动活动的过程中难免会出现矛盾和冲突。只有经过多方协调，建立合理的资源共享和利益分配机制，解决利益均衡，以及合作主体和各方共赢等各种问题，才能切实提高京津冀基础教育协同的质量和效率。

五、教育公平理论

古希腊哲学家、教育家柏拉图(Plato)在《理想国》中首次提出关于教育公平的思考，柏拉图认为男性与女性应该享有同等的受教育权，因为男女在学习天赋上是相同的。此外，我国古代著名教育家孔子也提出"有教无类"的理念，认为教育应该平等对待各类人群，平民百姓也应该有受教育的机会，体现了教育公平思想。20 世纪 60 年代，美国学者詹姆斯·科尔曼(James Coleman)在《科尔曼报告》中提出教育资源分配理念，认为教育是一种可供分配的社会资源，教育弱势地区的学生可以通过教育资源分配享受到高质量教育，可以使社会背景和家庭水平不同的学生受到相对平等的教育，应该倾力减少外界因素对学生教育的影响。此外，科尔曼提出教育公平四个标准：第一，教育机会平等，学龄期儿童有均等的机会接受免费教育；第二，教育质量平等，任何出身背景的儿童都应接受同等质量的教育；第三，教育过程平等，所有儿童都有选择进入不同学校的权利和机会；第四，教育结果平等，儿童在教育中取得阶段学习成果的机会均等。[1]

---

① [美]詹姆斯·科尔曼. 教育机会均等的观念[G]//张人杰. 国外教育社会学基本文选. 上海：华东师范大学出版社，2019.

上述观点与哈佛大学教授约翰·罗尔斯(John Bordley Rawls)在《正义论》一书中提出的教育公平理论十分契合，罗尔斯以伦理学为切入点，认为虽然个体间的思想主观差距很难改变，但是教育上的客观因素可以被改变。社会应为贫困劳动者提供受教育机会，尽力改善贫困人群受教育的环境，将教育公平的重点聚焦于教育资源分配上，目的是使所有人拥有平等的教育机会。这就需要在教育协同发展的基础上，利用教育资源共享模式，使各区域的教育水平基本趋于均衡。

在现阶段京津冀基础教育各地水平差距较大的情况下，使用教育资源分配手段可以达到区域基础教育协同的有利条件，以助推完成预设的理想目标，有效提高环京津贫困带地区学龄期青少年的基础教育教学质量，从而为推进京津冀基础教育协同的规划、阶段、步骤，以及组织方法提供最大保障。

瑞典教育学家胡森(Torsten Husen)认为，学校教育需要改变传统的模式，为每个人提供最适合自身发展的教育条件与机会。他强调教育权利平等，即教育起点均等，认为每个人都有受教育的权利和义务。在教育中每个受教者都是平等的，无论家境贫穷或富有，无论学生处于哪个地区，都有权利受到平等的教育。同时，在受教育过程中应该注重学生的个性化发展。[①] 胡森的教育公平理论体现了其个人本位论的思想，侧重于学生个性化特点及成才。在这一问题上，河北省的粗放型、大面积和普遍共同性教育更为突出，个性化、差异性发展内容因素更为薄弱。而对比基础教育，京津的素质教育理念以及核心素养培育的活动及经验较为丰富深厚，两者个性化办学模式应该被河北省积极引入学习。在胡森的教育理论观照之下，只有各地区的教育水平是均衡的，才能使相应区域学生在不同所在地都能接受同等教育。京津冀基础教育协同发展的最终目标也是达到三地基础教育水平的相对或基本均衡，所以对本研究有很大的参考价值。

尽管胡森的观点有过于绝对的地方，例如对每个学生实行不同的特色教学在京津冀基础教育学校中就难以实现，但是他关于教育公平的观点新颖、有创造性，依然可以在新时代的教育改革中发挥作用。

[①]　HUSEN T. A Marriage to Higher Education[J]. *The Journal of Higher Education*，1980，51 (6)：616-649.

第三节　区域教育协同发展的影响因素分析

教育是一项促进人全面发展、素质能力提高的社会实践活动，同时也是通过人力资源开发促进社会进步昌盛的阳光工程。人的复杂性、社会需求的广泛性和可变性，致使教育的作用效果或影响因素变得十分多重而不可控，往往教育除了受自身力量左右之外，更多受制于教育之外的社会诸多领域，构成教育活动及行为方式与目标、绩效达成度之间的多线性复杂联系，并非线性、因果或本质规律的运行法则。在这一问题上，有学者做如是表述：不可否认，"教育有问题，但不是教育问题。教育有问题，但不只是教育问题"①。也就是说，我们无法摆脱社会领域的干预和限定来就事论事，思考教育，不能脱离政治、经济、社会改革来孤立地谈论教育。这在区域教育协同主题上的表现更是如此。一方面，区域教育协同发展打破了原有的空间环境相对均衡视角，是指在更大范围内推进教育均衡发展；另一方面，区域教育协同不仅要在优质教育增量上下功夫，而且要在既有教育资源存量上下功夫。区域教育协同发展在范围和内涵上的新要求，决定了它是牵涉社会多领域和多角度的复杂变革过程，也就必然会遭遇诸多影响因素的冲击，乃至受其制约和束缚。

一、政治因素

政治是人类历史进程中产生的一种重要社会现象，对于社会各个子系统具有重大影响。"政"是硬件，指的是政权主体，即各级政府；"治"则是软件，是维护政权的方法及手段，是政府采取的一系列治理行为。政治因素对区域教育的影响主要表现在以下方面。

第一，政治因素影响教育政策的制定。教育政策的制定本身就是一种政治行为，在教育政策的制定的整个过程中，政治因素的影响无时不有，无处不在。例如，为了发展区域教育，政府部门通过一系列法规、文件及行动计划等规定教育

---

① 杨支柱. 先有鸡，先有蛋？——透视中国教育[M]. 北京：中国民航出版社，2001：117.

发展的方向、目标、任务，并对区域内教育内容、教育方式进行宏观层面的指导和规范。"政策是各种影响力和议程重新'装配'的产物，在政府内部，在政策制定过程中充满了临时性、偶然性和讨价还价。"①教育政策的本质是对国家和社会教育资源进行具有价值导向的分配和控制。历史证明，任何大型制度和政策变迁都不是自发产生，而是某些人有意设计，并通过激烈斗争实现的。必须承认，资源差异配置和水平要求倾斜的教育政策，是我国义务教育发展失衡的最直接原因。20世纪70年代末、改革开放初，国家为了尽快弥补"文革"造成的人才损失，在恢复高考不久和教育资源极其有限的条件下，形成了一批"重点中小学"，鼓励多出人才、快出人才，在其特定历史时期确实起到积极作用。但正因如此，在这种"重点学校"教育政策发挥其特殊育人功能的同时，也为基础教育非均衡发展埋下伏笔，为后来义务教育非均衡状况之不可缓解的严酷态势埋下隐患。21世纪初期，我国区域义务教育格局中，农村学校所占有的优质教育资源之所以同城市学校存在巨大差距，根本原因在于"城市本位"的教育政策。总之，教育政策对于区域教育协同发展具有明晰、具体的导向作用，其针对性也十分明显。

2017年，北京、天津、河北联合发布的《京津冀教育协同发展"十三五"专项工作计划》明确指出，三地基础教育合作的重点工作是推进北京市通州区、天津市武清区、河北省廊坊市三地基础教育协同发展，并为三地教育协同工作安排指明了方向——即通过教育集团、学校联盟、结对帮扶、委托管理、开办分校等方式，引导北京、天津优质中小学与河北中小学开展跨区域合作办学，整体提升河北省中小学学校管理水平、教育力量和办学质量。

第二，政治因素对于教育经费的分配具有决定性作用。政府在制定财政预算时，对各种教育事业进行资金的安排和分配，决定了教育资源投入的力度。而区域教育协同发展必然要求区域内各地教育资源具备相对公正的配置。公正是社会制度的首要价值，正如真理是思想体系的核心价值一样。"平等不可能是分散决策的竞争经济的产物，它只能是集体选择通过国家机器予以制度化的结果。"②公

---

① [英]斯蒂芬·J.鲍尔.教育改革：批判和后结构主义的视角[M].侯定凯，译.上海：华东师范大学出版社，2002.

② 姚洋.制度与效率：与诺斯对话[M].成都：四川人民出版社，2002.

正问题是和谐社会要旨，是政府责无旁贷的本质使命。从我国义务教育非均衡状况突出这一客观事实出发，提出义务教育均衡化问题，并进一步延伸拓展为区域教育协同发展问题。公正的政策导向要求将加强政府教育统筹责任，并以此作为实现区域基础教育资源均衡配置的重要政策手段。[①] 面对教育资源恶性积聚的现状，必须以相对公正与平等为目标进行权威、有力地保障与调节。

第三，政治因素除了对教育经费的分配进行公正、合理的协调外，它对于教育的影响还体现为协调教育与其他社会子系统的关系，以及教育系统内部不同要素之间的关系。区域协同中教育一体化要素的合理流动与有效配置，依赖于各层级教育管理部门与教育系统外部行政部门之间有机统一的工作框架与协同制度。然而，像京津冀这样大的社会区域，不同于中小区域清晰、便利，它由跨越行政区划的不同省市组成，在这些省市间存在着目标取向、价值追求、利益划分，以及经济效益各不相同的多层次的领导与决策机构，由此导致同类教育政策的供给能力和水平存在较大差异，从而产生各方协同性当中的新冲突，出现新的壁垒。这样的情形会影响区域基础教育协同发展的顺利开展。因此，为了保障区域教育协同发展的顺利推进，应该充分发挥区域教育政策的协调功能，通过宏观的政治抓手，协调区域内各省市的目标取向、价值追求及利益冲突，避免协同中出现地位失衡的新困境。

第四，政治因素对于区域教育协同的影响还表现为对区域教育协同的行为、方式、内容等进行规范、制约和促进，这也就是所谓教育政策的控制功能。它具有强制性和惩罚性特征。一方面，区域教育协同必然具备地域特殊性，而对于特殊性的处理则应坚持以国家层面的教育政策为遵循原则；另一方面，区域教育协同过程中，不能各行其是，必须在区域教育政策的规范下进行，扎实稳步推进教育政策对于过程中每一阶段的任务要求，否则，就应当受到一定的惩罚。因此，在现实实践中，一旦区域教育政策的强制性和惩罚性不强，便会导致区域教育协同的诸多活动或行为举措，都会变相地成为"纸上谈兵""空中楼阁"或"画饼充饥"的一纸空文，或十足的"面子工程"。

---

① 王依杉，张珏．中国式教育现代化的区域表达——长三角教育一体化的探索与实践[J]．教育发展研究，2023，43（9）：20-29．

二、经济因素

区域经济是区域教育实践的基础。1985 年 5 月 27 日，《中共中央关于教育体制改革的决定》发布，地方有了更大的教育自主权，区域经济对区域教育协同发展的制约性更为明显。

第一，区域经济的发展水平差距影响区域教育协同的步伐节奏。区域经济改革必然对区域的劳动力与人才结构提出更新、更高的要求，进而要求区域相应地提高人才培养规格和扩大教育规模，区域经济发展还可以激发区域社会成员对教育的个人需求，从而为区域教育增添外部动力。区域教育所取得的任何进步或者成就，一方面取决于区域社会的教育需求，另一方面也深受区域教育的投资条件的制衡。目前，我国除部分高等教育主要由国家投资外，区域内的各种教育，包括基础教育、中等职业技术教育与成人教育的经费，基本上来源于地方财政预算与群众集资捐资，这些经费能够提供多少，在很大程度上取决于区域经济的层次和水平。例如，2022 年，广东实现 GDP 超 12.9 万亿元，在制造业、消费、出口、居民收入等核心指标方面，呈现平稳态势，《粤港澳、京津冀、长三角地区高等教育与经济发展研究报告（2022）》显示，广东省生均高等教育经费指数在三大地区的各省市中位列第一，教育经费投入与其经济发展水平成正比。然而，在区域经济发展不均衡的情况下，各个阶段的教育质量和教育水平差距将随着时间的推移进一步拉大，优质教育资源更多聚集于经济振兴迅速的地区，而部分经济滞后或者欠发达的地区，则会由于区域内教育经费不足，出现教育基础设施陈旧、配备不全、教学方式落后等诸多"拖后腿"的情形，进而扰乱教育协同正常运转的历史进程。

第二，区域经济模式影响区域教育协同发展的模式。我国区域发展的差异导致我国经济模式呈现出多样性的特点，如江苏南部的苏州、无锡、常州、南通等地发展乡镇企业，实现非农化发展的"苏南模式"；以家庭工业和专业化市场的方式发展非农产业的"温州模式"；以民营经济为主体、以制造业现代化为先导、以城市化跨越为主题、以壮大中间阶层为主流趋势的"晋江模式"；以及由地方政府主导的外向型快速工业化经济发展东莞（珠三角）模式等。都是当代经济形态中出现的有其区域特色的经济模式。随着改革的逐步深化，中央将进一步简政放权，经济模式还会进一步区域化、分散化。地方在处理好同中央关系的前提下，既有权选择适应本地的经济发展模式，也有权创造适应本地特点的教育模式。在许多经济颇具特色的地区，课程、教材全国大一统的格局也正在逐步被打破。区域经济发展的不同状况正在逐步成为制定区域职业技术教育、成人教育与普通中小学劳动教育教学计划的主要依据。如在"三二一"产业格局持续稳固，新业态新模式展现活力，创新主体发展壮大的京津冀地区，职业教育围绕智能制造、新一代信息技术、医药健康等产业需求和养老服务、护理、托育等紧缺专业，加大合作培养力度；在"深圳创新、香港金融、广州多元"的三角形发展的粤港澳地区，其职业教育的协同突出粤港澳职教融合发展理念，探索中职与高职贯通、高职与本科层次职业教育贯通培养模式，服务粤港澳大湾区产业技术的转型升级。

第三，区域经济结构影响区域教育协同发展的布局结构。区域经济结构是指一个区域内各产业及其部门之间的内在经济、技术、制度等构成形式和数量比例。其中，技术是指劳动者技术装备所达到的水平，它对区域教育的层次结构产生着直接影响。[①] 区域内包含不同经济结构的不同的市、县、区，因此对各类专业技术人才的规格、数量，素质要求也有所区别。为适应教育协同发展要求，区域教育必须在提高教育质量的同时，针对各地经济结构的需求，发展不同层次类别的教育，在专业结构和课程结构上进行因地制宜的设计和详细有序的安排。如《京津冀教育协同发展行动计划（2023—2025年）》指出，京津冀三地将围绕疏解教育领域非首都功能，推动"一核"辐射带动作用持续增强；抓好推动河北雄安新区和北京城市副中心建设，推动"两翼"齐飞新格局更加明显；增强京津冀三地联动，推动区域教育总体布局更加优化。为提升发展雄安新区教育质量，京津通过派驻优秀管理团队、加强资源共享等，实现基础教育领域各学段全覆盖服务。

三、文化因素

文化是人类在长期社会实践活动中创造的所有物质和精神文明或成就的统

---

① 董泽芳.区域教育统筹与发展[M].武汉：武汉工业大学出版社，1995.

称。人类文化从精神层面而言，内容主要包括：群族的历史、风土人情、传统习俗、生活方式、宗教信仰、艺术、伦理道德、法律制度、价值观念、审美情趣、精神图腾等。区域文化是受地理环境和自然条件的差异影响导致的具有地域性特征的文化。区域文化对教育协同发展的影响贯穿、渗透于方方面面，它对教育协同的影响和制约是显性的，但更多是隐形的、潜移默化的。

第一，区域文化水平从总体上制约区域教育协同的水平。区域文化水平是区域文化程度的标志，以区域居民的平均受教育年限、脑力劳动者占全部劳动者的比例、居民的文化需求程度与需求结构等指标为衡量标准。较为均衡的文化设施与协调丰富的文化生活可以为区域教育的协同发展创造较为优越、和谐的社会心理环境，区域文化水平越接近，对于区域教育协同发展的促进作用越明显，反之，区域文化水平差距越大，在区域教育协同发展的资源配置上越容易产生不均衡、不协调，进而阻碍教育的协同发展。

第二，区域文化价值观念影响着区域教育协同的价值选择。区域文化价值观是区域文化的核心，它是区域成员在评价事物时表现出的特定的心理倾向。区域内较为发达的地区，其文化价值观往往表现出较强的开拓与求新的意识，而经济发展相对落后的地区则更倾向于注重实惠与功利的心态。与此同时，教育受这些不同的价值取向影响也表现出不同的价值选择：以京津冀区域教育为例，在相对弱势的河北省各地区，尤其是乡村，教育发展表现出明显的封闭性与保守性，这些地区更关注教育带来的功利性结果，即所谓"跳龙门""换户口"和"光宗耀祖"等层级跨越式的诉求，因此在教育发展中更注重传统教育的量化评级，更为强调教育的经济功能；而京津地区对于教育的经济功能的衡量较轻，更注重教育的全面育人功能，现代化的价值选择更丰富，关注教育对孩子身心素质的促进和核心素养的培育意义。

第三，区域文化传统影响区域教育内容的选择。即便是在以同一指导思想为引领的统一国家内，地区的不同自然会导致各自所形成的文化传统有所差异，因而使得在具体教育内容的选择上充分体现出各地的地方特色。而区域教育协同发展的内涵要求区域内不同地区进行紧密深入的教育交流，因此我们能够发现，在区域教育协同发展的地区，其教育内容具有区域文化的影子。例如，长三角区域教育协同发展背景下，三地联合教研，共同谋划更高水平、更高质量的长三角美育新发展一体化，教研"非遗"美术课程，将非遗的魅力展示在"葫芦烙画"等课例中。

四、科技因素

现代科学技术的迅猛发展对区域社会的生产和生活各个领域的影响日益广泛与强烈，科技对区域教育协同发展的影响主要表现在以下几个方面。

第一，科学技术是区域教育协同发展的催化剂。科学技术是第一生产力，对于区域社会的生产方式和活动发挥着巨大的推动作用。但在科学技术尚未应用到实际生产中时，仅仅是潜在的生产力而已。若要将潜在生产力转化为现实生产力，必须拥有一大批科技水平较高的专业技术人才和管理人才，以及具备一定的科学素质的劳动者。毫无疑问，这些不同领域、不同层次和水平的专业技术人才不是凭空出来的，而是教育培养训练的结果，是以学校为主导的教育场所机构实践活动的成效。因而，教育的重要性不言而喻。区域科技发展的速度愈快，在区域生产中应用愈广泛，对各级各类技术人才的要求就愈迫切，对普通劳动者的文化技术素质的要求就愈高，区域教育发展的活力就愈大，区域教育的紧迫性就愈强。这就是近年来在一些科技发展迅速、转化程度较高的区域，普及义务教育能有效实现，职业技术教育获得显著成绩，成人教育能蓬勃兴起的一个重要原因。

第二，科学技术为区域教育协同的实践改革增添强大的推动力。伴随科学技术在区域及其他新兴行业生产与生活中的广泛应用，知识与技术更新的速度越来越快，对脑力劳动的需求越来越多，对劳动创造性的要求就越来越高。这就要求劳动者要有与之相应的知识和能力，特别是创新与创造力。为此，需要改革与发展区域教育。首先，要求由过去单纯注重传授系统课本知识转变为重视科技意识与创造能力；其次，要以区域科技发展引起的就业结构变化为依据，对区域教育的专业结构与课程结构进行适时调整；其三，在学校教学中强调师生共同参与、重视启发思维、加强实践应用环节；其四，要加强学校与社会的联系，促进教育同科研、生产以及社会服务有机紧密结合。

综上所述，区域教育要协同发展，除了必须有充足的经费支持外，还要求社会各方特别是政府的高度重视。而政府是否愿意增加教育投入，一方面取决于国家的经济发展水平，另一方面也取决于地方政府对教育在促进个体与社会发展进程中的作用的理解与认识。政府的教育投资行为是指政府在一定行为动机的驱动下，为达到既定目标而对教育投资活动作出的行为反应。当然，物资设备与经费投入是硬件或者刚性需求的满足，教育培养、塑造人过程中的知识内容、人文道德、情感心理、审美个性，以及价值导向选择等都在很大程度上有赖于文化、科技等诸多软件或文化资本的力量发挥。从这个意义上说，区域教育协作发展一样无法摆脱各种文化软实力的支撑作用。

尽管上文是从整个教育协同共促共赢层面来统一评述的，但是由于上述基础教育与教育的体系，京津冀基础教育协同发展的影响因素亦可作如是观。

第三章　中外区域教育协同发展实践举要

区域协同共谋振兴大业，实现理想宏伟蓝图，离不开城市群概念引入及实体依托。城市群指的是在特定区域内，由一定数量、不同规模的城市组成的集合体。这些城市一般以一个或者多个大城市为核心，在核心城市之间、核心城市与其他城市之间，以及其他城市之间，存在高度经济社会一体化倾向，因此城市群是一个拥有复合功能、合作关系明显的有机整体。[①] 展现国内外区域教育协同发展情况，可以从著名大城市群的区域教育协同发展成功范例入手分析。京津冀区域教育协同发展在其独特的区域特征之外，同时也具备大城市群特点。国内推进区域教育协同的大城市群比较典型的是长三角地区、泛珠三角地区以及粤港澳地区。目前，教育协同发展水平最高的大城市群还集中在欧洲、美国、日本、韩国等地。[②] 以下从国际到国内的区域教育协同探索实践的内容及经验总结加以呈现，对照京津冀区域相似或同类问题而言，可以起到参照、借鉴的作用，并发挥"他山之石，可以攻玉"的启迪价值。

需要特别说明的是，各发达国家区域教育协同内容除了基础教育之外，尚包括高等教育，大学或学院的联合互动、共建共赢的丰富内容，由于本研究主题属于基础教育论域，这些素材略去不论。

第一节　区域教育协同发展的国际探索

20 世纪 80 年代以来，伴随全球化和区域一体化的进一步发展，地区之间、

---

① 王振.中国区域经济学[M].上海：上海人民出版社，2022：210.

② 李军凯.京津冀教育协同发展实践策略研究[M]，北京：科学出版社，2017.

国家之间的区域教育合作交流日益频繁。与此同时，基于上章所述的相关理论，欧美等发达国家和地区在推进其区域教育进步中开展了一系列的教育实践，其中欧洲联盟的教育一体化，东京城市群、伦敦城市群、巴黎城市群、纽约城市群及美国东北部城市群的区域教育协同活动最具代表性。

一、欧盟教育协同发展实践

随着欧洲一体化的进程推进，欧盟逐渐意识到教育的社会意义，不仅提出了一系列教育目标，同时也推动了教育行动计划的实施力度，使不同层面的欧洲公民获得职业教育和培训机会。[①]

欧盟教育与培训政策最早起源于 1963 年，当时共同体发布指令要求成员国实行"共同的职业教育和培训政策"。1976 年又发布了一个实施"共同体行动计划"的决议。1989 年《社会权利宪章》签订之后，共同体发布决议，要求成员国对劳动者实行"持续的培训计划"。同年，共同体委员会发布了 1989—1992 年"教育与培训中期指针"。[②]

进入欧盟共同体时期，欧盟教育与培训政策主要以指令、计划等形式提出概念、建立规范、组织行动，以达到整合成员国政府相关政策和行动的目的。[③]1992 年，欧盟对教育、职业培训和青年人问题给予了特别关注，对先前订立的《罗马条约》中的第 126 条和第 127 条进行了修改，并单独列出"教育、职业培训与青年"一章。这是欧盟教育和培训政策的一个重要里程碑。为了全面推进"欧洲维度"建设，1993 年欧盟委员会发布了"白皮书"，将开展"欧洲意识教育"提高到法律层面。1995 年，委员会发表题为《教学与学习：走向一个学习社会》的白皮书，提出"学习型社会"（Learning Society）的概念。1997 年，委员会又发布了《走向知识欧洲》的通讯，提出"知识欧洲"（a European of Knowledge）的概念。这些概念的提出是欧盟在成员国政策实践的基础上，整合教育与培训政策、创建欧盟政策区域的积极行动，[④] 对"发展教育的欧洲规模与深度"具有非常积极的

①　石晨霞. 欧盟社会政策研究[M]. 武汉：武汉大学出版社，2016：125.

②　田德文. 欧盟社会政策与欧洲一体化[M]. 北京：社会科学文献出版社，2005.

③　田德文. 欧盟社会政策与欧洲一体化[M]. 北京：社会科学文献出版社，2005.

④　CORDEN A, DUFFY K. Human Dignity and Social Exclusion[M]//SYKES R., ALCOCK P.. Developments in European Social Policy：Convergence and Diversity. Cambridge：The Policy Press，1998：102.

作用。

2000 年的"里斯本战略"在欧盟共同教育与培训政策方面制订了详细的工作计划，其目标是到 2010 年，将 18~24 岁年龄段完成中等教育后不能继续接受教育和培训的人数减少 50%，同时要促进学校和科研机构在教学资源方面的共享，加大终身教育和培训，完善欧盟成员国之间在能力证书制度的建设，促进教育工作者和学生的交流和合作。此外，还要通过网络技术加强就业和培训市场的相互配合。① 另外，在 2002 年巴塞罗那首脑会议上，欧盟明确提出，教育是欧洲社会模式的重要基石之一，争取到 2010 年使教育成为"世界质量的参照系"。②

此外，为了实现"里斯本战略"提出的目标，欧盟启动了"哥本哈根进程"，促进欧洲各国在教育与培训政策方面的协调与合作。"哥本哈根进程"从 2002 年至 2010 年分为三个阶段实施，它为提升欧盟的教育与培训质量，完善教育与培训机制均发挥了积极作用。2010 年，欧盟通过了"欧洲 2020 战略"，该战略明确提出的第四项指标是"未完成基本教育人数和退学率从当前的 15% 降低至 10% 以内，2020 年 30 岁至 34 岁年轻人获得高等教育文凭的比例，从 31% 提高到至少 40%"。③ 由此可见，教育与培训政策在欧盟教育协同实践中的地位与作用也日益重要。

尽管欧洲各个国家的法律制度、经济发展水平有很大差别，在其文化背景和传统习惯上都继承了自己的特点，但在教育一体化的过程中，它们都很好地避免了在教育政策制定和执行中出现的"一体"和"多元"矛盾。京津冀三省市在携手推进京津冀基础教育协调的整体进程中，必须将"凝聚共识"摆在首位，并积极引导各方排除思维障碍。一是要注意柔性的文化构建，建立柔性的协作观念。传统的跨境合作注重于参与者的静态效益和经济回报，而欧盟的教育合作则促使其在合作中寻找更多的领域资源来实现其自身的动力，使得不同国家间在非教育方面能互惠互利。第二，制定具有约束力的协作制度。区域教育一体化既是经济合作中各成员主体自身发展使命的必然选择，也是各成员自身利益最大化的诉求。

---

① 管新平，何志平. 欧盟概况[M]. 广州：华南理工大学出版社，2003.

② 马晓强，雷钰. 欧洲一体化与欧盟国家社会政策[M]. 北京：中国社会科学出版社，2008.

③ 陆军. 欧洲 2020 战略：解读与启示[J]. 欧洲研究，2011，29(1)：72-88+159.

建立由各方主体所遵循的公约、规章显得十分迫切和重要，而这对我国京津冀基础教育协作来说是有价值的参考。

二、东京城市群教育协同发展实践

日本历来重视教育，素以"教育立国"闻名于世，特别是"二战"后很好地解决了地域间、学校间教育差异和教学质量差异的问题，注重保证教育起点公平、推进教育过程公平及追求教育结果公平。东京圈的基础教育程度及质量排在世界前列，为我国京津冀基础教育协同战略提供了借鉴样板。

东京城市群，是日本政治、经济、文化中心，也是世界上人口最多、经济实力最强的城市聚集体之一。在美国智库 2017 年发布的全球城市综合排名中，东京被评为世界第四大城市，仅次于纽约、伦敦和巴黎。东京城市群实际范围一般包括东京都、神奈川县、千叶县、埼玉县，故又称为"一都三县"。

在基础教育协同发展的建设实践中，东京城市群重视基础教育投资，合理分配投资比例。2019 年，东京都教育经费按教育目的划分，主要用于小学与初中、高中、特殊学校、社会教育、基础设施等方面，其中小学与初中占了 54.3%。并且在基础教育方面，日本政府提供了充足的资金支持，地方的义务教育学校和公立学校教育费用，分别由都道府县和市町村二级财政按教育财政法令规定各自负担。初等、中等教育阶段日本的公费教育投资比例高达 90.1%。东京都严格遵循日本相关制度和政策，从学校设置、办学条件、师资配备和管理水平等方面谋求校际的均等化发展。例如，在中小学学校设置上，按照《学校教育法》，保证国立和公立中小学按学区划分，各个学校的资源配置以及师资配比基本均衡，在校际之间执行教师的定期流动制，促进学校均等化发展。[①] 到目前为止，东京圈进行了五次"首都圈基本规划"，程度由浅入深，层层递进。尤其是在第三、第四次规划中，出现的未来城市、智慧城市概念产品，得到了政府的大力认同与投资，区域实现"产城深度融合"，也使得东京圈基础教育得以迅速协同发展，并通过核心城市辐射带动周边城市群基础教育共同进步。

---

① 乔鹤. 国际都市圈基础教育资源配置比较研究［R］//方中雄、桑锦龙、郭秀晶，等. 京津冀教育发展报告(2018—2019). 北京：社会科学文献出版社，2019.

东京都市群把实现基础教育质量的目标定位于教育资源的平衡，既关注教育的硬件条件，又强调同类型的师资力量。在京津冀区域基础教育协同进程中，可以进行更大范围、更大规模的"定期轮换制"试点，这需要经过精细设计和充分规划。日本的相关法规要求：每位老师最多只能在同一所学校任教五年以上，两年为一届的院长，任满后必须跨校任职；文部省要求各省府、道、县就其人员流动的重点问题，例如人员的调配和审批权限，基本原则和年限的规定，偏远地区的学生的相关补贴等，都要统一起来。京津地区实行师资"定期轮换制"，摒弃"突击式"或"应景性"的师资交换，具有重要的针对性的作用：一是要持续激发老师的工作积极性与创造力，丰富他们的多元体验；二是要实现人力资源的优化配置，使各地的办学层次达到均衡；三是要突破传统的封闭式教学模式，保持校园的生机活力。

三、伦敦城市群教育协同发展实践

伦敦城市群，是指以英国首都伦敦为中心，以伦敦—利物浦为轴线，包括伦敦、伯明翰、谢菲尔德、曼彻斯特等大城市和众多中小城镇的城市群。这是英国自 18 世纪下半叶至 19 世纪初，从近代工业革命转向产业革命后主要的生产基地和经济核心区。由伦敦城和其他 32 个行政区共同组成的大伦敦是这个都市圈的核心。其产业结构发展由工业中心慢慢演变成金融和贸易中心。十多年来，大伦敦凭借着每年 210 亿英镑的产出值，其中创意产业成为仅次于金融服务业的伦敦第二大支柱产业。

伦敦城市群的文化类型、阶层差异都非常大，从而导致学校中学生的成分要比其他地方更加复杂，学习所用语言的数量超过上百种，在聚集着大量高端人才的同时，也存在着若干大规模的弱势群体。正因如此，伦敦的基础教育非常重视满足多元文化需要，重视向有特殊教育需要的地区和儿童倾斜投入。20 世纪 70 年代起，英国政府针对条件较为恶劣的伦敦内城实施了"教育优先区"（Education Priority Areas Scheme）计划。"教育优先区"以"积极差别待遇"（positive discrimination）（即给予弱势者优惠待遇）的理念为指导，建议英国政府采取主动干预的方式，选择一些物质或经济上最贫困的地区，给予特别补助或优厚待遇，优先改善其校舍和小区环境，以求教育机会的均等。

"教育优先区"政策主要包括以下几个方面：加强教育基础设施建设，如更新校舍、充实硬件设备、增设托儿所；提高教师质量，配置教师助理、充实师资、加强教师在职培训、建立教育优先区与各师范院校之间的联系网络、给予额外的教师津贴等；此外，还需加强学校与社会之间的联系，并对教育优先区的建设方案进行仔细评估等。① 但由于资金短缺、标准缺失以及长期面临质疑等原因，该方案早早走向没落。

1977 年 6 月，英国政府颁布了《内城政策白皮书》（White Paper：Policy for Inner Cities），借鉴"教育优先区"计划中的做法，提出了如下具体措施：重视内城学校的重建和更新；关注处境不利学生，满足其族裔或语言上的特殊需要；采用更有利的编制比例，鼓励教师在职培训，且在职培训内容要与内城问题有关；鼓励学校和学院参与社区生活中；居民可以在正常工作和学习时间之外充分利用学校和学院的建筑和设施；教育和科学部应与健康和社会保障部密切合作，为幼童提供更好的服务，如幼儿园、日间托儿所等；青年和社区服务应在帮助年轻人进入成人社会方面起到进一步的作用，以减少犯罪率和故意破坏行为的发生。此外，该政策指出城市问题的有效解决不能依靠单一的方法。教育受社会条件的影响，社会条件又受住房和工作的影响。很多政策之间都是相互联系的，所以应该主张利用一种全面统一的办法来解决问题。显然，上述具体的教育措施更重视学校与社会之间的全方位合作。

伦敦政府重视提高教育质量和完善教育协同，反复强调为多数人、每个人提供高质量的教育，希望每个孩子都能成功，没有一个孩子掉队。总体来说，伦敦学校之间在办学条件上比较均衡，但是在教育质量和校风方面难免存在相当数量的薄弱学校。为进一步提高伦敦中等教育的质量，使伦敦在学习和创新方面成为全球领先的大都市，2003 年 5 月英国教育与技能部发起了"伦敦挑战"（London Challenge）项目，为伦敦城市群中等教育的协同发展提供了和谐的政策环境。

纵观伦敦城市群基础教育合作的演变，可以发现，通过提高教育的"短板"提升基础教育的整体质量，扫除不利于儿童潜能发挥道路上的障碍，或为十分明

---

① 高卉，左兵．英国"教育优先区"政策对我国少数民族地区教育的启示[J]．民族教育研究，2007（6）：111.

智的路径选择。30 年间的政策变迁可以为京津冀基础教育高质量发展带来宝贵资源参考：一是，立足实际情况，兼顾公平与质量原则，确立具有连贯性的政策体系。伦敦城市群管理者通过调整经费来源、保障资金支持等方式，促进教育薄弱地区和薄弱学校的改善，同时也注重对公共资金的使用效率加以监督。比如，通过与董事会、受托机构签订投资协议，强化审计，获取年度报告等手段，强化对教育投资的管理监督。这一系列措施，不仅反映出学校制度的设计是基于平等、自由的原则，也体现政府在坚持公平和优质的基础上制定政策的设计。二是以"薄弱"学校改善为出发点，在政策执行过程中及时反馈和效果评价。伦敦城市群强调以高效督导和绩效评估为依据，通过对政策执行情况的及时掌握，对其实施情况加以总结。京津冀地区，特别是河北省，有必要对"薄弱学校"进行明确定义，明确"薄弱"的实质是指学校在培养学生自主发展方面缺乏足够的能力；以学生的学习质量、身心健康、升学率、毕业率、弱势群体儿童的比率为聚焦，建立一个本地区的基础教育质量参考标准，并对其进行质量监控，并根据监控的结果，制定出针对薄弱学校或教育薄弱地区的划分和改善措施。薄弱学校与政府、科研机构、第三方机构一起，对现有和正在开展的改善薄弱学校或地区的政策效果加以评价与反思，总结经验，弥补其存在的缺陷和不足。

四、巴黎城市群教育协同发展实践

巴黎市政府大力推进大巴黎都市圈建设，采取一系列措施在基础教育方面积极调整教育资源配置。

(一)建立"教育优先区"，对教育薄弱地区予以政策倾斜

1981 年，法国政府制定"教育优先区"政策，对划定为"教育优先区"的学校予以额外的教育资源以及更多的自主发展权利，主要包括如下方面任务：增加教育经费拨付量，优化学校教育环境与教学设备，增加教师人数，实施对原有教师的培训，提高教师待遇，降低班级容量，减少班级人数。

近年来，随着中心城区房价持续上涨，包括中产阶级在内的城市人口向巴黎东部和郊区迁移的趋势日益凸显，原有教育优先区的划定越来越难以满足逆城市化进程中教育均衡的新需求。为此，2014 年新一轮修订方案，将巴黎的教育优

先区重点调整到城市东北部的学校。据官方统计，全市划入教育优先区的学校有75%都集中在这一区域。

（二）促进区域间教师流动，保证师资均衡配置

在推进大巴黎都市圈进程中，巴黎市政府积极促进各区域间的教师流动，鼓励或强制分配中心城区的中小学教师到近郊及远郊城镇，保证师资力量的均衡。政府对流动到郊区，尤其是"教育优先区"内的教师提供特别津贴。2015 年之前，巴黎各教育优先区的教师每年可以获得 1156 欧元的补贴。2015 年起，巴黎普通教育优先区津贴增加 50%，重点教育优先区津贴增加一倍，同时在教育优先区的工作经历及成就经验也将有助于教师未来职业晋升。此外，巴黎市政府要求郊区，尤其是"教育优先区"必须配置高质量的教师资源，并增加教师人数，以便对处境不利儿童进行有效的个别辅导。这些政策使大巴黎都市圈内薄弱地区的基础师资状况得到明显转变，为教师资源的动态均衡配置提供了长效机制。

（三）重新规划学校布局，保障学校布局与人口分布相适应

随着大巴黎都市圈建设的拓展，巴黎近郊和远郊接纳大量中心城区外迁人口及周边城镇的迁入人口，于是人口快速增长，学龄儿童数量激增。与此同时，巴黎中心城区人口规模萎缩，学龄人口减少，这就造成原有的学校及教育资源无法满足大量学龄人口求学需求。因此，巴黎市政府在控制中心城区人口数量、推动大巴黎都市圈建设的过程中，综合考虑各区域的人口、资源、交通等诸多方面因素，对整个巴黎大区的中小学布局加以重新设计和规划，借此尽量实现各区域教育均衡发展。经过一系列调整改革，巴黎市首都功能得到有效发挥，形成大城市疏散产业、人口至近郊和环城周边的战略布局，中心城区小学和中学数量明显下降，少于外围城区。

巴黎城市群用"软硬结合"的方式来提高基础教育质量的做法，对于京津冀区域的基础教育发展，有着重要的借鉴意义。一是立足于区域现实提高基础教育层次和水平。巴黎城市群是一个高度发达、区域间差异明显的区域，它的居民教育水平总体上较高。巴黎政府对教育的规范化十分重视，但又没有"一刀切"，而是采取了新的方式。在此过程中，各个层次的政府职能都进行了合理的划分。

不仅以法律的形式保证基础教育的基本水准；在实施过程中，还根据当地的实际情况，采取不同的措施。这显示了巴黎城市群内的教育制度已相当完备，而且是一种高效的制度。二是在构建新课程标准时，应着眼于推动教育平等。巴黎城市群基础教育改革的一个重要目的，就是要消除社会阶层、地域差别引起的不公平现象。为此，各参与城市的政府部门和教育主管部门都把标准化建设的重点放在了改善"教育优先发展区"的办学条件上，不仅要重视基础设施、教学设备等硬件的提升，还要重视师资配备、教学管理等软件的改进。同时，针对不同区域的具体情况，对发展指数与评价准则进行适当的调整，以进一步推动贫困地区基础教育的发展，推动教育公平。

五、纽约城市群教育协同发展实践

纽约城市群地处美国北大西洋沿岸，是一个典型的多中心都市圈，区域内包括纽约、波士顿、费城、华盛顿、巴尔的摩五座核心城市，再加上其周围分布的卫星城镇，共超过40个城市星罗棋布，是美国的经济中心、文化中心、教育中心、政治中心和创新中心。

在基础教育供需方面，纽约城市群采取了如下措施：一是通过开展学校调查，精细监测学校供给。例如：根据每间教室的用途，确定室内的理论学生数、根据每间教室的面积，把控潜在学生人数，将理论人数与潜在人数加以比较，取其中较低者为该教室的目标人数。二是委托专业机构，科学预测入学人数的变化。三是分析供给与需求的监测数据及材料，每年制定学校基建规划，对基础教育学校布局加以合理调整。

从20世纪90年代开始，美国采取了旨在促进基础教育质量公平的财政保障机制改革，教育财政的政策导向从"均等原则"转向"充分原则"。经过20多年的持续改革，纽约州建立了具有"弹性"的教育公平财政保障机制，缩小了纽约州内部各地区间的财政能力差异和教育成本差异，有力地保障了基础教育的质量公平。纽约州根据各学区财政能力的高低差异划分学区类型，对财政能力薄弱的学区予以倾斜支持。但由于各地区仍旧存在着财政能力差异，因此，纽约州建立"需求/资源能力指数"（Need/Resource Capacity Index，简称 N/RC 指数）来衡量本学区满足学生需求的能力，编制成目录将纽约州学区按此分类，政府再予以拨款。① 又开发"区域成本指数"(Regional Cost Index，RCI)，来测量各类学校的差异，实施财政拨款。②

基础教育学校师资配置则重点实施"补偿教育"方案，纽约州师资配置向弱势群体倾斜，即教育经费补偿和师资补偿；在此基础之上，弱化教师待遇的地区和校际差距。为此实行统一的国家教师资格证书制度，以打破教师资源的森严壁垒，有效促进教师队伍合理流动，达到教师资源共享的目的。

此外，美国东北部城市群教育协同实践也十分耀眼。美国东北部城市群又被称作"波士华"城市群，囊括五个大城市(波士顿、纽约、费城、巴尔的摩、华盛顿)和40多个中小城市，总面积约13.8万平方千米，是美国人口密度最高的地区，是美国经济的核心地带，也是美国最大商业贸易中心和国际金融中心，制造业产值占全国的30%。该城市群的高等教育协同发展实践尤为突出，以组建跨行政区划的高校联盟为主要协同方式，最为著名的高校联盟为"常春藤联盟"(The Ivy League)。八所成员校分别为：坐落于美国罗得岛州首府普罗维登斯市的布朗大学、美国纽约曼哈顿上城区的哥伦比亚大学、美国纽约州伊萨卡市的康奈尔大学、新罕布什尔州汉诺威镇的达特茅斯学院、马萨诸塞州波士顿都市区剑桥市的哈佛大学、宾夕法尼亚州费城的宾夕法尼亚大学、美国东海岸新泽西州普林斯顿市的普林斯顿大学和康涅狄格州纽黑文的耶鲁大学。常春藤联盟具有极强的开放性，各个成员学校之间常常在学术、学生活动等方面开展广泛的交流与合作。但是由于上述缘由，本研究聚焦于基础教育协同问题的探讨，高等教育也是京津冀教育协同的重要组成部分，而且具有很大的理论与现实意义，但是出于本书主题核心论题的确立，此处不再赘述。

美国纽约城市群基础教育质量监控体系的构建和执行，对于京津冀地区相关工作的顺利推行具有重要的参考价值。虽然美国与中国政治制度存在明显差异，由于其具有较为完善的社会信用体系、成熟的第三方中介机构、完善的监管技术

① The State Education Department. New York, the State of Learning：A Report to the Governor and the Legislature on the Educational Status of the State's Schools [M]. New York：NYSED, 2006：25-26.

② 杨治平. 从绝对均等化到弹性均等化——美国纽约州促进基础教育质量公平的财政保障机制研究[J]. 世界教育信息, 2015, 28(3)：48-53.

与理论基础，因此该评价制度的设计将为京津冀的发展提供有益的资源，为京津冀地区的基础教育质量监管提供借鉴。构建具有京津冀区域特色的基础教育质量监督与保障体系，究竟选择什么样的方案、采取什么模式，直接关系到该项事业的成功与失败。因此，选择与创建监督与保障体系的模式是其中关键的环节。应以发展为导向，构建监管保障制度，体现出科学性、实效性、实用性和可操作性；通过评价、认证和监控等环节，对基础教育进行监测改进，促进基础教育的可持续发展，以及质量的稳定提升。

第二节　区域教育协同发展的国内探索

城市群是我国当前推进新型城镇化的主要形态，也是国家参与全球竞争与国际分工的重要地理单元。国家"十四五"规划纲要明确提出，发展壮大城市群和都市圈，推动城市群一体化发展，全面形成"两横三纵"城镇化战略格局。根据相关规划，我国共布局了 19 个国家级城市群①，长三角区域、泛珠三角区域、京津冀区域、成渝经济圈等发展相对成熟，属于"优化提升范围"。其中，长三角是指上海市、江苏省和浙江省，具体包括以上海市和江苏省的南京、苏州、无锡、常州、镇江、扬州、泰州、南通，浙江省的杭州、宁波、湖州、嘉兴、绍兴、舟山、台州共 16 个城市为核心的"两省一市"。鉴于安徽省于 2012 年加入长三角区域合作，也将安徽省纳入长三角的区域范畴。珠三角的界定有狭义和广义两种，狭义上的珠三角是指以广州、深圳、珠海、佛山、江门、东莞、中山、惠州和肇庆等城市为主体，辐射泛珠江三角洲的区域。广义上的珠三角是指"泛珠三角区域"，主要包括福建、江西、湖南、广东、广西、海南、四川、贵州、云南 9 个省区和香港、澳门 2 个特别行政区（简称"9+2"）。此处采用"泛珠三角区

---

① 现阶段，我国已经共布局了 19 个国家级城市群：优化提升 5 个——京津冀、长三角、珠三角、成渝、长江中游等城市群；发展壮大 5 个——山东半岛、粤闽浙沿海、中原、关中平原、北部湾等城市群；培育发展 9 个——哈长、辽中南、山西中部、黔中、滇中、呼包鄂榆、兰州—西宁、宁夏沿黄、天山北坡等城市群。这些城市群，构筑成"两横三纵"的城镇化战略格局；两横，说的是沿长江通道及陆桥通道；三纵则覆盖沿海、京哈京广、包昆通道，基本包括了主要城市群。

域"的界定。粤港澳大湾区指的是由广州、佛山、肇庆、深圳、东莞、惠州、珠海、中山、江门9市和香港、澳门2个特别行政区形成的城市群，它是继美国纽约湾区、美国旧金山湾区、日本东京湾区之后的世界第四大湾区，是国家建设世界级城市群和参与全球竞争的重要空间载体。2017年7月1日，《深化粤港澳合作推进大湾区建设框架协议》完成签署工作。借助交通利好串联与融合大湾区各大城市，位于珠江西岸核心城市的珠海高新区，正以此为目标，打造科技创新高地、吸引优良企业和营造良好的人才环境，致力于打造大湾区西岸"产、城、人"融合的范本。

长三角、泛珠三角、粤港澳大湾区三个区域社会协同发展都将基础教育协同进步放在重要组成部分，同时又以此作为整体战略蓝图达成的引擎之一。只是各地的具体行为方式和路径措施各有招数。长三角重视德育工作，以及中小学教学等微观层面具体内容的有效联合；泛珠三角加强基础教育合作机制构建，并着眼先进省市对其他相对滞后地区的支援和帮扶，尤其是在师资条件、教学资源、技术手段方面的配置；而粤港澳大湾区则重视在现代教育思想理念引导下的协作优质化，高校与中小学协作等方面探索。就此而言，京津冀基础教育协作整体对于上述经验及有益探索成果应抱着虚怀若谷的态度，以开阔、包容的胸怀主动引进人才和吸取经验。

一、长三角区域教育协同发展

长三角教育合作自2003年初起步，共经历了"思想统一、项目实施、制度合作、全面推进"四个阶段。以下拟分述之。

(一)第一阶段：思想统一阶段

在思想统一阶段，苏浙沪两省一市共同签署教育合作协议(见表3.1)，标志着长三角地区教育合作实质性启动。在协议中，三地教育部门达成多项合作意向，涉及基础教育与高等教育的方方面面。可以说，该协议的签署，既是三地共同利益的选择，也是三省市党委和政府共同做出的一项战略决策，更是中国教育改革突破体制性障碍的一次试点，在一定程度上凝聚了合作共识，对于进一步推进长三角地区教育资源共享、共同建设教育高地、谱写教育合作新篇章具有重要意义。

表 3.1　　　　　　　　　　　　　思想统一阶段的实践进展

时间	协议	内　　　容
2003 年 10 月	《苏浙沪教育合作协议》	建立交流合作的组织和工作机制，及时交流双方的教育信息和经济社会发展情况；定期举行教育合作交流活动，举办各级、各类教育发展的学术研讨会；推进优质教育资源共享，扩大优质教育资源的辐射力；共同探索中小学课程教材改革和中学、高考改革制度，共同开展教师培训；共同鼓励高校积极开展校际教学合作，推动学分互认、师资互聘、联合办学、联合攻关等；共同使用青少年素质教育基地；加强高校毕业生就业合作，建立高校毕业生就业信息平台，扩大高校就业市场开放程度

　　《苏浙沪教育合作协议》是继旅游、质监相继签订合作协议后，长三角地区合作的新内容，也是长三角区域教育协作真正拉开序幕的一项重要举措。这一协议的签署，标志着长三角地区的教育发展由省市内均衡走向地区均衡，这不但关系到长三角整体教育竞争力的提高，也将有力提振本地区各类教育主体的发展信心。由于它的导向力量十分显著，相关省市进行了更多的具体合作，上海市和宁波市之间相互承认的人才交流制度就是最好的例证。

新闻链接①：

推进教育资源共享　苏浙沪三省签订教育合作协议

　　为推进长三角地区教育资源共享，共同建设教育高地，通过多次协商，上海与江苏、浙江分别签署了沪苏两地教育合作意向、沪浙两地教育合作意向。内容包括，建立两地交流合作的组织和工作机制，定期举行教育合作交流活动，推进两地优质教育资源共享，共同探索中小学课程教材改革和中学、高考制度改革，共同鼓励两地高校积极开展校际教学合作，推动学分互认、师资互聘等内容。

　　同时，三省市签署的合作协议，对共同发起成立"长三角高校毕业生就

---

　　① 下文摘自：人民网，https：//news.sina.com.cn/c/2003-10-14/0526913571s.shtml.

业工作合作组织"，进一步做好高校毕业生就业和人才合理配置工作达成共识。据介绍，这一组织可以有效利用三地在高校毕业生资源和产业结构上的差异，发挥各自优势，互融互通，以加强长三角地区高校毕业生就业工作的联系与协作，逐步形成长三角地区高校毕业生就业大市场和就业指导服务体系，促进高校毕业生充分就业。合作组织常设机构分设在三省市的高校毕业生就业指导中心。

(二) 第二阶段：项目实施阶段

长三角区域在合作内容上，资源共享是相对容易开展的活动。教育资源共享成为教育自身发展的迫切需要。城市间开展教育合作与联盟，在更大区域范围内共享教育资源，可有效促进各地教育的健康、持续发展。在项目启动阶段，三地签署了一系列有关资源共享的全领域、多方位的协议(见表3.2)。从涉及领域来说，既有硬件方面的办学基地的共享，又有软件方面的人才的共享；既有传统课程资源的共享，又有数字资源的共享；既有基础教育和高等教育阶段的共享，也有职业教育和继续教育阶段的共享。从横向上看，涉及硬件、课程资源、数字资源等全领域资源的共享；从纵向上看，某一方面的共享随着时间的推移是逐步加深的，如人才的共享，从人才开发一体化的正式启动，到外语口译等资格的正式通用，再到三地联手举办师资专场招聘会，其合作领域向基础教育教学层面延伸拓展的同时，合作深度也在不断加深。

表3.2　　　　　　　　　　　项目实施阶段的实践进展

时间	协议	主要内容
2003年4月至2004年3月	《长江三角洲人才开发一体化共同宣言》	标志着长江三角洲人才开发一体化正式启动。长三角人才开发一体化迈出第一步，外语口译、现代物流管理等资格证书在杭州、上海、宁波等六大城市畅通无阻。苏浙沪三地将合作领域向中职教育和成人教育领域拓展，持上海职业资格证书同样适用于在苏浙求职，为长三角人才一体化战略添砖加瓦。沪苏浙三地首次联手举办师资专场招聘会，旨在克服综合性人才招聘存在的目标不明确的缺陷，加强长三角地区教育人才交流的合作，共同为长三角搭建教育人才交流平台

续表

时间	协议	主要内容
2004 年 5 月	《关于进一步推进长江三角洲区域旅游教育培训合作的实施意见》	这是国内首份区域旅游教育合作协议。三地旅游管理部门每年定期召开区域旅游教育联席会议，研究探讨和解决三地在教育培训方面的普遍性问题，促进三地旅游人才队伍的协调发展
2004 年 6 月	《长三角教育科学研究合作协议》	二省一市将建立长三角教科研人员和教师科研骨干互访互学制度，每年组织青年教师培训班，共同培养师资力量，并组建"学校科研讲师团"巡回演讲。此外，三省市还将合作建设一批新课程改革实验基地
2006 年 11 月	《长三角 17 城市教育资源共享意向书》	经常性地组织课堂教学观摩研讨、成果交流、论文评选等活动，有关证书各市互认；合作体内将组团申报国家级课题或集体攻关已立项的国家级教育科学规划项目；成员单位间将互派研究人员到其他城市进行短期科研活动
2008 年 10 月	《上海市、江苏省、浙江省关于长三角社区教育合作协议》	长三角将建立起社区教育网络课程资源共享机制和合作组织，三地将在教育管理者与教师培训方面加强合作，并组建考察团。长三角社区教育发展论坛的举办也将从明年起由一年一次改为两年一次，其间三地将不定期地组织小型交流，促进终身教育的推广和学习型社会的建设
2010 年	《长三角地区中等职业教育实训基地共享框架协议》《长三角基础教研联动发展协议》《长三角数字教育资源合作建设协议》	《长三角地区中等职业教育实训基地共享框架协议》明确，三地遴选一批设备先进、管理一流的实训基地，增挂"长三角地区中等职业教育共享实训基地"标牌，面向长三角地区所有职业学校开放，接纳异地学生实习实训；《长三角基础教研联动发展协议》明确，组建"长三角教研发展共同体"，合作开展基础教育研究和课程建设，并建立教研员交流学习制度；《长三角数字教育资源合作建设协议》明确，合作编制优秀教学课例、合作开发优质数字教育资源，并通过长三角优质教育资源网免费给三地中小学教师使用

续表

时间	协议	主 要 内 容
2011年4月	《关于长三角高等教育专家资源库建设及共享的协议》《长三角高等学校大型仪器设施共享协议》《关于建立长三角地区高校图书馆联盟的框架协议》《长三角研究生教育创新计划合作协议》《关于共同举办长三角地区国际教育展合作意向书》《长三角高校优秀中青年干部挂职培养合作协议》《长三角地区高校学分互认协议》	本着"政府积极引导、学校自愿参与"的原则，在长三角地区本科高校推进学分互认机制。按照"先易后难、便于操作、尽早见效"的精神，先实施交换生计划和暑假班计划，同时主动创造条件，逐步实施网上选课计划。交换生计划先实行"985"高校"211"高校、省属高校、地方本科院校的同类同层次"对等互派"，同时鼓励交叉互派。每年先由各高校提出本校所能接受交换生的专业、人数及要求，报三省协调小组办公室，由协调办公室核定后，下达到参与高校，由高校择优选派。暑假班计划由举办高校向三省联席办公室上报办班计划（包括办班内容、规模、时间、要求），经批准后，对符合要求的高校学生开放，限额选报

加快优质资源共享是长三角区域基础教育整体水平提升的重点努力方向，工作聚焦不是继续投入更多财力、物力，而是要利用信息技术将现有的各种软件、硬件资源和人力资源有效整合，集中并开发优质资源，以搭建资源库，实现动态组合，使其能共建、共享，让优质教育资源不再孤立被动地发挥作用，而是既能够为中小学共享提供条件支持，又能在合适的时候能动地促进教育教学的创新和升级。

在此过程中，一系列更大范围、更高水平的合作交流活动得以常态化开展。

新闻链接①：

长三角教育联动发展迈出新步伐

在第二届长三角教育联动发展研讨会上，江、浙、沪三地教育部门达成了多项共识。一是确立率先基本实现教育现代化的目标。抓紧研究制订新一轮教育发展规划，努力探索合乎教育规律、合乎当地实际、合乎国际教育发展趋势的教育现代化之路。二是全面深化教育综合改革。确立了联动发展、综合改革的思路，有计划、有步骤、坚定不移地系统推进各项改革。重点在深化教育思想、人才培养模式、考试招生、办学体制、教师制度改革等方面加强探索和实践。三是积极推进教育国际化进程。进一步扩大教育开放，努力把长三角打造成国际教育与人力资源开发中心。四是进一步加强长三角教育联动发展。进一步在基础教育、职业教育、高等教育、终身教育等各个领域加强合作，促进各类教育资源的跨区域流动。五是积极开展长三角教育综合改革试验。争取教育部支持，在长三角地区率先开展区域性教育综合改革试验，打造中国教育改革发展的先导区。

(三) 第三阶段：制度化合作阶段

在制度化合作阶段，三地签署了一系列合作协议，据不完全统计，自 2009 年建立长三角教育协作会商机制以来，一直到 2013 年 4 月，先后签署了十多项省级教育行政部门合作协议，在共同培养培训教师、共享教育教学资源、共建实验实训基地、共推教育教学改革等方面开展了大量富有成效的合作。例如，2012 年 2 月，为推动教育资源建设和应用的跨地区战略性协作，安徽依托"长三角优质教育资源网"，遴选 35 所学校与沪、苏、浙学校结对共建，发挥各自校园网站的功能优势，积极开展形式多样的资源共享和互动。2013 年 4 月举行的第五届长三角教育协作会议上，顺利达成了六项省际合作协议、七项高校校际协议和两项

①　下文摘自：中华人民共和国教育部，http：//www.moe.gov.cn/jyb_xwfb/s6192/s222/moe_1742/201005/t20100520_88344.html.

地方教育协议。这一阶段最重要的事件是 2009 年 3 月《关于建立长三角地区教育协作发展会商机制协议书》的签订，这标志着长三角教育协作发展会商机制正式确立，标志着长三角教育的交流与合作由民间层面、非常规状态向行政决策层面、制度化状态转变，从整体上改变了过去零散的、自发的、民间的、随机的、一般性合作状态，开始在机制上将协作会商固定下来。这一阶段的相关协议进展见表 3.3。

表 3.3   制度化合作阶段的协议进展

时间	协议	内 容
2009 年 3 月	《关于建立长三角地区教育协作发展会商机制协议书》	提出了基础教育、职业教育、高等教育和继续教育领域全方位的合作项目与意向，共同确立长三角地区率先基本实现教育现代化的目标，并呼吁教育部在苏浙沪三地设立和建设"长三角教育综合改革试验区"
2015 年 7 月	《长三角地区加强青少年学生法治教育合作协议》《长三角地区联合推进现代学校制度建设协议》《扶持长三角地区社会力量跨省市办学协议》《长三角地区教育协作项目联合监管协议》	聚焦综合改革、依法治教、实现教育现代化等重大领域，发挥四省市教育咨询委和专家学者作用；进一步推动地市间与校际交流合作，发挥基层教育行政部门和学校在长三角教育合作中的主体作用 聚焦构建区域教育协作的生成机制、构建教师培养与学生交流的制度机制、构建实施一流的教育标准体系三个重点，促使协作内容切实"增效" 推动教育协作转型升级要从注重活动合作，更陡地转向制度合作；从侧重省级层面合作，更陡地转向地方、学校之间的实质性合作；从三省一市自发合作，更陡地转向在教育部直接指导下的合作 深化教育理念的交流、扩大优质教育资源的流动共享、发展壮大教育合作主体、培育共建新型教育智库，把长三角教育协作纳入各自"十三五"规划中，研究设计出更多符合四地需求的合作项目，进一步升华合作的广度、深度，切实增强长三角教育协作的互补性、有效性和先进性

制度作为一种活动要素构成基础性、关系严密性的存在，对长江三角洲区域基础教育的整体推进起到至关重要的作用。《长三角教育协作发展会商机制协议书》和《长三角教育协作项目联合监管协议》作为长江三角洲区域教育合作的制度

机能，发挥常规化沟通方式和质量保证，与此同时各组织和机构间的相互影响与相互作用促进制度成为常规活动依托而依序运行。

新闻链接①：

第五届长三角教育协作会议举行

从在杭州举行的第五届长三角教育协作会议上获悉，2013 年至 2015 年，上海、江苏、安徽、浙江四省市将联合培训 360 名中小学名校长，并将范围从普通中小学拓展到基础教育的全部领域。

据悉，第五届长三角教育协作会议的主题是"深化教育改革，提升教育水平，办人民满意教育"。与往年不同，本次会议首次面向四省市 1200 所网络结对中小学开通了现场网络直播。

四省市教育厅(教委)在会上共同签署了 2013 年至 2015 年长三角中小学名校长联合培训协议、长三角地区教育国际合作与交流协作框架协议、成立长三角教育协作发展研究中心协议、长三角地区高校教师培训合作协议、建立长三角地区应用型本科高校联盟协议、长三角高水平地方高校合作框架协议等 6 项省际合作协议。

据了解，长三角教育协作会商机制自 2009 年建立以来，已先后签署了10 多项省级教育行政部门的合作协议，在共同培养培训教师、共享教育教学资源、共建实验实训基地、共推教育教学改革等方面，开展了大量富有成效的合作。

(四)第四阶段：全面推进阶段

2014 年 6 月 6 日，《关于进一步推进长江三角洲地区教育改革和合作发展的指导意见》正式印发。这是教育部首次就区域教育发展专门出台的政府文件，标

---

① 下文摘自：中国政府网，http://politics.people.com.cn/n/2013/0418/c70731-21185877.html.

志着长三角地区教育协作上升到国家层面，在长三角地区教育改革发展史上具有里程碑式的重大意义。该阶段长三角一体化推进进度见表 3.4。在一系列政策协议指导下，长三角地区教育协同实践迎来更多机遇，探索出更多特色经验。

2018 年 11 月，长三角地区中小学德育工作联盟在上海正式成立，成员单位共同签署了《长三角地区中小学德育联盟合作备忘录》，旨在构建"长三角德育一体化"教育共同体，构建长三角区域德育发展新机制，"携手同行、智慧共享、顶层设计、典型示范、重点突破"，推进更高起点的育人格局。另外，长三角地区的教育机构更加趋向"集团化"，新成立的长三角电子信息职业教育集团，就是首批四家"长三角地区联合职业教育集团"之一。

截至 2018 年 12 月，已有 32 所高职院校、55 所中职学校、83 家企业及行业协会等总计 170 家单位加入其中。与此同时，三省市依据差异化布局、错位式协同分别设立了智能制造职教集团、软件职教集团以及国际商务职教集团。

为服务长三角地区教育更高质量一体化发展战略，三省一市联合印发了《长三角中小学优秀后备干部跨省市到名校挂职实施方案》，建立长三角中小学校优秀管理干部跨省市到优质学校挂职机制，为长三角基础教育更高质量一体化发展储备一批综合素质好、堪当重任、发展潜力大的优秀年轻干部。2021年 3 月，为加强长三角四地教育联盟之间交流合作，分享经验，共同探讨解决教育教学中的问题，推进初中语文教学改革，芜湖市教育局、上海市普陀区教育局、苏州市教育局、嘉兴市教育局通过线上线下相互融合直播的方式举办长三角四地教育联盟初中语文学科教学研讨活动。2023 年 2 月，长三角教育发展研究院在上海成立，致力打造高质量参政履职智库、高水平学术研究基地和高等级实践创新平台。

表 3.4　　　　　　　　　　　　全面推进阶段的协议进展

时间	协议	内　　容
2014 年 6 月	《教育部关于进一步推进长江三角洲地区教育改革和合作发展的指导意见》	明确了长三角地区教育协作发展的总体目标、基本原则和重点任务，要求长三角地区率先探索区域教育一体化建设，提升区域教育的整体水平，努力构建区域特点、中国特色、世界水平的区域教育体系

续表

时间	协议	内　容
2016 年 12 月	《"十三五"深化长三角地区教育战略合作框架协议》	四方约定探索建立教育发展跨省(市)共同决策、统一执行、联合监督机制，推动长三角地区教育一体化发展，合力打造亚太地区教育高地。四省(市)将深化教育综合改革合作交流，每年确定若干改革专题，共同研究讨论，推进教育改革，如联合进行教育管办评分离运行机制研究与实践，加强民办非学历教育培训机构联合监管，建立信息通报制度等；联合推进基础教育课程改革，合作研究基础教育质量评估指标体系和中小学生综合素质评价标准，推动基础教育教学研究联动发展；建立"长三角"中等职业学校联盟；在高等教育领域，加快长三角应用型本科联盟、高等工程教育联盟等的建设和发展，完善高校合作育人机制，推进区域内教师互聘、课程互选、学分互认
2018 年 12 月	《长三角地区教育更高质量一体化发展战略协作框架协议》	明确了长三角一体化发展的主要目标、发展的推进路径以及发展的保障机制，提出了"两步走"目标，长三角教育发展迈入一个全新的一体化、高质量发展阶段
2019 年 12 月	《长江三角洲区域一体化发展规划纲要》	指导长三角地区一体化发展的纲领性文件，规划期至 2025 年
2020 年 8 月	《长三角生态绿色一体化发展示范区职业教育一体化平台建设方案》	在全国率先推动实现了跨省域中职统一招生，率先推动实现了跨省域中高职贯通，是全国跨省域职业教育一体化的首次尝试
2020 年 11 月	《长三角一体化教育协同发展三年行动计划（2021—2023 年)》	聚焦高等教育协同创新、基础教育优质发展、职业教育协同平台建设、教育人才交流合作、教育现代化建设以及长三角教育协同发展体制机制等领域
2021 年 10 月	《长三角示范区教师一体化培养方案》	通过智库共享、课程共建、轮值主持、名师联训、规培互通、学分互认和品牌联建等方面，建立示范区师训联盟专家库，将各自成熟、优质培训项目纳入一体化教师培训体系，联合推出并打造"示范区名优教师在课堂"系列活动，由一体化示范区三地轮值承办。将共建"示范区教育名师工作室"

续表

时间	协议	内 容
2023年12月	《长三角地区教育高质量一体化发展战略协作框架协议》《长三角地区教育一体化发展三年行动计划》	《长三角地区教育更高质量一体化发展战略协作框架协议》明确了长三角一体化发展的主要目标、长三角一体化发展的推进路径以及长三角一体化发展的保障机制。作为今后长三角教育一体化发展的总体战略规划和纲领性文件，这份协议的发布，标志着长三角教育发展进入到一个全新的一体化、高质量发展阶段 《长三角地区教育一体化发展三年行动计划》明确了在未来三年，长三角教育将率先在高教、职教、师资等若干领域深化协作、重点发力；在高等教育领域，将探索建立长三角跨区域联合实验室，形成需求导向的联合共管机制；在职业教育领域，将搭建职业教育一体化协同发展平台，形成职业技能人才的错位培养机制；在管理干部和师资队伍方面，将共建基础教育校长及教师培训联动平台，构建"影子校长、影子教师"的后备人才联合培养机制；在实践研究方面，将携手走好"先手棋"，探索联合开发"区域教育现代化指标体系""区域基础教育质量评价指标体系"等若干标准体系

通过前期的探索和总结，长三角区域协同发展呈现良好的发展态势。第一，合作平台逐步完善。长三角搭建了一系列合作平台，既有面向主要领导的"两省一市省市长会议制度"，又有发展领域的"沪苏浙经济合作与发展座谈会"，还有城市群的"长江三角洲十六个城市经济协调会"，这些平台既有座谈会性质，又有协调会性质，还有制度性，通过搭建合作平台逐步完善合作意向，将专项合作项目推向实质操作性阶段。第二，合作层次逐步拓展。教育合作的层级在两省一市政府层面、各地级市、县级市以及县镇之间跨区域合作的途径和机制上不断完善；在教师交流、人才流动、实验设备等教育资源共享上不断推进。第三，合作内容不断丰富。长三角教育协作逐步从资源、人才等要素合作走向师资认证与管理、服务、保障机制等制度合作。

新闻链接①：

沪苏浙皖四省市制定三年行动计划
为长三角一体化发展注入"教育动能"

在第十二届长三角教育一体化发展会议上，沪苏浙皖四省市共同制

---

① 下文摘自：新华日报，https：//www. gov. cn/xinwen/2020-12/02/content_5566372. htm.

定、签署《新一轮长三角地区教育一体化发展三年行动计划》，明确多项推进项目。一是探索高层次人才联合培养新途径。深化长三角高校创新资源协同共享机制，对"卡脖子"技术开展集成攻关；应用区块链等新技术，确保跨区域学习者在省际流动中的学分积累、认证和转换有效；健全长三角协同育人模式改革和机制创新。二是携手创新中小学德育教育。协同推进五育融合、落实立德树人根本任务，包括协同开展中小学德育、体育、艺术、科技、劳动教育资源跨区域共享共建；推进长三角教育评价改革试点，探索评价学校、教师、学生等评价标准的"长三角实验"；共建共享基础教育优质资源等。三是建设职业教育产教融合"云平台"。协同优化职业院校和专业布局，协同制定政策并引导职教资源向重点区域、产业园区集中；鼓励有条件的职业院校参与标准建设，探索开发共建国际化职业资格证书机制等。

长江三角洲地区教育一体化是从2003年起逐渐开展起来的，至今已有21个年头。三省一市通过构建"教育一体化"平台，逐步形成以上海为龙头，中心城市为核心，周边城市为辅的"一核五圈四带"发展格局。长江三角洲区域一体化最初是20世纪末针对城乡分化提出的，21世纪初逐渐演变为区域一体化，在教育上体现为区域教育一体化。借鉴长江三角洲区域的教育一体化经验，京津冀应以项目为抓手，聚焦共同目标，做好统筹规划；各项目在"教育一体化"理念的指导下，形成"目标—原则—机制—内容—组织"的完善系统，组织项目有序推进；项目立项和监测并行，重视项目的实际落地成效；项目申请类型丰富多样，聚焦重点难点，合力逐个击破；完善保障机制，促进三省一市共同参与。

二、泛珠三角区域教育协同发展

2003年7月，中共中央政治局委员、广东省委书记张德江提出建立泛珠三角区域合作的设想。该设想获得福建等九省政府（具体省份详见下文"新闻链接"）和香港、澳门特别行政区政府广泛响应，得到中央政府的积极支持和指导。总体上看，泛珠江三角洲区域的教育协作先后经历了"顶层设计—制度构建—全面推进"三个阶段。

（一）第一阶段：顶层设计阶段

在顶层设计阶段（见表 3.5），珠三角签署了一系列宏观和微观层面的协议。最早于 2004 年 6 月就签署了《泛珠三角区域合作框架协议》，标志着泛珠三角区域教育合作正式启动，该协议将科教文化作为区域合作十大领域之一，涵盖内容涉及科研合作、教育管理、高校办学、平台搭建等领域。为落实这一框架协议，随后举行的两届泛珠三角区域教育合作与发展会议上，先后签署了六项协议。2006 年 3 月，又制定了《泛珠三角区域合作发展规划纲要（2006—2020 年）》，对教育发展合作提出了进一步的要求，这些协议为泛珠三角区域教育发展合作提供了制度基础。

表 3.5　　　　　　　　　　　　顶层设计阶段的实践进展

时间	协议	内　　容
2004 年 6 月	《泛珠三角区域合作协议》	提出合作领域主要包括基础设施、产业与投资、商务与贸易、旅游、农业、劳务、科教文化、信息化建设、环境保护、卫生防疫等十个方面
2004 年 7 月至 2005 年 7 月	《关于加强泛珠三角区域教育交流合作的框架协议》《泛珠三角区域教师交流合作框架协议》《共建泛珠三角区域教育信息平台合作协议》《泛珠三角区域基础教育课程改革与教学研究项目交流合作框架协议》《泛珠三角区域大学生就业信息资源共享合作协议》《关于粤港澳三地学校缔结姐妹学校事宜的框架协议》	继续鼓励粤港高等院校开展办学合作、人才联合培养和科技交流合作；加强粤港职业教育合作，进一步深化粤港资历框架合作；推进粤港两地姊妹学校建设，促进各类交流活动，提高活动交流质量；以及继续支持两地教师协作与培训交流。如《泛珠三角区域教师交流合作框架协议》达成如下共识：一是加强各级各类教育改革发展中的法治建设、办学体制、管理模式、教育督导、教育评估、教学改革、教师培养培训和国际教育交流与合作等方面的交流与合作，共同创新教育体制与机制。二是加强高等学校间的教育交流与合作，鼓励高等院校开展多种形式的联合办学、交流等。三是加强科研项目和产学研合作，为区域高等学校科技成果转化提供平台，并合作建立区域高等学校的国家和省级重点学科和实验室。四是建立区域教育信息网络互联互通与共建共享机制，构建区域的教育信息共享平台，推进教育信息资源的开发、共享和利用。五是加强内地九省（区）大中专院校毕业生就业的信息交流。建立大中专院校毕业生就业信息互通机制，实现大中专院校毕业生就业信息的网络链接

续表

时间	协议	内　容
2006 年 3 月	《泛珠三角区域合作发展规划纲要（2006—2020 年）》	明确了科学文化领域合作的具体任务。实行科技资源的开放和共享。相互开放国家级和省级重点实验室、工程技术研究中心、中试基地、大型公共仪器设备、技术标准检测评价机构；联合建立泛珠三角区域科技信息网络和交易网络，形成网上技术市场，推动科技成果交易；联合举办科技博览会、交易会、项目推介会，加快区域科技成果转化成生产力；组成区域产业协作和战略联盟，围绕泛珠三角区域重点领域、重点产业，引导区域内企业实行强强联合；逐步推进相互认可经科技行政管理部门认定的高新技术企业、高新技术成果、高新技术产品、科技型中小企业、外商研发机构、科技中介机构等，相互享受本地同等的优惠政策；建立科技项目合作机制，围绕泛珠三角的特色资源和共性技术开展联合攻关。加强各地各级各类学校的教育交流和联合办学，加强各地高等院校科研项目和产学研合作，为区域内高校科技成果转化提供平台；建立区域教育信息网络互联互通与共建共享机制；建立大中专院校毕业生就业的信息共享机制；建立区域内高校专家资源和教师培训交流合作。港澳高校在内地招生政策和教育项目优先在泛珠三角各省区实施。推动九省区重点高校与港澳地区著名大学之间在科学研究、人才培养和学术交流的合作。在统一平台下建设"泛珠三角文化资讯网"，开展演艺信息交流、数字图书馆、数字博物馆、文化科研交流、艺术人才交流、文化旅游、文化产业招商项目洽谈、演出票务服务、有形和无形文化遗产保护利用，进一步加强区域内各省区文化领域尤其是文物博物与图书资讯等方面的合作与交流。通过专题培训、项目合作、学术研讨、挂职锻炼等形式加强文化人才培养，进一步提高泛珠三角区域文化发展水平
2006 年 3 月	《泛珠三角区域教育信息资源共建共享工程计划》	以广东省基础教育信息资源中心为依托，率先向泛珠三角区域内的中小学教师免费开放该中心的现有资源；今年 5 月将启动计划的机制建设，9 月启动教育信息资源开发与应用，设立基础教育、职业教育及高等教育等信息资源开发项目，最终实现泛珠三角区域教育信息资源共建共享

一个区域的教育发展水平不是由教育水平最高的城市决定的，也不是各城市的简单加和，而是由区域整体教育水平决定的。泛珠三角区域在基础教育合作初

始阶段的顶层设计，有助于形成强系统性、整体性的教育合作系统，进而对区域整体产生了较强的冲击力。城市群基础教育整体发展过程中必将面临城市发展不协调的问题，城市群里的每个城市自身都有一定的教育优势和短板。它们对各自周边区域的辐射影响是显然存在的，顶层一体化协同设计及推行之于这种辐射和带动的联动机制作用也属必然之势。

新闻链接①：

"泛珠三角区域教师教育联盟"首次联席在华南师大举行

"泛珠三角区域教师教育联盟"首次联席会议日前顺利召开。此次会议以"中国教师教育面临的挑战与对策"为主题，来自广西师大、云南师大、四川师大、江西师大、贵州师大、海南师大、湖南师大、华南师大、福建师大和香港教育学院、澳门大学教育学院等11所(简称9+2)高等师范院校校长和有关专家、学者参加。会议就组建"泛珠三角区域教师教育联盟"达成共识，联盟单位共同签署了泛珠三角区域教师教育联盟合作意向书，听取了香港教育学院副校长陆鸿基教授所作的《教师教育的"全球化"与"本地化"》、华南师范大学公共管理学院黄崴教授所作的《转型时期中国教师教育的系统变革》两个专题报告。

据悉，泛珠三角区域教师教育联盟将成为该区域教师教育改革与发展中较为稳定的合作体，合作内容包括联合申报科研项目、交换教师和研究人员、采取多种形式培训师资、交换学生或开展学生社会实践联谊活动、共同举办学术会议、交流学科发展和科研新动态等。

(二)第二阶段：机制构建阶段

2004年，《泛珠三角区域合作框架协议》提出建立区域合作的组织机构和运

---

① 下文摘自：江西师范大学，https：//www.jxnu.edu.cn/2004/1217/c137a188067/page.htm.

作机制，包括建立区域各省区行政首长联席会议制度、建立政府秘书长协调制度、设置日常工作办公室、建立部门衔接制度几个方面。随后，在整体框架下，建立了教育行政首长联席会议制度，以此为常设制度。联席会议由各方轮流承办，每年举办一次，会议主席由承办方担任；建立教育厅办公室主任协调制度，协调推进合作事项的进展，组织编制推进合作发展的专题计划，组织推进具体的合作项目，向年度联席会议提交区域合作进展情况的报告和建议，联席会议制度以及运作机制的建立为泛珠三角区域教育合作提供了组织机制保障。另外，"泛珠三角区域教师教育联盟"在此阶段成立，旨在加强区域内师范大学在科研、师资培训、学生交换、学术交流等方面的合作。

泛珠三角区域的基础教育合作表明，区域合作是以有利于区域内各省市共同或整体教育提升和社会进步为原则的，在此过程之中不能以牺牲某些省市的利益换取其他省市的利益。建立健全区域间相互促进、优势互补的互动机制，是实现区域教育高质量发展的重要途径。因此，京津冀区域基础教育水平的整体上升，需要冲破狭隘的地域观念、形成行政决策朝向全局化的协调机制：一是坚持"政府推动、市场运作、互利互惠、合作发展"的原则；二是坚持"共同主办，轮流承办"的原则，以科学的态度实施京津冀区域基础教育合作与发展规划，明确合作重点，以求真务实精神取得实实在在的成效。

新闻链接①：

广东新教育纲要：珠三角教育 10 年追上发达国家

《广东省中长期教育改革和发展规划纲要(2010—2020 年)》出台，提出力争到 2020 年，珠三角洲教育要达到发达国家的平均水平。《纲要》中强调，要提升粤港澳台教育合作层次和水平，并积极解决港澳人士子女在粤接受教育的问题，支持设立港澳人士子女学校，推进粤港澳职业教育在培养培训、师资交流、技能竞赛等方面的合作。此外，还将促进珠江三角洲地区高等学校与港澳知名大学合作举办高等教育机构，同时支持高等学

---

① 下文摘自：中国新闻网，https://www.chinanews.com/edu/2010/10-26/2613980.shtml.

校扩大招收中国台湾学生就读，探索粤台高等学校交换学生联合培养机制，并支持中国台湾知名大学来粤合作办学。《纲要》还提出，要让广东省成为来华留学生的主要目的地，鼓励外国机构、外资企业及中国企业设立来粤留学奖学金，鼓励优秀留学生毕业后留粤工作。同时还要充分利用友好省州、城市等合作平台和侨务渠道，建立高层次教育国际交流合作机制和对外汉语教学基地，鼓励有条件的高等学校设立孔子学院，提升广东教育的国际影响力和竞争力。

(三)第三阶段：全面推进阶段

全面推进阶段，在原九省和港、澳二个特别行政区，即"9+2"泛珠三角区域各方的积极探索、共同努力下，合作机制日益健全，领域逐步拓展，层次得到提升(见表3.6)。在基础教育领域，主要是泛珠三角区的东部省区对西部省区的教育扶持工作，如广东实施对口支援广西贫困地区学校工程，到2004年6月，该工程共实施了两期，援助教育资金达1.8亿多元，工程内容包括支援贫困生入学、培训受援学校校长和教师、广东骨干教师到广西支教、教育设施建设等项目。尤其是在教育信息化方面，搭建区域教育信息共享平台，构建信息网络互联互通与共建共享机制，推进教育信息资源的开发、共享和利用。

另外，《泛珠三角区域教育合作框架协议》的签署为港澳与内地的教育交流提供了良好的环境。根据2005年7月签署的《关于粤港澳三地学校缔结姐妹学校事宜的框架协议》，粤港澳三地将不定期交换有意愿交流的学校的信息、资料，为各自区域内中小学校牵线搭桥，创造条件。对条件成熟的中小学校，鼓励其与对方中小学校缔结为姐妹学校。鼓励姐妹学校之间开展教师、行政人员、学生和家长等方面的人员互访，开展学校之间教学观摩、教研、教材等方面的交流并开展专题教学活动。仅2004—2005年，粤港有33对中小学校缔结姐妹关系。

表 3.6　　　　　　　　　　泛珠三角区域全面推进阶段的实践进展

时间	协议	内　容
2014 年 10 月	《泛珠三角区域深化合作共同宣言(2015—2025年)》	对泛珠深化合作领域、机制等提出了进一步规划;各方政府要着重创造公平、开放的市场环境,促进生产要素的合理流动和优化组合;加强基础设施建设协调,推动解决发展过程中相互关联的重大问题;动员和组织社会各界共同推进,逐步构筑泛珠三角发展的区域品牌,增强区域的整体影响力、竞争力;共同促进可持续发展。2015—2025 年重点在基础设施、产业投资、商务贸易、旅游、农业、人力资源、科教文化、医疗环保、环境生态、信息化建设、金融共 11 个方面深化泛珠合作
2016 年 3 月	《关于深化泛珠三角区域合作的指导意见》	对深化泛珠三角区域合作,提出了指导意见。教育领域内容有:建立教育合作交流平台,开展师资培训、课程改革、实训基地建设、毕业生就业等方面合作。建立区域优质教育资源相互交流、共建共享机制,扩大优质教育资源覆盖面。鼓励内地九省区联合共建高校优势学科和研究机构,联合培养人才和开展科学研究。完善跨区域就业人员随迁子女就学政策,推动实现平等接受学前教育、义务教育和中职教育,确保符合条件的随迁子女顺利在流入地参加高考。深化文化遗产保护合作,加强文化市场监管合作,建立泛珠三角区域非物质文化遗产展演展示、公共文化服务体系建设合作交流机制,推动泛珠三角文化市场区域合作和一体化建设,支持组建区域演艺联盟和跨地区企业连锁,促进文化产品流通,扩大区域文化消费规模。支持省区、城市之间开展多样化的文化、体育交流活动

　　泛珠三角区域基础教育合作切实关照各省市在经济社会发展中的人才需求,实现教育合作与社会发展的有效对接。突出表现在如下两个方面:一是注重泛珠三角各省市基础教育情态的发展变化,认识并把握其教育发展规律,全面评估国内外其他区域合作的成效与反馈,进而更好考察其教育需求,把握供给类型。二是全方位、多层次、有效地开展教育交流活动,依托各省市的优势教育资源,加强跨区域培养全面发展的人才,搭建好教育现代化平台和多元渠道,积极开拓不

同形式的教育交流与合作。京津冀三省市基础教育合作作为落实京津冀协同发展国家战略的重要组成部分，应当在更宽领域、更深层次推进深化合作，构建多方位、宽口径、高层次的基础教育合作交流机制，进而共享人才培养经验，共商教育合作路径。

新闻链接①：

珠三角地区推进教育现代化暨义务教育均衡优质标准化工作现场推进会在惠州召开

在日前召开的珠三角地区推进教育现代化工作现场会暨义务教育均衡优质标准化工作推进会上，广东省副省长陈云贤肯定了珠三角地区的成绩，并指出在创建教育现代化先进区、先进市，促进义务教育均衡优质标准化发展过程中，要注重把握好四个原则，一是以教育优先发展为前提，统筹推进教育社会协调发展；二是以实现人的现代化为核心，大力推进人本、公平、开放、个性、效能为核心的现代教育；三是以促进教育公平、提高教育质量为标准，突出教育的公益性和普惠性；四是以为经济社会发展服务为根本，把促进教育现代化与经济发展方式转变相结合。陈云贤强调，珠三角各市要从全局和战略高度，充分认识推进教育现代化和义务教育均衡优质标准化的重要意义，进一步理清思路，提高认识，努力构建以教育终身化、民主化、国际化、多样化和信息化为表征的现代化教育。

三、粤港澳大湾区教育协同发展

粤港澳大湾区的合作从早期以经济贸易为主，逐渐向社会民生、综合性城市群建设转变，这种趋势符合区域社会一般发展规律。在合作内容的不断深化演变中，教育已逐渐被纳入其合作框架规划之中，并成为合作的重要领域之一。

---

① 下文摘自：广东省人民政府，https：//www.gd.gov.cn/gkmlpt/content/0/142/mpost_142440.html#43.

在区域性制度保障方面，泛珠三角地区各教育部门、粤港澳三地政府签订了一系列关于加强三地在教育方面的合作协议，主要包括《关于加强泛珠三角区域教育交流合作的框架协议》《推进粤港两地教育交流与合作协议书》《粤港两地教育交流与合作协议》《粤港教育合作协议》《粤澳高等教育交流合作备忘录》《关于加强粤港高等教育交流合作备忘录》等。此类协议均从区域层面指明了内地与香港、澳门特别行政区教育之间开展多层次、多形式合作的内容和方式。

在教育部的指导下，内地省份与香港、澳门特别行政区教育部门签订了一系列保障教育资源有效流动的协议，其中具有代表性的是 2004 年教育部与香港特别行政区教育统筹局签订的《内地与香港关于互相承认高等教育学位证书的备忘录》，保障了学位证书的相互承认，从制度上保障了两地之间的跨境招生，为学生提供了多元化选择。广东省高校具有规模大、设施条件完善、学科建设完善、学费相对较低等特点，对港澳学生具有一定的吸引力。由于高等教育在学制体系中高学段的层阶定位，它的办学活动之于中小学教育而言，更具辐射力和影响力。因此，上述高校交流、合作的规程内容肯定会在中小学的教育活动的诸多方面产生直接、间接作用。

根据 2005 年 7 月签署的《关于粤港澳三地学校缔结姐妹学校事宜的框架协议》，粤港澳三地将不定期交换有意愿合作交流学校的信息、资料，为各自区域内中小学校牵线搭桥，创造条件。《协议》建议对条件成熟的中小学校，鼓励其与对方中小学校缔结姐妹学校，要求姐妹学校之间开展教师、行政人员、学生和家长等方面的人员互访，促使学校之间教学观摩、教研、教材等方面的交流，并开展专题教学活动。2016 年，广东省教育厅出台《广东省教育厅关于启动粤港澳联合实验室建设的通知》，提出以联合实验室建设作为突破口，推动联合实施前沿科学研究、创新人才培养方式，以及高水平学术队伍建设和创新运行管理模式的形成。联合实验室建设的方式主要是集中三地在资金、研发、市场等方面的优势资源，研发优势科目，整合区域科研实力，快速、高效推动区域创新发展。2019 年 7 月，《广东省推进粤港澳大湾区建设三年行动计划（2018—2020 年）》提出，推进大湾区学校互动交流，鼓励三地幼儿园、中小学、中等职业学校参与姐妹校（园）缔结计划。争取国家支持与港澳共同制定粤港澳大专（副学位）学历分批实施互认方案，逐渐落实港澳居民到广东考取教师资格并任教当地学校的相关政策规定。

新闻链接①：

互鉴互促，助力大湾区教育协同发展！
粤港澳办学团体发展协作会正式成立

近日，粤港澳办学团体发展协作会成立大会暨"粤港澳三地政策背景下办学团体的异同"论坛在广州举行，标志着粤港澳首个以三地办学团体为主体的协作会正式成立。协作会成立以后，三地将立足于大湾区融合发展的大局，要有高度、深度和温度，充分发挥连接三地办学团体作用，打造成兼具行业协作、学术交流、信息咨询、政策评估和公益服务功能的一流民间专业团体，创建具有世界竞争力的区域性教育示范品牌体系。协作会成立以后，三地还将深入探索粤港澳三地教育交流新路径，加强区域深度合作，深度挖掘三地教育合作的共同关注点、需求点和合作空间，促进三地教育体制和机制的创新；不断丰富深化粤港澳大湾区教育合作内涵，强化专业引领和各办学团体师生融合互通，在联合姊妹学校，探索两地办学集团合作模式，提升合作效能等方面发挥积极作用；助力粤港澳办学团体共建、共生的大湾区基础教育管理新生态的构建，进一步推动粤港澳基础教育高质量发展。

现阶段，粤港澳大湾区的基础教育合作实现了国家性和区域性双层制度推进，且具备了大政方针性和教育专项性的制度和框架协议保障。在此过程中，大湾区内的中小学校、研究机构之间开展了多种形式的合作和交流，以期集中优质的教育资源，实现教育资源在跨区域间最大程度的优化配置，并以此推动高等教育水平的攀升，加强科技研发在广东地区经济转型中的重要作用。基于此，京津冀教育协同发展亟待坚实的法治基础、政策引导与规章保障，需要以法治思维协调助力教育均衡化与一体化。

---

① 下文摘自：广州市教育局，https：//www.gz.gov.cn/xw/zwlb/bmdt/sjyj/content/mpost_8040614.html.

第三节　中外区域教育协同探索对京津冀基础教育的启示

国内外实践表明，区域教育合作作为促进教育公平、提高教育质量和水平的有效途径，为区域经济社会发展提供了科技创新动力和丰富的人力资源。为了深入而有效地推进京津冀基础教育协同发展，需要从国内外的实践经验与有益探索资源中寻找参照点。

一、以全局观和系统性思维谋划京津冀基础教育协同发展

全局意识和行动方式是克服各地自我保护及局部利益谋划至上的有针对性的药方。唯有如此，才能使参与各方摒弃画地为牢、各行其是的分散、零散设计及活动，形成一体化、整体性的发展格局，以及通力合作，取得成效最大化的优势。

按照全局观指导，京津冀协同发展要求将京津冀三省市看作有机结合的统一整体，形成科学有效的管理机制，促进区域内经济、产业、人口、教育、文化、医疗和行政等各要素的相互作用，实现京津冀区域协作诸要素的整体协同，进而实现区域整体均衡、优质和可持续发展。

同样，系统思维是整体、全局组织机构优化，取得利益共享、成果最大化的把控和设计的理性加工活动。以系统性思维为指导，京津冀三地正经历着经济发展模式、产业结构的深度调整，同时，与之相关的社会公共服务领域的协同也逐渐展开，三地已经在交通、环保、养老服务等公共服务和管理领域开展相关协同和一体化建设。基础教育作为公共服务系统中的重要因素，在区域协同发展中必然要与其他要素进行互动，与系统的整体发展相融合。在这一过程中，京津冀三地作为区域基础教育协同的主体，在协同中既有各自教育发展的特性、各自所面临的问题，同时又需要面对新形势下服务区域经济社会一体化、促进基础教育均衡优质发展的共同挑战。

因此，三地基础教育协同发展需要始终贯穿全局观和系统性思维。具体来说，明确京津冀基础教育协同发展的功能定位，认识到合作的最高层次是协同，因为后者的规定，就要求对系统内外各组成部分的制度设计、组织结构、管理模

式等均应作出进一步的优化调整。

基于全局观和系统性思维的特定视角，孙善学对区域教育合作的相关题目作了详细探讨，特别值得我们注意。他认为，从合作范围看，区域教育合作包括区域内的合作、区域外的合作以及国家与国家之间的合作，涵盖高等教育、职业教育、中等教育、基础教育和继续教育等各级各类教育；从合作内容看，区域教育合作包括联合培养人才，委托开展科技研发，共同促进成果转化，共建教育园区、教育公共服务体系、教育资源公共平台及师资互派、干部交流等内容；从合作主体看，区域教育合作主体包括政府、科研院所、学校、企业和教育中介（学会、专业委员会等）；从合作形式看，区域教育合作可以分为意向型合作、契约型合作、实体型合作和虚拟型合作；从合作利益关系看，区域教育合作可以分为国家利益型合作、地方或教育机构之间互利共赢型合作和对口支援型合作。① 鉴于京津冀教育协同工作是京津冀协同发展战略的重要组成部分，同时，基础教育协同发展在京津冀教育协同发展中具有基础和先导性地位，京津冀区域的基础教育合作必然是当前国内最高层次的区域教育合作，需要高端引导的现代治理机制、现代化优质教育资源配置方式作保障。

二、注重发挥政策的导向作用，构建协同发展管理权威

国内外的区域教育合作进程中，完备的法律体系为其各项活动的开展提供了可靠的制度保障。其间，先后出台了公约、决议、规划、条约、协议、行动计划等政策文本，为确立共同的教育目标和战略，制定和实施统一的教育行动计划奠定了坚实的基础。例如，欧盟不仅制定《欧洲共同体条约》《欧洲联盟运行条约》为教育协作行动计划项目提供保障，还采用法律机制调整成员国政策，从而使其接受必要的变革。②

国内发达地区长三角区域在教育协同发展起步阶段，教育合作以民间力量和对话沟通为主，政府推进力度较小，呈现的是依靠市场机制、不同组织之间利益

① 孙善学，吴霜，杨蕊竹. 京津冀教育协同发展战略探究[M]. 北京：首都经济贸易大学出版社，2016.

② NISTOR L. Public Services and the European Union：Healthcare, Health Insurance and Education Services [M]. Hange, the Netherlands：T. M C. Asser Press, 2011：365.

驱动合作的灵活模式。此后，长三角区域抓住了国家编制实施中长期教育规划纲要和国家支持推进区域一体化发展规划的两次历史机遇，将长三角教育协作上升为国家层面。同时，教育行政部门之间的交流与合作得到加强，并签订了多项协议，使长三角教育联动进入蓬勃兴旺阶段。在这一阶段，以政府主导、搭建共建共享平台的集中模式作用明显。再如粤港澳大湾区的教育协同发展，2010 年 4 月，在国务院牵头下，广东省政府与香港特区政府签署了《粤港合作框架协议》，其中规定了"教育和人才"的合作机制，推出了人才合作的具体举措，鼓励在教育合作方面探索办学模式和运作方式。2019 年 2 月，中共中央、国务院颁布了《粤港澳大湾区发展规划纲要》，提出了"打造粤港澳大湾区教育和人才高地"的目标定位，对加快发展粤港澳大湾区教育和人才工作进行了顶层设计。

　　本书借鉴和吸收国内外有代表性的区域教育协同的有效做法和可供参考的资源，启示京津冀教育协同发展应贯彻实施国家区域发展战略，积极推进教育现代化道路这个总目标。为此，一方面，三地政府制定跨行政区的教育规划，以本区域各地的实际情况为依据，协调各地区利益，对本区域教育行动制定整体规划，实现整个区域的和谐进步和提升。另一方面，在国务院的统一领导和协调以及教育、科技等部门的指导与推动下，基于平等自愿、互利共赢的原则，相互开放教育政策，充分发挥区域内各级政府、学校、企业以及社会力量的积极作用，就教育发展的重要问题缔结教育合作协议，使得基础教育对口支援、教师和校长培训，以及课程与教学改革等相关领域所实施的广泛、密切与深入协作均有章可循，有据可依。

三、促使基础教育协同发展的整体推进

　　城市群的形成和发展是经济、社会、交通、政策等多种因素综合作用的结果，在时间上呈现阶段性发展特征，在空间上呈现组合式发展规律，在功能上则具有一体化和互补发展特性。① 由此可见，任何一个成熟的城市群的形成，需要经历漫长的时间。同国内外其他典型的城市群相比，京津冀区域的空间结构尚处于典型的点轴式空间结构形态，其在教育、经济等方面都相对隔离、松散，单打

---

① 　王振. 中国区域经济学［M］. 上海：上海人民出版社，2022：229.

独斗的自我张扬显摆意识和活动方式非常明显，换言之，其一体化水平并不高。京津冀基础教育协同的路径及举措可以在借鉴先进经验的基础上，构建具体协同发展模式。例如，珠江三角洲地区在探索基础教育帮扶层面作了多种探索：在中小学布局和规范化建设方面，加快调整优化中小学布局，在班额、校舍安全、学校建设、实践设施设备、特殊教育学校和实践基地方面推进规范化学校建设；在推进教育公平方面，区域内实行统一的义务教育阶段学校标准，逐步实现非户籍常住人口子女接受义务教育与当地城乡户籍学生享有同等待遇；在普通高中建设中，构建普通高中协同发展办学机制，统筹优质普通高中资源，启动普通高中课程改革基地落实，打造一批普通高中人才培养模式改革试点项目和特色学校项目；在教育资源共享方面，建成"云"教育资源公共服务平台，实施"千校扶千校"计划和"教育资源下乡"行动计划。

张力等人曾依据政府在管理模式中的作用，将京津冀教育协同发展的模式分为集中模式、契约模式和自主模式：集中模式强调政府主导，政府在三地教育发展中起着决定性作用，其决策须得到全面执行；契约模式中政府对于三地的教育协同发展起着牵线搭桥的作用，基于协同的各方支持和帮助，既不强求，也不放任不管；而自主模式则无需政府参与，不同组织或者个人在政策允许和鼓励下，完全依赖自主、自愿、自发而协同互助，而得到彼此共赢。① 这三种模式的概括和解读是有创意的。

虽然上述三种模式在京津冀基础教育协同发展中已经存在，且三者能够在不同层面、不同层级解决不同的问题。但是，鉴于京津冀基础教育协同的无论哪个方面或部分都还处于尝试和探索阶段，故而必须以能够解决全局性、整体性和可行性问题的集中模式为主。一方面，政府及相关职能部门各司其职、上下贯通，科学规划布局京津冀基础教育协同的诸多事宜和工作要求。教育部及相关机构负责组织推进京津冀基础教育协同各方的担当和使命得以切实达成，加强思想指导，协调好三省市之间的教育责任，均衡配置资源，进一步缩小三省市之间现实存在的差距。尤其是对于合作三方中相对弱势的河北省而言，省级教育部门负责

---

① 张力，李孔珍. 区域教育协同发展的政策方案与理论研究——京津冀教育协同发展对策研究[M]. 广州：广州教育出版社，2017.

推进各省内部义务教育均衡发展，依据本省经济发展状况，合理加大对基础教育的经费投入，特别是对于省内一些贫困市县加以扶持资助。各市县教育部门应积极推进县域内基础教育均衡发展，因地制宜，合理规划本县内学校布局，依据经济能力状况，对薄弱学校合理规划经费投入。如果遇到困难，应该及时向上级部门反映，寻求帮助。各学校领导应该努力做好组织管理工作，解决实际困难，促进学生发展。另一方面，三省市地方教育部门可以结合当地实际，制定推进京津冀基础教育协同发展的实施方案，已具备下放条件的管理权限要直接下放，可先行试点逐步推广。试点可以在学校申报的基础上，在辖区内选择若干所学校开展试点，学校的选择要多样化，包括城镇学校、农村学校，初中、小学等。例如，有人建议先在疏解人口接纳地或流动人口输入地的公办学校及幼儿园施行教育券制度：输出地为所辖区域的适龄儿童通过发放教育券方式投入教育经费，流动人口子女选择在输入地的学校学习，则可以把输出地的教育券交给输入地的学校，学校可以得到输出地的拨款，输出地与输入地的生均财政性教育经费缺口则需要由中央和省级财政统筹安排。教育券制度通过一定阶段的实行得到认可后，可尝试再扩展到相关民办学校，也可以率先在支持普惠性民办幼儿园时试用。

四、完善基础教育协同发展评估机制

树立质量意识，是指推进京津冀基础教育协同发展要严把教育质量关，不能以牺牲教育质量为代价来换取表层的、形式的均衡发展。为确保教育一体化质量，国内外成熟的城市群在教育一体化进程中，都能主动顺应区域产业改革和行业动态调整的需要，由市场孕育、政府主导推动，构建高水平的交流合作组织和高效的工作机制，最终达到提升区域教育综合竞争力的目的。以美国的教育跨区域合作为例，美国在国家和州都设立了教育协调机构：除开国家层面之外，州一级层面，如南部地区、西部地区、新英格兰、中西部地区在签署的洲际协定的基础上，成立了教育委员会。教育联盟分为区域联盟、跨州联盟和全国性联盟，教育联盟在倡导学校以各自的优势进行协作、资源共享的过程中不断完善。[1] 此

---

① ARCHE. About Atlanta Regional Council for High Education [EB/OL]. (2019-12-23) [2024-07-21]. https：www. atlantahighered. org/.

外，欧洲研究型大学联盟、罗素大学集团、澳洲八校集团等国家或地区的高水平大学联盟组织在内部协调学科专业、教师队伍与课程建设、学生交流等，在外部与社会经济发展保持密切的联系。上述所有教育协会或者联盟不仅为区域教育的一体化发展提供组织保障、条件支持，还对联盟成员的质量进行分析评估，在发现问题的同时帮助其解决过程中的困境。这对于推进京津冀基础教育的健康、长效协同发展提供了启示性借鉴。

从整体来看，区域教育协同的形式可以灵活多样。在基础教育领域合作办学联合招生、师资的交流培训、中小学课程教材改革、中高考制度改革、校企订单式培养、校际援建和帮扶、校际教学合作、学分互认、师资互聘、实训基地共建共享，以及创建跨行政区域教育市场等多种形式。当然，这对于京津冀各地域板块、一所学校，或者特定一段时间而言，并非要求囊括如此异彩纷呈、多种样式的方式举措，而是应该从中加以选择取舍的。若要使这些方式举措真正促进区域内人才培养水平的提高和各类教育自身的生存发展，除了有针对性地设计及有效推介之外，就需要通过一系列的教育评估督导制度对区域内的基础教育质量实施监控。为此，在一方面，要强化教育督导在学校考核评价监督中的作用，建立完善的学校发展性督导评估制度、督学责任区、挂牌督学制度，以及教育督导结果公告公示制度；另一方面，各级教育、监察、审计部门要依法加强对学校的日常监督，要积极培育教育中介机构，研究实施第三方教育监测评估，完善社会评价教育的有效途径。

第四章　京津冀基础教育协同发展的
现实推动

中国是拥有广袤海域、漫长海岸线以及丰富海洋资源的国家。东部沿海跨渤海、黄海、东海以及南海四大海域。环沿海或者临海省市往往凭借优越海洋资源、气候和交通而形成强势发展区域。京津冀、辽宁南部和山东北部共属环渤海地区，在经济发展高潮年代，该地区被称为"环渤海经济带"。京津冀区域既是环渤海区域的重心，也是东北亚协作的核心区域，地理位置十分重要。实现京津冀协同发展，基本公共服务资源合理布局是重要的衡量指标之一。基础教育是培养国民素质的关键，人力资源开发的根本，在社会再生产中起着积极促进作用。由于它关乎国计民生利益，属重要的基本公共服务资源。评估京津冀协同发展程度就是要对基本公共服务资源的差异现状加以合理评估、基础教育优质资源差异过大必然会阻碍京津冀协同发展战略的高质量、高效率实施。区域基础教育存在的差异是指在一定时期、特定区域之间教育发展中存在的不均衡现象，主要体现在教育规模、教育效益、教育投入和教育布局等各个方面。① 因此，科学准确地描述、测量京津冀基础教育差距及其变化态势，是促进三地基础教育由省域内的优质均衡向整个京津冀区域的高位均衡跨越所必须面对的现实问题。

第一节　京津冀基础教育现状差异比较

就目前而言，国内在研究京津冀基础教育发展不均衡的论题里，主要集中在京津冀协同发展战略的探讨和现实问题的呼吁上。在此过程中，笔者感受到：如

---

① 高兵．京津冀教育协同发展战略探究[M]．北京：知识产权出版社，2016：126.

果没有一个量化的结论，只能仍停留在泛泛而谈、隔靴搔痒的浅层形式或表面应付，对现实问题的解决很难起到切实的作用。为此，本研究通过教育机会指数、教育投入指数和教育公平指数三个层面的指标，设计了京津冀基础教育质量量化标尺。在监测时，选取了2014—2020年的相关数据，反映了七年来京津冀基础教育发展的动态趋势。2015年，中国"十三五"规划纲要颁布，2014—2020年的动态趋势正好反映了"规划纲要"颁布前后京津冀基础教育协同发展的进度。本章首先对京津冀基础教育发展指数的构成与计算方法加以说明，其次对京津冀基础教育的各项指数进行分析，最后对京津冀基础教育整体发展水平进行归纳总结。如无特殊说明，本章节的数据全部来源于2014—2021年的《中国统计年鉴》、教育部官方网站上的历年教育统计数据、《全国教育经费执行情况统计公告》和全国流动人口卫生计生动态监测调查的相关数据。

一、基础教育均衡发展监测指标的选取与计算

监测任务的确立体现着监测工作对教育发展的重要价值和作用。京津冀基础教育均衡发展监测的重点不在于"筛"、评比，以及排名，而在于把握现状，诊断问题，引导改善。对于三省市政府和教育主管部门来说，可以更清楚地了解该地区的基础教育发展情况，为制定更切实有效的政策提供参考；而对于参与基础教育协作的中小学来说，通过对其教育资源与质量进行评估，可以为其教育与教学的有效性或高质量提升储备一些资源。

（一）基础教育均衡发展监测指标的选取

教育指标是从事教育实证研究的基础，也是教育决策的主要参照物和重要资源。但在基础教育均衡发展监测具体指标选取和计算方法上，并未达成共识。其中，比较有代表性的有以下两种。

云南师范大学潘玉君教授认为，区域义务教育状态主要是通过该省域的义务教育基础设施、义务教育经费、义务教育资料、义务教育教具和义务教育师资等项目具体情况综合反映。它们具体化为区域义务教育基础设施指数（包括校舍建筑面积指数、学校占地面积指数、体育运动场馆面积指数、教学用房及辅助用房面积指数、危房面积指数），区域义务教育经费指数（包括生均教育经费支出指

数、事业性经费支出共用部分指数、事业经费支出指数、生均预算内教育经费），区域义务教育资料指数（包括纸质书刊藏量指数和电子书刊藏量指数），区域义务教育教具指数（包括教学仪器设备值指数和计算机指数），区域义务教育师资指数（专任教师指数、专任教师学历情况指数、专任教师职称评定指数）。①

王善迈构建的教育发展指数包括教育机会、教育投入，以及教育公平指标三个维度。其中，教育机会指数包括学前教育净入学率、义务教育净入学率、高中阶段教育净入学率与高等教育净入学率；教育投入指数包括小学生均事业费指数、初中生均事业费指数、高中阶段生均事业费指数、高等教育生均事业费指数、普通小学师资指数、普通初中师资指数、普通高中师资指数和普通高校师资指数；教育公平指数包括小学专任教师学历的城乡差异指数、初中专任教师学历的城乡差异指数、小学生均事业费的城乡差异指数、初中生均事业费的城乡差异指数、县际小学生均事业费基尼系数和县际初中生均事业费基尼系数。具体的计算公式：教育发展指数＝4/10×教育机会指数＋3/10×教育投入指数＋3/10×教育公平指数。②

鉴于数据搜集处理的难度及笔者的时间精力和能力等条件因素有限，本研究借鉴王善迈教授关于教育发展指数的构建方法，将基础教育均衡发展指数的一级指标定为：基础教育发展的机会指数、投入指数和公平指数构建基础教育发展指数（各二级指标、三级指标及其所占权重见表4.1，此处不作赘述）。在计算方法上，主要采用数据比对方法，即以三地的最好数据进行排列比较，乘以相应权重，即为地区相应指标的指数。在确定各项指标的权重时，由于难以直接衡量基础教育的成果，故而没有将教育发展成果纳入现在的指数中。本研究适当增加教育机会在指标体系中的权重：教育机会占40%、教育投入占30%、教育公平占30%。具体的计算公式：京津冀基础教育均衡发展指数＝4/10×教育机会指数＋3/10×教育投入指数＋3/10×教育公平指数。

---

①　罗东明，潘玉君，施红星．全国义务教育省域均衡发展监测、评价与预警[M]．北京：北京大学出版社，2014：7-9.

②　王善迈，董俊燕，赵佳音．义务教育县域内校际均衡发展评价指标体系[J]．教育研究，2013，34(2)：65-69.

表4.1 京津冀基础教育发展指数的各级指标与权重

一级指标	二级指标	三 级 指 标
教育机会指数①	净入学率(1/3)	小学净入学率(1)
	升学率(1/3)	小学升初中升学率(1/2)
		初中升高中升学率(1/2)
	保留率(1/3)	小学六年保留率(1/3)
		初中三年保留率(1/3)
		普通高中三年保留率(1/3)
教育发展投入指数	财力资源投入(1/2)	小学生均公共财政预算教育事业费(1/6)
		初中生均公共财政预算教育事业费(1/6)
		普通高中生均公共财政预算教育事业费(1/6)
		小学生均一般公共预算公用经费(1/6)
		初中生均一般公共预算公用经费(1/6)
		普通高中生均一般公共预算公用经费(1/6)
	物力资源投入(1/2)	生均小学办学图书藏量(1/12)
		生均初中办学图书藏量(1/12)
		生均普通高中办学图书藏量(1/12)
		生均小学仪器设备总值(1/12)
		生均初中仪器设备总值(1/12)
		生均普通高中仪器设备总值(1/12)
		生均小学学校占地面积(1/12)
		生均初中学校占地面积(1/12)
		生均普通高中学校占地面积(1/12)
		生均小学普通教室面积(1/12)
		生均初中普通教室面积(1/12)
		生均普通高中普通教室面积(1/12)

————————

① 由于无法从官方渠道获取北京市和天津市 2014—2021 年的义务教育巩固率,本研究只能用基础教育净入学率、基础教育升学率和基础教育保留率来计算京津冀义务教育机会指数。

续表

一级指标	二级指标	三级指标
教育质量指数	教师学历合格指数(1/3)	小学教师学历合格率(1/3)
		初中教师学历合格率(1/3)
		普通高中教师学历合格率(1/3)
	高级职称教师指数(1/3)	小学高级职称教师占比(1/3)
		初中高级职称教师占比(1/3)
		普通高中高级职称教师占比(1/3)
	基础教育贡献指数(1/3)	小学年度贡献率(1/3)
		初中年度贡献率(1/3)
		普通高中年度贡献率(1/3)

注：本研究采用简单算术平均的方法，表格中括号内的数字表示各个指标所占权重。

(二)京津冀基础教育均衡发展监测指标计算说明

本研究主要采用的是指数计算方法，即对三级指标的数据进行标准化、归一化处理。为了便于三省市间的比较，本研究将教育发展指数设计成0至10，数值越大表示义务教育的发展水平越高。某省市某三级指标的标准化值等于该省市的实际值乘以10，最后再除以该区域的最优值。假设 i 地区各级教育的净入学率、升学率和保留率的原始数据分别为 X_{ij}、Y_{ij}、Z_{ij}。该地的净入学率三级指标值为：

$$V_{xij} = v_{xij} \times 10 / \max(v_{xij})$$

其中，i 表示京津冀区域，j 表示小学、初中、普高学段，v_{xij} 表示各地区各级教育的净入学率。

同上，各地的升学率三级指标值为 $V_{yij} = v_{yij} \times 10 / \max(v_{yij})$，$v_{yij}$ 表示各地区同级教育的升学率；各地的保留率三级指标值为 $V_{zij} = v_{zij} \times 10 / \max(v_{zij})$，$v_{zij}$ 表示各地区各级教育的保留率。综上，净入学率指标表示为：

$$X_{ij} = \sum (\beta_k \cdot v_{xij})$$

其中，β_k 表示净入学率的各个三级指标值所占的权重。

升学率指标表示为：

$$Y_{ij} = \sum (\gamma_k \cdot v_{yij})$$

其中，γ_k 表示升学率的各个三级指标值所占的权重。

保留率指标表示为：

$$Z_{ij} = \sum (\alpha_k \cdot v_{Zij})$$

其中，α_k 表示保留率的各个三级指标值所占的权重。

最终计算得出各地义务教育机会水平指标值为：

$$T = \alpha_1 \times X_{ij} + \alpha_2 \times Y_{ij} + \alpha_3 \times Z_{ij}$$

其中，α_1、α_2、α_3 分别表示净入学率、升学率、保留率所占的比重。

二、京津冀基础教育均衡发展监测指数设计

一般来说，采用单个指标进行评估是一种较简便的方法，这样就不会出现评价对象外延与内涵理解错误的问题。而与单一的评价体系不同，京津冀基础教育均衡发展监测指数是一个综合性的评价系统，如果要使指标体系与其评价对象完全契合，就必须明确其评估对象的核心内涵。根据本课题组的前期研究，可以认定京津冀基础教育均衡是一个相对的均衡，是一个动态的行为过程。每一个阶段都会因受社会、经济及文化等复杂因素的影响有着不同的表现。

（一）基础教育机会指数

1. 净入学率（见表 4.2）

表 4.2　　　　　　　**2014—2020 年京津冀小学净入学率的指数变化**[①]

年份 地区	2014 年	2015 年	2016 年	2017 年	2018 年	2019 年	2020 年	平均值	七年内 变化值
北京	10.00	10.00	9.99	9.99	10.00	9.97	9.96	9.99	-0.04
天津	9.97	9.98	9.97	10.00	10.00	10.00	10.00	9.99	0.03
河北	9.97	9.98	10.00	9.95	10.00	9.98	9.99	9.98	0.02

---

①　由于官网未公布 2021 年各省市小学净入学率数据，只能测算七年内的变化值。

比较发现，2014—2020 年京津冀三省市的小学净入学率指数得分差距不大。相比 2014 年，天津市和河北省 2020 年的小学净入学率指数有所上升；北京市的小学净入学率均有所下降，北京市的小学净入学率指数变化最大。

2. 升学率(见表 4.3)

表 4.3　　　**2014—2021 年京津冀基础教育升学率的指数变化**

2014—2021 年京津冀小学升初中升学率的指数变化									
年份 地区	2014 年	2015 年	2016 年	2017 年	2018 年	2019 年	2020 年	2021 年	平均值	八年内 变化值
北京	9.19	8.70	8.42	8.30	8.24	8.54	8.98	8.90	8.66	-0.29
天津	9.90	9.89	9.91	9.74	9.86	9.99	10.00	10.00	9.91	0.1
河北	10.00	10.00	10.00	10.00	10.00	10.00	9.96	9.64	9.95	-0.36

2014—2021 年京津冀初中升高中升学率的指数变化									
年份 地区	2014 年	2015 年	2016 年	2017 年	2018 年	2019 年	2020 年	2021 年	平均值	八年内 变化值
北京	8.71	9.54	9.72	10.00	10.00	10.00	10.00	10.00	9.75	1.29
天津	10.00	10.00	10.00	9.83	9.84	9.75	9.59	9.30	9.79	-0.7
河北	8.34	9.19	8.77	8.66	8.58	8.40	8.37	8.18	8.56	-0.16

2014—2021 年京津冀基础教育升学率的指数变化统计									
年份 地区	2014 年	2015 年	2016 年	2017 年	2018 年	2019 年	2020 年	2021 年	平均值	八年内 变化值
北京	8.95	9.12	9.07	9.15	9.12	9.27	9.49	9.45	9.20	0.5
天津	9.95	9.95	9.96	9.79	9.85	9.87	9.80	9.65	9.85	-0.3
河北	9.17	9.60	9.39	9.33	9.29	9.20	9.17	8.91	9.26	-0.26

八年中，天津市的基础教育升学率指数得分一直排在首位，与 2014 年相比，其得分在 2021 年为 9.65，虽然下降了 0.3，但平均值仍是最高。与 2014 年相比，北京市的升学率指数上升了 0.5，达到了 9.45。

3. 保留率(见表4.4)

表4.4　　　　**2014—2021年京津冀基础教育保留率的指数变化**

2014—2021年京津冀小学六年保留率的指数变化									
年份 地区	2014年	2015年	2016年	2017年	2018年	2019年	2020年	2021年	平均值	八年内 变化值
北京	10.00	10.00	9.62	9.64	9.11	8.32	8.78	9.05	9.32	-0.95
天津	9.53	9.73	10.00	10.00	10.00	9.32	9.86	9.95	9.80	0.42
河北	8.78	8.79	8.96	9.56	9.95	10.00	10.00	10.00	9.51	1.22

2014—2021年京津冀初中三年保留率的指数变化									
年份 地区	2014年	2015年	2016年	2017年	2018年	2019年	2020年	2021年	平均值	八年内 变化值
北京	9.51	8.57	8.18	7.97	7.82	7.93	8.52	9.32	8.48	-0.19
天津	10.00	10.00	10.00	10.00	9.60	9.30	9.90	9.80	9.83	-0.2
河北	9.52	8.89	9.98	9.87	10.00	10.00	10.00	9.51	9.72	-0.01

2014—2021年京津冀普通高中三年保留率的指数变化									
年份 地区	2014年	2015年	2016年	2017年	2018年	2019年	2020年	2021年	平均值	八年内 变化值
北京	8.95	9.06	8.66	8.91	9.01	9.37	9.73	9.21	9.11	0.26
天津	10.00	10.00	10.00	10.00	10.00	10.00	10.00	10.00	10.00	0
河北	9.04	9.12	9.64	9.76	9.85	9.84	10.00	9.65	9.61	0.61

2014—2021年京津冀基础教育保留率的指数变化统计									
年份 地区	2014年	2015年	2016年	2017年	2018年	2019年	2020年	2021年	平均值	八年内 变化值
北京	9.49	9.21	8.82	8.84	8.65	8.54	9.01	9.19	8.97	-0.3
天津	9.84	9.91	10.00	10.00	9.87	9.54	9.92	9.92	9.88	0.08
河北	9.11	8.93	9.53	9.73	9.93	9.95	10.00	9.72	9.61	0.61

　　八年中，天津市的基础教育保留率变化值最小，平均值最高。与2014年相比，河北省2021年基础教育保留率上升了0.61，达到9.72。北京市的基础教育保留率指数从2014年的9.49下降到2021年的9.19。

4. 京津冀基础教育机会水平的比较

从表 4.5 可看出，八年来天津市的基础教育机会指数一直稳居第一。与 2014 年相比，京津冀三省市 2021 年的基础教育机会指数均有所下降，其中北京市的指数变动最大。河北省排名由第三上升到与北京市并列，排名第二。

表 4.5 **2014—2021 年京津冀基础教育机会指数变动情况**

年份 地区	教育机会指数									排名及排名变动		
	2014 年	2015 年	2016 年	2017 年	2018 年	2019 年	2020 年	2021 年	八年内 变化值	2014 年	2021 年	排名 变动
北京	9.48	9.44	9.29	9.33	9.26	9.26	9.49	9.32	-0.16	2	2	→
天津	9.92	9.95	9.98	9.93	9.91	9.80	9.91	9.79	-0.13	1	1	→
河北	9.42	9.50	9.64	9.67	9.74	9.71	9.72	9.32	-0.1	3	2	↑

注：→表示 2020 年相比 2014 年排名维持不变；↓表示排名后退；↑表示排名上升。

图 4.1 具体展示了 2014—2021 年京津冀三省市基础教育机会指数的变化趋势。八年间，天津市基础教育机会指数总体呈下降趋势，但是整体仍居首位，变化较为平稳。2014—2020 年，河北省基础教育机会指数总体呈上升趋势，从 2014 年的 9.42 上升至 2020 年的 9.72。2014—2019 年，北京的教育机会指数总体呈下降趋势，六年的平均值位列第三。

图 4.1 2014—2021 年京津冀基础教育机会指数变动情况

（二）基础教育投入指数

1. 财力资源投入（见表 4.6~表 4.8）

表 4.6 **2014—2021 年京津冀基础教育生均公共财政预算教育事业费指数变化**

2014—2021 年小学生均公共财政预算教育事业费指数变化									
年份 地区	2014 年	2015 年	2016 年	2017 年	2018 年	2019 年	2020 年	2021 年	平均值	八年内 变化值
北京	10.00	10.00	10.00	10.00	10.00	10.00	10.00	10.00	10.00	0
天津	7.35	7.63	7.09	6.22	6.08	5.77	5.53	6.05	6.47	-1.3
河北	2.28	2.84	2.83	2.64	2.67	2.64	2.78	2.84	2.69	0.56

2014—2021 年初中生均公共财政预算教育事业费指数变化									
年份 地区	2014 年	2015 年	2016 年	2017 年	2018 年	2019 年	2020 年	2021 年	平均值	八年内 变化值
北京	10.00	10.00	10.00	10.00	10.00	10.00	10.00	10.00	10.00	0
天津	7.38	6.97	6.58	5.37	5.35	5.13	5.09	5.44	5.91	-1.94
河北	2.12	2.36	2.31	1.99	1.98	2.08	2.22	2.33	2.17	0.21

2014—2021 年高中生均公共财政预算教育事业费指数变化									
年份 地区	2014 年	2015 年	2016 年	2017 年	2018 年	2019 年	2020 年	2021 年	平均值	八年内 变化值
北京	10.00	10.00	10.00	10.00	10.00	10.00	10.00	10.00	10.00	0
天津	7.38	7.79	6.19	5.62	5.42	4.76	4.51	4.87	5.82	-2.51
河北	1.90	2.37	2.14	1.97	1.92	2.14	2.18	2.28	2.11	0.38

2014—2021 年京津冀基础教育生均公共财政预算教育事业费指数变化统计									
年份 地区	2014 年	2015 年	2016 年	2017 年	2018 年	2019 年	2020 年	2021 年	平均值	八年内 变化值
北京	10.00	10.00	10.00	10.00	10.00	10.00	10.00	10.00	10.00	0
天津	7.37	7.46	6.62	5.74	5.62	5.22	5.04	5.45	5.24	-1.92
河北	2.10	2.52	2.43	2.20	2.19	2.29	2.39	2.48	2.39	0.38

表4.7　**2014—2021年京津冀基础教育生均一般公共预算公用经费指数变化**

2014—2021年小学生均一般公共预算公用经费指数变化

年份 地区	2014年	2015年	2016年	2017年	2018年	2019年	2020年	2021年	平均值	八年内 变化值
北京	10.00	10.00	10.00	10.00	10.00	10.00	10.00	10.00	10.00	0
天津	3.99	4.47	4.12	3.36	3.6	4.47	3.88	3.92	3.98	-0.07
河北	1.45	1.82	1.81	1.97	1.97	2.19	2.78	2.53	2.07	1.08

2014—2021年初中生均一般公共预算公用经费指数变化

年份 地区	2014年	2015年	2016年	2017年	2018年	2019年	2020年	2021年	平均值	八年内 变化值
北京	10.00	10.00	10.00	10.00	10.00	10.00	10.00	10.00	10.00	0
天津	4.34	3.99	3.47	2.36	3.03	3.61	3.44	3.47	3.46	-0.88
河北	1.50	1.59	1.61	1.31	1.38	1.79	2.2	1.99	1.67	0.49

2014—2021年高中生均一般公共预算公用经费指数变化

年份 地区	2014年	2015年	2016年	2017年	2018年	2019年	2020年	2021年	平均值	八年内 变化值
北京	10.00	10.00	10.00	10.00	10.00	10.00	10.00	10.00	10.00	0
天津	6.23	7.21	4.33	3.73	4.04	3.82	2.70	2.75	4.35	-3.48
河北	1.32	1.77	1.32	1.2	1.15	2.01	2.19	2.15	1.64	0.83

2014—2021年京津冀基础教育生均一般公共预算公用经费指数变化统计

年份 地区	2014年	2015年	2016年	2017年	2018年	2019年	2020年	2021年	平均值	八年内 变化值
北京	10.00	10.00	10.00	10.00	10.00	10.00	10.00	10.00	10.00	0
天津	4.85	5.22	3.97	3.15	3.56	3.97	2.34	3.38	3.81	-1.47
河北	1.42	1.73	1.58	1.49	1.50	2.00	2.39	2.22	1.79	0.8

表4.8　**2014—2021年京津冀基础教育财力资源投入经费指数变化**

年份 地区	2014年	2015年	2016年	2017年	2018年	2019年	2020年	2021年	平均值	八年内 变化值
北京	10.00	10.00	10.00	10.00	10.00	10.00	10.00	10.00	10.00	0

续表

年份 地区	2014 年	2015 年	2016 年	2017 年	2018 年	2019 年	2020 年	2021 年	平均值	八年内 变化值
天津	6.11	6.34	5.30	4.45	4.59	4.60	3.69	4.42	4.94	-3.69
河北	1.76	2.13	2.01	1.85	1.85	2.15	2.39	2.35	2.06	0.59

如表 4.6 所示，2014—2021 年，北京市基础教育生均公共财政预算教育事业费指数没有发生变化，得分都为满分；天津市该指数在 2014—2015 年大于 7，但 2016 年以后开始持续下降，2021 年达到 5.45；河北省该指数非常低，远远落后于京津，八年内的平均值仅为 2.39。对于生均一般公共预算公用经费（见表 4.7），三省市间的差距依然很大。八年之间，北京市基础教育生均一般公共预算公用经费依旧没有发生变化，得分皆为满分；天津市该指数有所下降，平均值为 3.81；河北该指数虽有所上升，但平均值仅为 1.79。

2. 物力资源投入

（1）图书藏量（见表 4.9）

表 4.9　**2014—2021 年京津冀基础教育学生均图书藏量的指数变化**

2014—2021 年小学生均图书藏量的指数变化										
年份 地区	2014 年	2015 年	2016 年	2017 年	2018 年	2019 年	2020 年	2021 年	平均值	八年内 变化值
北京	10.00	10.00	10.00	9.94	9.36	9.07	8.69	8.38	9.43	-1.62
天津	9.61	9.41	9.81	10.00	10.00	10.00	10.00	10.00	9.85	0.39
河北	7.18	7.32	7.89	8.35	8.43	8.49	8.59	9.00	8.16	1.82

2014—2021 年初中生均图书藏量的指数变化										
年份 地区	2014 年	2015 年	2016 年	2017 年	2018 年	2019 年	2020 年	2021 年	平均值	八年内 变化值
北京	8.78	9.45	9.36	9.69	9.69	9.01	8.31	7.69	9.00	-1.09
天津	10.00	10.00	10.00	10.00	9.93	9.45	9.09	8.42	9.61	-1.58
河北	9.76	9.62	9.62	9.89	10.00	10.00	10.00	10.00	9.86	0.24

续表

2014—2021 年高中生均图书藏量的指数变化

年份\地区	2014 年	2015 年	2016 年	2017 年	2018 年	2019 年	2020 年	2021 年	平均值	八年内变化值
北京	10.00	10.00	10.00	10.00	10.00	10.00	10.00	10.00	10.00	0
天津	5.98	5.78	5.79	6.06	6.05	6.02	6.01	5.81	5.94	−0.08
河北	2.93	2.88	2.81	2.82	2.85	2.71	2.78	3.20	2.87	0.27

2014—2021 年京津冀基础教育学生均图书藏量的指数变化统计

年份\地区	2014 年	2015 年	2016 年	2017 年	2018 年	2019 年	2020 年	2021 年	平均值	八年内变化值
北京	9.59	9.82	9.79	9.88	9.68	9.36	9.00	8.69	9.02	−0.9
天津	8.53	8.40	8.53	8.69	8.66	8.49	8.37	8.08	8.31	−0.45
河北	6.62	6.61	6.77	7.02	7.09	7.07	7.12	7.40	7.20	0.78

（2）仪器设备（见表 4.10）

表 4.10　**2014—2021 年京津冀基础教育生均仪器设备的指数变化**

2014—2021 年京津冀生均小学仪器设备总值的指数变化

年份\地区	2014 年	2015 年	2016 年	2017 年	2018 年	2019 年	2020 年	2021 年	平均值	八年内变化值
北京	10.00	10.00	10.00	10.00	10.00	10.00	10.00	10.00	10.00	0
天津	2.36	2.48	2.32	2.33	2.49	2.77	3.08	3.47	2.71	0.35
河北	1.06	1.10	1.08	1.09	1.21	1.24	1.39	1.60	1.22	0.54

2014—2021 年京津冀生均初中仪器设备总值的指数变化

年份\地区	2014 年	2015 年	2016 年	2017 年	2018 年	2019 年	2020 年	2021 年	平均值	八年内变化值
北京	10.00	10.00	10.00	10.00	10.00	10.00	10.00	10.00	10.00	0
天津	3.26	2.81	2.46	2.20	2.14	2.42	2.62	3.04	2.62	−0.22
河北	1.77	1.44	1.31	1.15	1.12	1.26	1.48	1.62	1.39	−0.15

续表

2014—2021年京津冀生均高中仪器设备总值的指数变化

年份 地区	2014年	2015年	2016年	2017年	2018年	2019年	2020年	2021年	平均值	八年内 变化值
北京	10.00	10.00	10.00	10.00	10.00	10.00	10.00	10.00	10.00	0
天津	1.81	1.79	1.65	1.64	1.52	1.60	1.59	1.57	1.65	-0.24
河北	0.71	0.62	0.56	0.53	0.48	0.46	0.47	0.51	0.54	-0.2

2014—2021年京津冀基础生均仪器设备总值的指数变化统计

年份 地区	2014年	2015年	2016年	2017年	2018年	2019年	2020年	2021年	平均值	八年内 变化值
北京	10.00	10.00	10.00	10.00	10.00	10.00	10.00	10.00	10.00	0
天津	2.48	2.36	2.06	2.06	2.05	2.26	2.43	2.69	2.30	0.21
河北	1.18	1.05	0.98	0.92	0.94	0.99	1.11	1.24	1.05	0.03

（3）学校占地面积（见表4.11）

表4.11　**2014—2021年京津冀基础教育生均学校占地面积的指数变化**

2014—2021年京津冀生均小学学校占地面积的指数变化

年份 地区	2014年	2015年	2016年	2017年	2018年	2019年	2020年	2021年	平均值	八年内 变化值
北京	10.00	10.00	10.00	10.00	10.00	10.00	10.00	10.00	10.00	0
天津	8.78	9.05	8.90	8.61	8.89	8.91	9.35	9.46	8.99	0.68
河北	7.54	7.82	7.88	7.98	8.38	8.44	8.89	9.33	8.28	1.79

2014—2021年京津冀生均初中学校占地面积的指数变化

年份 地区	2014年	2015年	2016年	2017年	2018年	2019年	2020年	2021年	平均值	八年内 变化值
北京	10.00	10.00	10.00	10.00	10.00	10.00	10.00	10.00	10.00	0
天津	7.81	7.14	6.98	6.74	6.72	6.91	7.22	7.25	7.10	-0.56
河北	8.44	7.51	7.12	6.77	6.74	7.36	8.09	8.68	7.59	0.24

续表

2014—2021 年京津冀生均高中学校占地面积的指数变化

年份 地区	2014 年	2015 年	2016 年	2017 年	2018 年	2019 年	2020 年	2021 年	平均值	八年内 变化值
北京	10.00	10.00	10.00	10.00	10.00	10.00	10.00	10.00	10.00	0
天津	5.19	4.95	4.87	4.97	4.62	4.51	4.37	4.16	4.71	-1.03
河北	3.65	3.29	3.06	3.10	2.90	2.83	2.80	2.88	3.06	-0.77

2014—2021 年京津冀基础教育生均学校占地面积的指数变化统计

年份 地区	2014 年	2015 年	2016 年	2017 年	2018 年	2019 年	2020 年	2021 年	平均值	八年内 变化值
北京	10.00	10.00	10.00	10.00	10.00	10.00	10.00	10.00	10.00	0
天津	7.26	7.05	6.92	6.77	6.74	6.78	6.98	6.96	6.93	-0.3
河北	6.54	6.21	6.02	5.95	6.01	6.21	6.59	6.96	6.31	-0.42

(4)教室面积(见表4.12)

表 4.12　　**2014—2021 年京津冀基础教育生均普通教室面积的指数变化**

2014—2021 年京津冀生均小学普通教室面积的指数变化

年份 地区	2014 年	2015 年	2016 年	2017 年	2018 年	2019 年	2020 年	2021 年	平均值	八年内 变化值
北京	9.18	8.97	9.22	9.50	9.27	9.00	8.52	6.90	8.82	-2.28
天津	10.00	10.00	10.00	9.90	9.78	9.94	9.90	9.75	9.91	-0.25
河北	9.14	9.35	9.81	10.00	10.00	10.00	10.00	10.00	9.79	0.86

2014—2021 年京津冀生均初中普通教室面积的指数变化

年份 地区	2014 年	2015 年	2016 年	2017 年	2018 年	2019 年	2020 年	2021 年	平均值	八年内 变化值
北京	10.00	10.00	10.00	10.00	10.00	10.00	10.00	8.52	9.82	-1.48
天津	9.76	9.04	8.79	8.63	0.83	8.57	9.10	9.46	8.02	-0.3
河北	9.53	8.45	8.07	7.61	0.74	8.01	9.22	10.00	7.70	0.47

续表

2014—2021 年京津冀生均高中普通教室面积的指数变化

年份 地区	2014 年	2015 年	2016 年	2017 年	2018 年	2019 年	2020 年	2021 年	平均值	八年内 变化值
北京	10.00	10.00	10.00	10.00	10.00	10.00	10.00	10.00	10.00	0
天津	5.12	4.94	4.97	5.22	4.81	4.48	4.59	5.41	4.94	0.29
河北	4.14	3.70	3.56	3.57	3.36	3.12	3.10	3.73	3.54	-0.41

2014—2021 年京津冀基础教育生均普通教室面积的指数变化统计

年份 地区	2014 年	2015 年	2016 年	2017 年	2018 年	2019 年	2020 年	2021 年	平均值	八年内 变化值
北京	9.73	9.66	9.74	9.83	9.76	9.67	9.51	8.47	9.54	-1.26
天津	8.29	7.99	7.92	7.92	5.14	7.66	7.86	8.21	7.62	-0.08
河北	7.60	7.17	7.15	7.06	4.70	7.04	7.44	7.91	7.01	0.31

表 4.13　　　　**2014—2021 年京津冀基础教育物力资源指数变化**

年份 地区	2014 年	2015 年	2016 年	2017 年	2018 年	2019 年	2020 年	2021 年	平均值	八年内 变化值
北京	9.83	9.87	9.88	9.93	9.86	9.76	9.63	9.29	9.76	-0.54
天津	6.64	6.45	6.36	6.36	5.65	6.30	6.41	6.49	6.33	-0.15
河北	5.49	5.26	5.23	5.24	4.69	5.33	5.57	5.88	5.34	0.39

2014—2021 年，京津冀三地基础教育生均图书藏量、学校仪器设备总值、生均占地面积、生均教室面积的指数变化见上述表 4.9～表 4.12。八年中，就基础教育生均图书藏量指数来看，除河北省外，另两市均呈下降趋势：北京市基础教育图书藏量指数虽然呈现上下波动趋势，但其平均值仍为 9.02，八年以来一直排在第一名；天津市的图书藏量一直稳居第二位，八年平均值为 8.31；河北省基础教育图书藏量指数平均值最小，为 7.20。相较于津冀，北京市义务教育学校仪器设备总值指数五年来都为满分；与 2014 年相比，2021 年，天津市该指数上升了 0.21，达到 2.69；河北省该指数上升了 0.03，达到 1.24。就基础教育生均学

校占地面积指数来说，北京的得分一直为满分；与 2014 年相比，2021 年天津市该指数减少了 0.3，达到 6.96，但是在三地中仍然排名第 2；河北省该指数减少了 0.42，达到 6.96。就基础教育生均普通教室面积指数来说，8 年中，河北省有所上升，上升了 0.31；北京和天津市该指数的变化值均有所下降，北京市该指数下降了 1.26，天津市该指数减少了 0.08；就生均普通教室面积指数来看，北京市该指数平均值最大，为 9.54，河北省该指数平均值最小，为 7.01。

　　3. 京津冀基础教育投入水平的比较（见表 4.14）

表 4.14　　　　　**2014—2021 年京津冀基础教育投入指数及排名变化情况**

年份 地区	教育投入指数									排名及排名变动		
	2014 年	2015 年	2016 年	2017 年	2018 年	2019 年	2020 年	2021 年	八年内 变化值	2014 年	2021 年	排名 变动
北京	9.92	9.94	9.94	9.97	9.93	9.88	9.82	9.65	-0.27	1	1	→
天津	6.38	6.40	5.83	5.41	5.12	5.45	5.05	5.46	-0.92	3	2	↑
河北	3.63	3.70	3.62	3.55	3.27	3.74	3.98	4.12	0.49	2	3	↓

　　注：→表示 2020 年相比 2014 年排名维持不变；↓表示排名后退；↑表示排名上升。

　　从表 4.14 可以看出，2021 年北京市基础教育投入指数得分最高，为 9.65；河北得分最低，仅为 4.12。与 2014 年相比，北京市的教育投入指数有所下降，减少了 0.27，但是排名未变；天津的教育投入指数下降了 0.92，达到 5.46；河北的教育投入指数虽上升了 0.49，但排名由第二下降到了第三。

　　图 4.2 具体展示了 2014—2021 年之间京津冀三地基础教育投入指数的趋势变化。如图 4.2 所示，2014—2021 年，京津冀三地的基础教育投入指数变动情况较为平稳，波动幅度不大。八年间，河北的京津冀义务教育投入指数始终低于 5。究其缘由，一方面，相较于京津两地，河北的经济发展水平落后，直接导致政府的财政能力不足，也直接影响了地区教育资源投入较少；另一方面，由于河北地区财政支出中基建支出的投入比例较大，因此教育投入面临来自义务教育设施投入方面的竞争。

图 4.2 2014—2021 年京津冀基础教育投入指数变动情况

(三) 基础教育质量指数

1. 教师学历合格率指数(见表 4.15)

表 4.15 **2014—2021 年京津冀基础教育教师学历合格率的指数变化**

2014—2021 年京津冀小学教师学历合格率的指数变化									
年份 地区	2014 年	2015 年	2016 年	2017 年	2018 年	2019 年	2020 年	2021 年	平均值	八年内 变化值
北京	10.00	10.00	10.00	10.00	10.00	10.00	10.00	10.00	10.00	0
天津	9.48	9.65	9.74	9.81	9.79	9.82	9.91	9.93	9.77	0.45
河北	9.37	9.53	9.64	9.76	9.82	9.86	9.90	9.91	9.70	0.54

2014—2021 年京津冀初中教师学历合格率的指数变化									
年份 地区	2014 年	2015 年	2016 年	2017 年	2018 年	2019 年	2020 年	2021 年	平均值	八年内 变化值
北京	10.00	10.00	10.00	10.00	10.00	10.00	10.00	10.00	10.00	0
天津	9.48	9.59	9.66	9.72	9.77	9.79	9.84	9.89	9.72	0.41
河北	8.19	8.39	8.56	8.71	8.83	8.92	9.05	9.10	8.72	0.91

续表

2014—2021 年京津冀普通高中教师学历合格率的指数变化

年份 地区	2014 年	2015 年	2016 年	2017 年	2018 年	2019 年	2020 年	2021 年	平均值	八年内 变化值
北京	10.00	10.00	10.00	10.00	10.00	10.00	10.00	10.00	10.00	0
天津	9.92	9.94	9.95	9.95	9.96	9.97	9.99	9.97	9.96	0.05
河北	9.78	9.77	9.83	9.78	9.86	9.88	9.93	9.91	9.84	0.13

2014—2021 年京津冀基础教育教师学历合格率的指数变化统计

年份 地区	2014 年	2015 年	2016 年	2017 年	2018 年	2019 年	2020 年	2021 年	平均值	八年内 变化值
北京	10.00	10.00	10.00	10.00	10.00	10.00	10.00	10.00	10.00	0
天津	9.63	9.73	9.78	9.83	9.84	9.86	9.91	9.93	9.81	0.3
河北	9.11	9.23	9.34	9.42	9.50	9.55	9.63	9.64	9.43	0.53

如上表所示，八年间，京津冀基础教育教师学历合格率指数均有所上升。与2014 年相比，2021 年北京市该指数保持不变，为满分；天津市该指数增加了0.3，为 9.93；河北省该指数增加了 0.53，为 9.64。

2. 基础教育高级职称教师指数(见表 4.16)

表 4.16　**2014—2021 年京津冀基础教育高级职称教师占比的指数变化**

2014—2021 年京津冀小学高级职称教师占比的指数变化

年份 地区	2014 年	2015 年	2016 年	2017 年	2018 年	2019 年	2020 年	2021 年	平均值	八年内 变化值
北京	6.68	6.65	7.26	7.34	7.80	9.19	9.09	9.21	7.90	2.53
天津	10.00	10.00	10.00	10.00	10.00	10.00	10.00	10.00	10.00	0
河北	6.37	6.53	6.66	6.65	6.66	6.36	7.34	7.90	6.81	1.53

2014—2021 年京津冀初中高级职称教师占比的指数变化

年份 地区	2014 年	2015 年	2016 年	2017 年	2018 年	2019 年	2020 年	2021 年	平均值	八年内 变化值
北京	6.25	6.25	7.39	7.61	7.94	8.17	8.07	8.01	7.46	1.79
天津	10.00	10.00	10.00	10.00	10.00	10.00	10.00	10.00	10.00	0
河北	5.01	5.68	5.89	5.62	5.35	5.12	5.14	5.25	5.38	0.24

续表

2014—2021 年京津冀普通高中高级职称教师占比的指数变化

年份 地区	2014 年	2015 年	2016 年	2017 年	2018 年	2019 年	2020 年	2021 年	平均值	八年内 变化值
北京	9.45	9.59	10.00	10.00	10.00	10.00	10.00	10.00	9.88	0.55
天津	10.00	10.00	9.49	9.52	9.60	9.66	9.85	9.94	9.76	-0.06
河北	6.53	7.11	6.77	6.40	6.04	5.72	5.40	5.07	6.13	-1.46

2014—2021 年京津冀基础教育高级职称教师占比的指数变化统计

年份 地区	2014 年	2015 年	2016 年	2017 年	2018 年	2019 年	2020 年	2021 年	平均值	八年内 变化值
北京	7.46	7.50	8.22	8.32	8.58	9.12	9.05	9.07	8.41	1.61
天津	10.00	10.00	9.83	9.84	9.87	9.89	9.95	9.98	9.92	-0.02
河北	5.97	6.44	6.44	6.22	6.02	5.73	5.96	6.07	6.11	0.1

如上表所示，八年间，基础教育高级职称教师指数呈上升趋势。与 2014 年相比，2021 年北京市该指数增加了 1.61，达到 9.07；河北省该指数增加了 0.1，达到 6.07；天津市该指数略有下降，为 9.98。但是在平均值方面，由高到低依次为天津市、北京市、河北省，其中天津市的平均值高达 9.92。

3. 基础教育年度贡献率指数(见表 4.17)

表 4.17　**2014—2021 年京津冀基础教育年度贡献率的指数变化**

2014—2021 年京津冀小学年度贡献率的指数变化

年份 地区	2014 年	2015 年	2016 年	2017 年	2018 年	2019 年	2020 年	2021 年	平均值	八年内 变化值
北京	1.46	1.43	1.40	1.37	1.39	1.39	1.43	1.51	1.42	0.05
天津	1.02	1.01	1.02	1.02	1.02	1.03	1.05	1.10	1.03	0.08
河北	10.00	10.00	10.00	10.00	10.00	10.00	10.00	10.00	10.00	0

2014—2021 年京津冀初中年度贡献率的指数变化

年份 地区	2014 年	2015 年	2016 年	2017 年	2018 年	2019 年	2020 年	2021 年	平均值	八年内 变化值
北京	1.34	1.20	1.10	1.02	0.99	1.04	1.10	1.13	1.11	-0.21
天津	1.17	1.11	1.05	1.01	0.99	1.02	1.07	1.10	1.06	-0.07
河北	10.00	10.00	10.00	10.00	10.00	10.00	10.00	10.00	10.00	0

2014—2021 年京津冀普通高中年度贡献率的指数变化

年份 地区	2014 年	2015 年	2016 年	2017 年	2018 年	2019 年	2020 年	2021 年	平均值	八年内 变化值
北京	1.61	1.46	1.34	1.27	1.16	1.08	1.06	1.07	1.26	-0.54
天津	1.54	1.43	1.35	1.27	1.20	1.12	1.11	1.16	1.27	-0.38
河北	10.00	10.00	10.00	10.00	10.00	10.00	10.00	10.00	10.00	0

2014—2021 年京津冀基础教育年度贡献率的指数变化统计

年份 地区	2014 年	2015 年	2016 年	2017 年	2018 年	2019 年	2020 年	2021 年	平均值	八年内 变化值
北京	1.47	1.36	1.28	1.22	1.18	1.17	1.20	1.24	1.27	-0.23
天津	1.24	1.18	1.14	1.10	1.07	1.06	1.08	1.12	1.12	-0.12
河北	10.00	10.00	10.00	10.00	10.00	10.00	10.00	10.00	10.00	0

如上表所示，2014—2021 年，河北省基础教育年度贡献率指数没有发生变化，得分都为满分；北京市和天津市该指数非常低下，远远落后于河北省，北京市八年内的平均值仅为 1.27，天津市八年内的平均值仅为 1.12。

4. 京津冀基础教育质量指数的比较(见表 4.18)

表4.18　　　　　　**2014—2020年京津冀基础教育质量指数及排名变化情况**

年份 地区	教育投入指数									排名及排名变动		
	2014年	2015年	2016年	2017年	2018年	2019年	2020年	2021年	八年内 变化值	2014年	2021年	排名 变动
北京	6.31	6.29	6.50	6.51	6.59	6.76	6.75	6.77	0.46	3	3	→
天津	6.96	6.97	6.92	6.92	6.93	6.94	6.98	7.01	0.05	2	2	→
河北	8.36	8.56	8.59	8.55	8.51	8.43	8.53	8.57	0.21	1	1	→

注：→表示2014年相比2021年排名维持不变；↓表示排名后退；↑表示排名上升。

从表4.18可以看出，2021年，河北的教育质量指数得分最高，为8.57；北京得分最低，为6.77。与2014年相比，2021年三省市的排名均没有改变。

图4.3具体展示了2014—2021年京津冀三地基础教育质量指数趋势变化。

图4.3　2014—2021年京津冀基础教育质量指数变动情况

八年间，三地教育质量指数变化比较平稳。河北省排名始终为第一。除此之外，北京市该指数总体呈上升趋势，与2014年相比，上升了0.46，天津市发展最为平稳，变化值仅为0.05。

（四）基础教育发展指数

为了进一步了解三地义务教育发展及差异的变化趋势，本研究将2014—2021年的总体发展指数作了对比，结果见表4.19。

表 4.19　　　　2014—2021 年京津冀基础教育发展指数及排名变化情况

年份 地区	教育投入指数									排名及排名变动		
	2014 年	2015 年	2016 年	2017 年	2018 年	2019 年	2020 年	2021 年	八年内 变化值	2014 年	2021 年	排名 变动
北京	8.57	8.56	8.58	8.60	8.59	8.63	8.69	8.58	0.01	1	1	→
天津	7.75	7.77	7.58	7.42	7.32	7.40	7.31	7.42	−0.33	2	2	→
河北	7.14	7.25	7.28	7.26	7.17	7.29	7.41	7.34	0.2	3	3	→

注：→表示 2021 年相比 2014 年排名维持不变；↓表示排名后退；↑表示排名上升。

从表 4.19 可以看出，2021 年，北京的教育发展指数得分最高，为 8.58；河北得分最低，为 7.34。八年来，北京市该指数增加了 0.01，天津市下降了 0.33，河北省增加了 0.2。排名方面，2021 年和 2014 年相比没有变化，依次是北京市、天津市、河北省。图 4.4 具体展示了 2014—2021 年京津冀三地基础教育发展指数的趋势变化。

图 4.4　2014—2021 年京津冀基础教育发展指数变动情况

如图 4.4 所示，八年间三地的教育发展指数差距较大，北京市该指数明显高于天津、河北两地。2015 年，天津的教育发展指数达到最高值 7.77，随后呈现逐年下降的趋势。此外，北京市该指数的变化呈平稳状态，平均值为 8.6。河北省该指数也基本呈现小幅度上升趋势，与 2014 年相比，上升了 0.2。

三、京津冀基础教育均衡发展的监测结果

通过上文的图表编制、数据分析和量化呈现，从内容质性的理解视角可以得出以下结论：

首先，从京津冀基础教育教育机会的指数来看，三省市的小学净入学率普遍高于国家平均水平，处于第一梯队；在升学率和保留率方面，天津市表现最好，其次为河北省，北京市最差。这一方面体现了天津在基础教育机会方面与京冀相比的优势地位，另一方面也体现出有限的优质教育资源与教育机会均等之间的博弈。

其次，从京津冀基础教育投入的指数来看，北京市基础教育阶段的财力资源投入为三地中最好，具有教育经费总支出水平高、教育经费公用部分占比大、生均教育经费支出水平高、生均教育经费支出增长速度快的特点；由于学生数量的差距，天津的教育经费总支出水平远远低于北京，教育经费中公用部分占比小，生均教育经费支出处于北京、河北两地的中间水平，与北京还有较大差距，但增长稳定；河北在三地的教育经费支出比较中处于最劣势地位，虽然教育经费总支出水平高，但学生基数大，生均教育经费支出远远低于京津，近年来生均教育经费增长速度缓慢，同时还存在教育经费公用部分占比较低的问题。

再次，从京津冀基础教育质量的指数来看，三省市均处于比较平稳状态，其中河北省的基础教育贡献率远高于北京和天津，说明河北省的教育培养责任之重。

最后，从京津冀基础教育发展总指数来看，八年来，北京市与河北省的基础教育发展水平都取得了不同程度的进步。然而，不容忽视的是，河北的基础教育水平仍然很薄弱。与京津两地相比，尤其是河北教育发展指数的教育公平方面体现得还很不够，河北的基础教育发展还有很大的成长空间。

综合而言，八年的检测结果表明，京津冀基础教育向趋于均衡的发展目标的推进进程十分缓慢，河北省的基础教育在硬件和软件方面与京津仍有较大差距。另外，京津虽然具有基础教育服务的专业化优势，但还不足以向周边地区提供扩散性服务。

以上从教育机会、投入、质量三个维度的具体指标，以及量化统计的程序、

步骤和手段结束，测算京津冀三地基础教育的具体现状、情形，更有客观性和说服力，为科学、有效和精准解决京津冀基础教育协同发展中的困难和瓶颈，提供了扎实可靠和有针对性的论据资源。三地政府在推动京津优质教育资源向河北省较弱地区扩散的过程中，应构建三地基础教育全面、系统性协同的规划。该规划应致力于实现三地基础教育在合作过程中的共同成长、互相支持，以及在优势互补方面的战略性布局。总之，京津冀三地基础教育之间存在的客观差异是不争的事实，然而，通过彼此间的协作活动，这些差异亦可转化为促进变革的动力。

第二节　京津冀基础教育协同发展的实施阶段

推动京津冀协同发展，是党中央、国务院在新的历史条件下作出的重大决策部署。京津冀三地教育部门坚定不移贯彻落实习近平总书记有关京津冀协同发展、雄安新区的宏伟规划及新时代现代化建设精神。尤其是对于北京城市副中心建设等新世纪蓝图远景和辉煌前程的精心描绘、周密擘画，以及高瞻远瞩、气势恢宏的战略指引意义，他在近期考察雄安新区时又作出的一系列重要指示，是现实操作运行的具体指南。京津冀基础教育战线的学校、师生全面落实中央各项工作要求，遵循总书记的正确领导，开展一系列形式多样的教育交流合作，京津冀基础教育协同发展由此取得积极推进。鉴于本书第五章"京津冀基础教育协同发展的实然态势"将分近京津地区、环京津地区、远京津地区和雄安新区四个模块分别叙述京津冀基础教育协同发展推进现状，为此，本章节在讨论"京津冀基础教育协同发展的现实推动"时，拟主要介绍中央对京津冀教育协同发展的政策引领、京津冀三省市最高政府层面的方案设计、融合京津冀三省市教育系统参与的交流活动等三方面内容。为了进一步体现京津冀基础教育协同的活力，此处将京津冀基础教育协同发展进程中涉及面相对较小、带有微观层面特征的校际合作纳入进来，加以考察，以体现宏观与微观结合的效果。

一、国家京津冀教育协同发展的政策引领

国家相关政策文件的出台，形成了京津冀协同发展的坚实基础，具备了良好的政策保障。从该层面上看，这些重大政策也激活了教育协同发展的"内驱力"。

（一）《京津冀协同发展规划纲要》

2015 年 4 月 30 日，中共中央政治局召开会议审议通过《京津冀协同发展规划纲要》，标志着京津冀一体化协同发展正式成为国家级重大战略，同时也意味着京津冀协同发展的顶层设计基本完成，推动实施这一战略的总体方针已经明确。从国际与国内区域一体化发展的案例来看，区域一体化协同发展必然促进区域内教育系统的协同合作，而教育系统的协同合作也将推动区域内经济、社会、文化的一体化进程。与此同时，《规划纲要》指出：推动京津冀协同发展是一个重大国家战略，核心是有序疏解北京非首都功能，调整经济结构和空间结构，走出一条内涵集约发展的新路子，探索出一种人口经济密集地区优化开发的模式，促进区域协调发展，形成新的增长极。这就使得很多过去难突破的行政壁垒和重大项目，在新的国家战略引领和高层协调下，正在深入推进和逐步落地。京津冀教育的协同进程正是在此背景下，突破传统的行政区划间"各自为政"的教育运行方式，实现区域内基础教育有效治理的一次尝试。

（二）《国民经济和社会发展第十三个五年规划纲要（2016—2020年)》《中华人民共和国国民经济和社会发展第十四个五年规划和 2035年远景目标纲要》

国家"十三五"规划纲要（2016—2020 年）首次以八节单章的形式介绍京津冀协同发展，专门强调了京津冀协同发展要"坚持优势互补、互利共赢、区域一体，调整优化经济结构和空间结构，探索人口经济密集地区优化开发新模式，建设以首都为核心的世界级城市群"，并指出有序疏解北京非首都功能的重点是"疏解高耗能高耗水企业、区域性物流基地和专业市场、部分教育医疗和培训机构、部分行政事业性服务机构和企业总部等"。另外，"十三五"规划纲要（2016—2020年)在第三十三章第一节明确提出："优化提升东部地区城市群，建设京津冀、长三角、珠三角世界级城市群。""十四五"规划纲要（2021—2025 年）在第三十一章"深入实施区域重大战略"第一节将"加快推进京津冀协同发展"中要求：紧抓疏解北京非首都功能"牛鼻子"，构建功能疏解政策体系，实施一批标志性疏解项目。高标准高质量建设雄安新区，加快启动区和起步区建设，推动管理体制创新。高质量建设北京城市副中心，促进与河北省三河、香河、大厂三县市一体化发展。推动天津滨海新区高质量发展，支持张家口首都水源涵养功能区和生态环境支撑区建设。提高北京科技创新中心基础研究和原始创新能力，发挥中关村国家自主创新示范区先行先试作用，推动京津冀产业链与创新链深度融合。基本建成轨道上的京津冀，提高机场群港口群协同水平。深化大气污染联防联控联治，强化华北地下水超采及地面沉降综合治理。

作为我国发展最权威的纲领性文件，"五年发展规划纲要"是指引全党全军全国各族人民凝心聚力、向第二个百年奋斗目标进军的行动指南，"十三五"发展规划纲要和"十四五"发展规划纲要中关于京津冀协同发展的一系列表述，为三省市深入推进基础教育领域的协同发展提供了方向引领和政策保障，坚定了三省市科学高效实施跨区域基础教育协作发展的信心。

二、三省市关于京津冀教育协同发展的部署

京津冀区域是全国优质教育资源集中地，同时也是国家的人才和研究成果的提供者。因此，该区域在教育领域被赋予了重要使命。既要为国家建设教育强国、世界一流大学和一流学科贡献力量，同时也应为区域经济和社会协调发展提供重要支撑。京津冀区域基础教育合作并非一般意义上的"增量式变革"，更多的是中观层面上的"存量变革"尝试。京津冀在基础教育领域合作有着较好的历史基础，尤其是近十年来，在实际工作中进行了一系列卓有成效的探索和实践。

（一）为京津冀教育协同发展做好顶层设计

随着京津冀协同发展战略的深入推进，三省市也在积极制定自己具体的安排部署意见和要求。《中共北京市委北京市人民政府关于贯彻〈京津冀协同发展规划纲要〉的意见》指出："京津冀协同发展，是适应人民群众新期待、解决'大城市病'、实现北京可持续发展、建设国际一流和谐宜居之都的根本出路，是充分发挥首都资源优势、加快转方式调结构、提升发展水平和城市品质、更好地服务国家发展的战略抉择，为北京可持续发展提供了历史机遇。""解决北京'大城市病'、优化提升首都核心功能，必须以疏解非首都功能为先导和突破口，要坚持'控'与'疏'双管齐下。""在'控'方面，要制定更加完善严格的产业限制项目和

人口调控目标，坚决守住各类功能禁止和限制底线，严格控制新增人口；在'疏'方面，要遵循疏解规律，把握节奏，加强配合，协调好利益关系，使疏解工作有序有效。"①

《天津市贯彻落实〈京津冀协同发展规划纲要〉实施方案》在"强化人才支撑体系"和"创新协同发展体制机制"中明确提出："创新职业教育模式。建设国家现代职业教育改革创新示范区，扩大高技能人才规模。完善人才激励机制。赋予市属高校和科研院所等事业单位科技成果使用和处置自主权，加大科研人员股权激励力度。完善以能力、业绩为导向的人才评价体系。""推动金融、土地、技术和信息、人力资源等要素市场一体化。落实京津冀协同发展产业转移对接企业税收收入分享政策。完善区域教育合作机制。构建与区域产业发展相适应的现代职业教育体系。"②

《中共河北省委、河北省人民政府关于贯彻落实〈京津冀协同发展规划纲要〉的实施意见》指出："推动京津冀协同发展，坚决落实党中央、国务院重大决策部署，立足河北的战略功能定位，以服务北京非首都功能疏解和补齐河北发展短板为基本出发点，深化改革开放，实施创新驱动，着力打造新的经济增长极，着力提升新型城镇化水平，着力扩大生态环境容量，着力推动公共服务共建共享，努力在京津冀协同发展中实现河北绿色崛起，为打造中国经济发展新的支撑带作出积极贡献。""要立足河北的功能定位，抓住落实纲要的关键率先突破，具体要抓好六个关键点。一是建设一批现代产业园区；二是建设一批明星卫星城镇；三是建设一批生态标志工程；四是建设一批交通骨干项目；五是建设一批新的产业引擎；六是建设一批生态脱贫片区。"③

上述三项省级指导性文件的出台，为三省市跨区域基础教育合作提供了制度保障。在此背景下，三省市各级政府和教育行政部门通力合作，共绘京津冀基础教育协同发展蓝图。

①　马北北．北京市加快行政副中心规划建设［EB/OL］．（2015-07-12）［2024-07-21］．https：//zqb．cyol．com/html/2015/07/12/nw．D110000zgqnb_20150712_5-01．htm．

②　《天津市贯彻落实〈京津冀协同发展规划纲要〉实施方案》解读［J］．中国资源综合利用，2015，33（9）：10-19．

③　河北通过贯彻《京津冀协同发展规划纲要》的意见［J］．城市规划通讯，2015（14）：9．

1. 常态化召开京津冀教育协同发展推进会

2017 年 2 月 17 日，京津冀三省市在廊坊召开京津冀教育协同发展工作推进会，并联合发布了《"十三五"时期京津冀教育协同发展专项工作计划》和《京津冀教育对口帮扶项目》。"十三五"时期，京津冀教育协同发展将重点推进十大项目。它们分别是：教育领域非首都功能疏解合作、北京城市副中心与津冀毗邻地区教育统筹发展、京津冀基础教育合作、京津冀教育人才队伍建设、京津冀教育对口帮扶、京津冀职业教育人才培养合作、职业教育统筹协作平台建设、京津冀大学生思想政治教育工作协作、京津冀高等教育资源共享、京津冀教育协同发展科学研究等。其中，教育对口帮扶项目重点是在基础教育、职业教育教学管理以及师资队伍建设等相关领域对河北省张、承、保三市及 21 个贫困县进行扶持；通州区与天津市武清区、河北省廊坊市三地重点在学校共建、资源共享、研训协同、师生交流等方面开展教育合作，探索跨越行政区划的教育协同发展有效模式和路径。

2019 年 1 月 7 日，京津冀三省市最高教育行政部门在雄安新区召开京津冀教育协同发展工作推进会。会议重点介绍了《京津冀教育协同发展行动计划（2018—2020 年）》的主要内容，包括优化提升首都教育功能、高水平配置北京城市副中心教育资源、全力支持雄安新区建设、完善津冀教育承接平台、促进区域基础教育深度融合、加强协作提升教师能力素质、加快优质基础教育资源共建共享、依托职业教育集团促进院校服务能力升级、推动技术技能人才联合培养、推进三省市职业教育协同发展、优化高等教育协同育人体系、构建高等学校协同创新体系、提升高等教育资源共享水平、搭建协同管理机制、健全组织实施机制、完善配套政策保障等 16 条措施。同时，谋划了 2019 年京津冀教育协同发展重点工作：统筹京津冀师范院校资源，在河北省贫困县挂牌建设教师培训基地，辐射周边区域，大力提升当地教师专业化水平；启动天津市属特色高中援建雄安新区项目，签署对口援助协议并正式挂牌，支持雄安新区基础教育质量提升；开展通州区、武清区和廊坊市（以下简称"通武廊"）地区基础教育"同上一堂课"，促进三地优质教学资源共建共享；开展京津冀跨省市高职单独招生试点，重点培养冬奥会、学前教育、护理、金融管理、新能源、电子商务等领域职业技能人才，探索符合协同发展需求的高职院校招生录取政策；推进北京市优质职业教育资源到河北省廊坊市北三县地区开展合作办学，大力提升区域职业教育发展水平；举办京津冀高校联盟论坛，总结联盟建设成效，研究重点推进项目，深化区域高等教育合作。另外，京津冀三地教育部门、部分学校负责人围绕教师教育、职业教育、高等教育协同发展进行了座谈交流。

2021 年 10 月 19 日，北京市教委、天津市教委、河北省教育厅在雄安新区召开京津冀教育协同发展工作推进会，总结"十三五"以来三地教育协同发展取得的主要成果，对未来五年教育协同发展工作安排进行研究谋划。会上，三地教育部门主要负责同志共同签署了《"十四五"时期京津冀教育协同发展总体框架协议（2021—2025 年）》，该协议提出了六个层面的京津冀教育共建重点内容：继续发挥战略合作平台作用，持续推进交流合作向纵深发展，全面提升京津冀教育协同发展水平；将全力做好在京高校疏解，进一步发挥北京"建三援四"项目学校辐射带动作用，为雄安新区居民和疏解人员子女提供优质教育公共服务；围绕北京城市副中心建设，共同提升区域教育发展水平；采取教育集团、学校联盟、结对帮扶、开办分校等方式，引入更多京津基础教育学校到河北开展合作办学，联合开展冰雪运动、校园足球等交流活动；精准对接区域经济社会发展需求，持续推进跨省市高职单招试点，稳步扩大互相招生规模。进一步健全高校协同创新机制，加强高校联盟建设；持续组织实施"中小学骨干校长教师赴京跟岗学习"项目，共同组织开展三地高校思政工作者交流研讨活动。同时，北京市教委相关负责人表示，将研究推进北京教育资源向北三县延伸布局。

2023 年 10 月 8 日，2023 年京津冀教育协同发展工作会议在北京召开，北京市教委、天津市教委、河北省教育厅共同签署《京津冀教育协同发展行动计划（2023 年—2025 年）》。针对提升基础教育学段的教育水平，《行动计划》提出要促进基础教育共建共享，比如：持续开展京津冀幼儿园及中小学教师、校（园）长挂职交流、互访互学等活动，共享优质数字教育、实践基地等资源，依托北京教育学院、首都师范大学、天津师范大学开展基础教育师资培训，提升干部教师素养和能力；采取教育集团、学校联盟、结对帮扶等方式开展跨区域合作办学，推进张家口、承德等地教育资源共建共享，协同提升区域教育水平；积极推进"京津冀基础教育课程改革联盟专业支持项目"，推动优质数字资源共享，面向教师学生开放，推动班主任共同体建设，加强学校体育美育合作，联合开展冰雪运动、校园足球、青少年阅读、语言文化交流等活动；结合雄安新区建设时序，规划建设高水平中小学幼儿园，为疏解人员及新区居民子女提供优质教育服务；推进北京城市副中心与河北北三县教育协同发展，采取合作办学、远程教育、网络资源共享等形式深化教育交流合作。同时，与会代表还围绕《京津冀教育协同发展行动计划》《推进京津冀教育协同发展工作机制》《推进京津冀思政课建设工作协同发展工作方案》等文件的落地落实，以及今后一段时期的工作思路、重点任务等进行了深入研讨交流。

2. 专门签订一系列推进京津冀基础教育协同发展的合作协议

2015 年 10 月，北京市教委与河北省教育厅在石家庄市签订了《京冀两地教育协同发展对话与协作机制框架协议》。根据《协议》，两地将建立京冀两省市教育行政部门主任、厅长联席会议制度，定期会商两省市教育协同发展的顶层设计，协调解决两省市教育协同发展面临的热点、难点问题。主任、厅长联席会议制度之下，两省市教育行政部门分管领导、责任处室之间也层层建立联席会议制度，协调解决分管负责领域的协同发展问题。主任、厅长联席会议将每年召开一次，轮流承办。会后，双方签署并联合制发《京冀两地教育协同发展联席会议纪要》。同时，两地将组建京冀两地教育协同发展研究机制，组织开展交流活动，并建立信息发布平台。

2016 年 5 月，河北省教育厅组织教育考察团赴北京考察，并召开京冀教育协同发展座谈会。会议期间，京冀教育部门签署了《北京市"数字学校"教育资源共享协议》《中小学校长教师培训项目合作协议》《京冀职业教育协同发展框架协议》和《教育督导协作机制框架协议》四个教育合作协议，在多个领域加强合作。据了解，这是继 2015 年 10 月以来，北京市教委与河北省教育厅在石家庄签订《京冀两地教育协同发展对话与协作机制框架协议》后，两地田田田再度携手，共同开启教育协同发展的新起点和新征程。

2016 年 6 月，为加强京津冀教育督导全方位沟通与协商，建立务实合作、高效开放的区域教育督导体系和协作工作机制，京津冀三地签署教育督导协作机制框架协议。按照《协议》，三方将密切沟通，在教育督导评估和监测协作研究、共同组建教育督导专家库实现资源共享等方面开展合作；三方将建立协同发展联席会议制度，每年召开一次督导部门主任联席会，由三地轮流举办，定期会商区域教育督导协同发展重大任务，研究区域教育督导协同开展重点工作，确定教育督导协同、协作工作项目与实施方案，推动各项工作任务落实；三地将建立教育督导评估与监测协作研究机制，由教育督导部门统筹、三地教育督导评价研究机构参加，相关科研院所、院校等为成员单位，围绕推进京津冀教育督导协作发展的重要政策、重大问题开展课题研究，提供决策咨询和参考，三地教育督导部门要统筹各级各类教育督导评估与质量监测资源，组建教育督导专家库，实现资源共享，为协作开展教育督导评估与质量监测工作提供专家资源保障；三地还将建立教育督导评估监测协作机制与督学培训机制，协作开展教育督导评估与质量监测，探索共同组织、协同开展、交叉互动、协作完成区域督导工作，统筹开展督学培训研修；定期组织开展多形式、多层级的督导调研、学习考察、督导论坛或研究交流会等交流活动。

2017 年 2 月，河北省廊坊市、北京市通州区、天津市武清区教育部门共同签署《教育协同发展合作协议》。按照协议，"通武廊"三区将在普通高中、初中和小学阶段，由三地部分优质品牌同类校组建十个基础教育协同发展共同体，在学校管理、师资培养、课程建设、资源共享、学生活动等多方面开展交流合作，发挥三地优势和特色，建立合作共赢平台。每个协同发展共同体由三地各一所学校组成，成员学校为三个。同时，三地教育行政部门还将共享干部教师培训资源，联合培养培训骨干校长（园长）和学科名师，共同打造教育家队伍；合作组织开展校长、中层干部挂职锻炼、校长论坛、校长高级研修，以及教师、教研员联合培养培训。另外，三地还将根据协议共享网络教育资源、组织学生开展交流联谊活动等。

2017 年 8 月，京津冀三地共同签署了《推进京津冀教育协同发展备忘录》，就制定落实《京津冀教育协同专项规划》行动计划、服务雄安新区建设、优化教育资源布局、探索三省市义务教育深度融合等重点任务达成共识。具体内容包括，支持河北教师队伍建设、推进职业教育人才培养合作、落实京津冀教育对口帮扶项目、落实京津冀高等教育同城化试点、实施京津冀大学生思想政治教育工作协作项目和建立统筹协调机制等十项内容。

2017 年 10 月，天津市教委发布《京津冀协同发展教育专项规划》，为该市全面融入京津冀教育协同发展制定出时间表和路线图。根据《规划》，到 2020 年，天津市教育将全面融入京津冀协同发展，承接优质教育资源取得较大进展，初步形成京津冀教育协同发展、互利共赢的良好局面；到 2030 年，京津冀教育协同发展机制健全，京津冀区域教育一体化格局基本形成，建成与世界级城市群相匹配、具有国际竞争力的区域现代教育体系。该《规划》进一步明确了天津市在京津冀教育协同发展领域中的五大任务：一是优化教育资源布局，提升教育服务功能；二是提高公共教育服务能力，促进京津冀基础教育优质均衡发展；三是发挥示范区辐射功能，加快京津冀职业教育与产业融合发展；四是推动京津冀高等教育协同发展，加速本市高校综合实力跨越提升；五是适应京津冀世界级城市群定位需求，全面提升本市教育国际化水平。

2018 年 1 月，京津冀三区市教育联盟（"大北廊"教育联盟）在河北省廊坊市召开 2018 年度工作会议。2016 年年初，北京市大兴区、天津市北辰区、河北省廊坊市建立了三区市教育联盟，共同签署《教育联盟合作协议》，制定了《联盟章程》，确定了《"一、十、百、千、万"工程方案》。该联盟成立两年多来，在管理、教学、素质教育等多方面进行了许多有益尝试。此次会议由北辰区教育局总结 2017 年教育联盟工作，并对 2018 年度工作提出建议，廊坊市教育局就 2018 年合作项目的谋划情况进行具体汇报沟通，三区市教育部门相关负责同志在牢牢把握京津冀教育协同发展主旋律的基础上座谈交流、深入对接，共同就 2018 年联盟工作合作方案进行细化和完善：一方面校长教师的联合培养培训，通过建立校长资源库和教师资源库，实现优质资源共享；另一方面加强校际合作，建立学校联盟，促进学校之间相互学习，共同发展提高。

2023 年 5 月，教育部与天津市政府签订战略合作协议。天津市委、市政府相关领导表示，天津市将坚决贯彻落实习近平总书记在深入推进京津冀协同发展座谈会上的重要讲话精神，以签署战略合作协议为契机，全力服务京津冀教育协同发展，加强与京冀在高校师资队伍、学科建设、成果转化等方面合作，高质量建设天开高教科创园，深化教育重点领域改革，推动教育事业高质量发展。教育部有关同志则指出，教育部将深入贯彻习近平总书记视察天津时的重要讲话和关于教育的重要论述精神，与天津同向同行、同题共答，积极服务京津冀协同发展大局；支持天津举办世界智能大会、建设天开高教科创园，部市合作办好世界职业技术教育发展大会、第九届中国国际"互联网+"大学生创新创业大赛；支持天津根据人口、产业、区域等结构性变化优化基础教育布局，聚焦实体经济发展和制造业提质升级，加强拔尖创新人才和卓越工程师培养，着力打造教育强国建设的天津样板，为全面建设社会主义现代化大都市提供人才支撑和智力保证。

3. 将促进京津基础教育协同发展列入议程

2019 年 9 月，北京市委、市政府发布《首都教育现代化 2035》，疏解非首都功能正式列入规划。北京市提出促进京津冀教育协同发展。严格执行本市新增产业禁限目录，优化高等教育结构布局，控制职业教育整体规模，强化基础教育支撑引导作用。推进北京城市副中心教育的规划、建设和发展。整体提升京津冀教育协同发展水平，全力支持河北雄安新区教育发展，促进区域基础教育优质发展，加快区域职业教育融合发展，推动区域高等教育创新发展。

2021 年 8 月，天津市教委出台的《天津市教育现代化"十四五"规划》明确指出，将通过实施促进教育合作与开放多项措施，推进京津冀教育协同深入发展；到 2025 年，京津冀教育协同发展取得新成果，教育开放水平进一步提升，教育发展的竞争力和影响力进一步增强。按照《规划》，天津市深入推进京津冀协同发展国家战略，积极承接北京非首都功能疏解，规划建设北京协和医学院天津校区，完善京津冀教育协同发展定期会商机制。对接滨海—中关村科技园等承载平台，统筹调配优质资源，做好基础教育设施配套。发挥全市教育特色优势，支持雄安新区教育发展。加强与中西部教育协作，打造教育帮扶天津模式，支持天津师范大学高质量建设京津冀教育协同发展实训基地。深化"通武廊"区域教育合作，推动"通武廊"基本教育公共服务均等化。支持雄安新区教育发展，办好天津市第一中学雄安校区、天津市职业大学雄安新区培训基地、天津市第一商业学校雄县分校。

2023 年 1 月，《天津市教委关于印发重大行政决策规定的通知》明确将京津冀教育协同发展列入重大行政决策事项范围。具体包括：关于京津冀教育协同发展、教育协作支援、教育对外开放（国际合作与交流）、港澳台事务、依法行政和依法治教、教育系统重大安全稳定、加强立德树人和全面实施素质教育、教育系统人才建设等方面的重大事项。

2023 年 3 月，天津市教委发布《市教委关于成立市教育两委京津冀协同发展工作专班的通知》，决定成立市教育两委京津冀协同发展工作专班，并明确了相关处室和部门的职责。其中，(1)发展规划处负责制订京津冀协同发展规划，引导京津冀高校健全协同创新机制，落实三地共建协议任务，统筹协调和推动京津冀教育协同发展的整体实施工作。稳步推进京津冀高职院校开展跨省市高职单独考试招生试点，扩大三地互相招生规模，加大京津高职招生计划向河北倾斜力度。(2)干部处负责推进三省市干部挂职交流工作。(3)高教处负责组建京津冀三省市高水平大学、应用(技术)型高校、师范院校等不同类型的高校联盟。建立三省市大型科学仪器设备库和在线课程共享平台。支持三地高校师生交流互访，继续推动大学生学科竞赛等平台面向京冀高校开放，进一步扩大合作领域。(4)科研处负责组织天津高校加强与三地地方政府、企业合作，共建重点实验室、技术中心、工程研究中心、产教联合体等创新服务平台，开展协同创新攻关与成果转化。鼓励高校发挥学科优势互补，共建研究生工作站，探索研究生联合培养。(5)职教处负责促进区域职业教育融合发展。推进京津冀职业教育通过新建校区、联合办学、产教融合等方式开展实质性合作。精准对接区域经济社会发展对技术技能人才需求，开展职业教育师资培训。(6)学生处负责加强京津冀三地大学生思想政治教育工作交流合作，举办京津冀"三全育人"论坛，促进京津冀三地高校思想政治工作协同发展。加强京津冀三地高校毕业生就业联动，联合开展毕业生线上双选会，加强就业创业师资交流和创业扶持资源共享。(7)中小学处负责深入推进京津冀基础教育课程改革联盟协同发展，拓展教育教学协作平台，促进京津冀基础教育高质量发展。(8)教师处负责加强培训交流，通过举办京津冀中小学校长研修班等形式，不断推进三地师资协同发展。(9)学前处负责加强与北京市、河北省两地的学前教育交流与合作，推进学前教育优质资源共享。通过结对帮扶，实现资源共享、管理共融、师资共育、文化共建、保教共研，搭建京津冀三地学前教育工作者相互学习的平台。(10)协作处负责根据市东西部协作和支援合作工作领导小组部署，组织教育对口帮扶河北承德及所属结对脱贫县工作，助力当地乡村振兴。(11)基建后勤处负责承接北京非首都功能疏解在津开办分校，协调相关市级部门支持学校推进工程建设项目的土地、规划、建设等各项工作。

（二）加快京津冀基础教育优质教育资源共建共享

在推进京津冀一体化发展进程中，基础教育协同发展扮演着重要角色。根据本书第四章第一节中关于京津冀基础教育现状差异比较的数据分析可得出，京津冀三地近年来可利用的教育资源呈增长趋势，但是三地之间的教育资源还存在着显著差距。面对长此以往的京津冀三地间教育资源差距显著的现状，促进京津冀基础教育优质资源的共享就成为基础教育协同发展的重中之重。

1. 召开京津冀基础教育协同研讨会

2016 年 4 月 26 日，由河北兴隆六道河中学、北京文汇中学、天津南开中学和北师大天津附中组成的四校联盟开展了语文、数学、英语"同课异构"教学观摩研讨会，兴隆县各所学校的骨干教师、承德市和唐山市的一些学校教师也参加了此次活动。这次"京津冀校际联动、同课异构"是在京津冀协同发展这一重大国家战略指导下，在合作校互助共生的基础上，打破校际工作界限，全面推动课堂教学改革，在教学方法、课堂面貌、师生状态等诸方面进行的探索和尝试。

2016 年 11 月，京津冀语言传播教育暨齐越精神研讨会在沧州市举行，与会专家汇聚沧州师范学院，深入探讨齐越精神，并就促进京津冀语言传播教育事业进步，推进京津冀语言文字事业协同发展提出合理化建议。据了解，齐越先生是新中国第一代播音艺术家代表，曾在河北省沧县参加劳动锻炼，与当地百姓结下了深厚感情。为弘扬齐越精神，传承先生的播音艺术，河北省在沧州师范学院建设齐越教育馆，成立齐越教育研究中心和京津冀语言传播教育活动中心。

2016 年 12 月，京津沪渝冀教育法治工作交流会在北京市、河北省张家口市两地举行。该会议吸引了天津市教委、上海市教委、重庆市教委和河北省教育厅负责政策研究与法治工作的领导和工作人员以及专家学者共计 20 余人参加会议。一方面，会议聚焦教育法治工作，与会同志介绍了各省市开展教育行政执法工作和中小学章程建设的有关情况和经验，并对北京市中小学章程建设实施意见及样本进行了论证。另一方面，与会代表调研了张家口市教育改革发展总体情况和西湾子小学法治教育情况，并达成了"北京共识"，提出要密切区域间教育法治工作交流，每年轮值召开一次研讨会，在课题研究、主题活动、教师培养、资源共享等方面加强合作。

2017 年 4 月，京津冀中语教研协作体部编本教材语文教学研讨会在天津市举行。本次研讨会由天津市中小学教育教学研究室、人民教育出版社、北京教育科学研究院基础教育教学研究中心、河北省教育科学研究所共同主办，由天津一中协办，天津市育贤中学等单位承办。本次会议共设三个会场，其中育贤中学为主会场，京冀两地各设分会场，通过教研网络平台面向全国进行全程直播。研讨会上，京津冀三地教师以同课异构的形式执教部编本语文教材七年级下册第四单元写作教学。天津市育贤中学教师刘丽娜以《寻找温暖的记忆》为题，从发散思维、聚焦思维再到训练拓展，训练学生如何选材；东北师大附中朝阳学校教师张钧从亲情入手，讲练四个学习小组的作文选材提纲，由学生主持、讨论，教师加以点拨；河北省石家庄市第四十一中学教师李瑞光以知识图表的形式呈现如何选材，再通过名家范文导读，进行重点训练，给学生留下深刻印象。

2017 年 12 月，由天津市语委主办、滨海新区教体委承办的"2017 年京津冀中学生汉字听写大会"，在天津市实验中学滨海学校举行，京津冀三地语委办负责同志参会。本届汉字听写大会以"书写规范汉字，传承中华文明；加强地区交流，促进协同发展"为主题，旨在加强京津冀地区学生交流，提升学生通用语言文字应用能力和规范汉字书写水平，营造广大青少年热爱并传承祖国优秀传统文化的浓厚氛围，促进京津冀地区语言文字事业蓬勃发展。来自京津冀地区六支学校代表队的 30 位选手参加了比赛。经过积分赛与淘汰赛两个比赛环节的角逐，河北省沧州市第八中学、河北省定州市英才实验中学和天津市大港油田第一中学代表队分别获得本届比赛团体前三名；定州市英才实验中学王诗森、大港油田第一中学王佩瑶和蓟州区渔阳中学刘宇轩获得"汉字听写之星"奖。

2018 年 3 月，由天津市红桥区委区政府、北京市教育学会、天津市教育学会主办，红桥区教育局承办的"2018 京津冀教育协同发展研讨会暨徐长青工作室简约教学校际联盟活动"在红桥区教师进修学校举行。来自京津冀及山东德州地区的徐长青工作室成员和简约教学研究基地校的校长共计 160 余人参会，与会成员围绕如何发挥名家工作室的专业引领作用，促进京津冀教育协同发展进行了交流。活动对在促进京津冀教育协同发展中作出贡献的老师进行了表彰，并接受河北省雄县第一小学、保定莲池区青堡小学和阜平县白河学校的申请，成为校际联盟成员单位，现场举行授牌和签约仪式。

2018 年 10 月，京津冀基础教育(小学)协同发展研讨会在天津市召开。北京市通州区教委、河北省廊坊市教育局、天津市教委、天津市教科院以及武清区教育局、武清区教研室等部门相关负责人、教育专家及教育工作者参会。会议就新时代小学管理模式及课堂教学的策略与方法进行探讨、交流，对新时代小学教育中落实立德树人根本任务和提高教育教学质量的方式方法进行研究、商讨。活动中，与会人员听取了武清区关于近年来基础教育（小学）发展变化的汇报，观看了来自杨村第八小学、第十小学、第十六小学的特色活动展示，观摩了杨村第十小学的大课间及课堂教学展示，就议题"基于立德树人根本任务下的小学素质教育"进行了主题讨论。

2018 年 11 月，天津市南开区举办以"新时代新使命：基于核心素养培育的教育实践与创新"为主题的京津冀甘四地基础教育研讨会。四地百余名教育工作者齐聚一堂，探讨核心素养背景下的学科教育、学校管理与实践创新的新模式，商讨建立共研、共创、共享的区域合作新机制。在教师专场研讨会上，来自京津冀甘四地的五位优秀教师结合各自工作经验，分别从不同学科、不同视角，就基于核心素养培育下的教育实践进行了典型发言。在校长专场研讨会上，四地的校长代表分别结合各自学校的管理、实践与创新中核心素养的培育等问题作了精彩发言。

2018 年 12 月，京津冀基础教育（初中）协同发展论坛在河北省廊坊市举行。该论坛旨在分享教学实践中的经验做法，为推进京津冀教育协同发展作出积极努力。论坛上，三地教师讲授同课异构观摩展示课，为学生带来新鲜的听课体验。同时，来自北京市通州区玉桥中学、天津市武清区雍阳中学、河北省廊坊市第六中学的三位教师，结合各自的工作实践，分别就如何做好班主任工作、如何把学生培养成人成才等议题，进行了典型发言。

2020 年 12 月，南开区教育局、区教育学会举办第三届京津冀甘四地基础教育研讨会。该研讨会以"智慧教育助力基础教育高质量发展的实践与创新"为主题，基于"创新、协调、绿色、开放、共享的新发展理念"，探索核心素养背景下智慧教育助力基础教育高质量发展的实践与创新新模式。研讨会采取线上方式进行学术研讨，来自京津冀甘四地的 13 位干部、教师进行了深入交流。

2022 年 12 月，天津市武清区杨村第七小学、北京市通州区东方小学、河北省廊坊经济技术开发区第一小学联合开展了以"聚云端分享，拧共识致远"为主题的班主任工作经验分享活动。活动中，"通武廊"班主任分别就家校共育、班级管理、师生交流等内容进行了交流。

2023 年 5 月，第五届京津冀小学校长办学实践研讨会在北京召开。河北省正定县南化小学校长王彬作了典型发言，并在之后的日记中写道："京津冀三地校长办学经验面对面交流，让我们开阔了眼界，更找到了协同发展的同行者。"

2023 年 6 月，京津冀区域小学英语阅读教学研讨会在天津举行。此次研讨会以"赋能绘本阅读，转变育人方式，助推新课标落地"为主题，以发展学生核心素养为目标，重在探讨提升学生阅读素养的有效路径。会上，各位专家的学术报告为京津冀一线教师带来阅读教学新理念、新启示；来自北京市西城区中古友谊小学、天津市实验小学、天津市河北区大江路小学、河北省石家庄外国语教育集团小学部四所学校的一线教师带来现场研讨课，并就如何在课堂教学中培养和发展学生的阅读素养、丰富学生的阅读体验、加深学生的阅读理解、塑造学生的阅读品格等方面的内容进行了激烈讨论。

2. 搭建京津冀基础教育互动交流平台

2016 年 12 月，第二届京津冀中学生辩论赛决赛暨颁奖仪式在北京师范大学附属实验中学举行。该活动在京津冀三地语委的支持下，由北京市西城区语言文字工作委员会、北京语言文化建设促进会、北京市高中生辩论俱乐部共同举办，吸引了来自京津冀地区的北京市第四中学、北京师范大学附属实验中学、北京市第八中学、北京师范大学附属中学、北京市第十四中学、北京师范大学实验华夏女子中学、中国人民大学附属中学、北京一零一中学、北京市第二十中学、北京中学、北京昌平新东方外国语学校、天津市南开中学、天津市第二十中学、天津开发区第一中学、石家庄市第二中学、沧州市第二中学等 16 所中学参赛。在决赛中，北京中学和沧州市第二中学辩论队以"侠义精神适合/不适合当代社会"为题展开冠军争夺赛。最终，北京中学荣获本届比赛的冠军，沧州市第二中学荣获亚军。北师大实验中学和天津市第二十中学并列季军。决赛结束后，来自北京第二实验小学的小辩手们以"孝是/不是德之本"为题进行了精彩的交锋。据介绍，本届比赛的冠军将获得"东吴杯"的保送晋级资格，冠军、亚军将获得"亚洲杯""精英杯""狮城杯"的保送晋级资格。2019 年 10 月，天津市徐长青工作室与北京市柏继明工作室、河北省芦春艳工作室一起举行了三地特级教师工作室人才共享合作共赢签约仪式。本次签约的工作室领衔教师均为正高级教师或者特级教师，在区域乃至全国有较大影响力。签约仪式上宣读了北京市教委、天津市教委和河北省教育厅在雄安新区联合发布的《京津冀教育协同发展行动计划》，肯定了三地名师工作室在京津冀基础教育协同发展工作中的贡献。

2017 年 5 月，京津冀三省市共建的"京津冀中学历史网络学习社区"正式开通，该社区目前已经开通了基于电脑的网页端和手机微信的移动客户端，主要服务对象是京津冀三地的各校师生。创建这样的网络学习社区，一是为深度融合教育信息化，借助互联网平台，扩大学生获取学习资源的途径和范围，从而满足自主学习探究的需要，提升自我学习活动的有效管理；二是为努力打造"京津冀中学历史教学教研共同体"，通过网络社区实现跨时空的师生和生生之间的借助"网络学习社区"，三地师生围绕主题积极开展研学活动，并分享相关的历史资料、研究论文和体会认识等资源。

2017 年，天津市教研室建立了历史、语文和音乐三个"京津冀中学网络学习社区"。这是一个借助网络技术工具，促进学生深度学习的新型学习社区；也是一个跨越学校院墙，聚合全国优秀教师、专家和学生的新型学习团体。这一面向京津冀三地师生开放的网络学习社区，不仅可以使学生在自主学习、合作学习和探究学习过程中，提升学科核心素养，而且也是一个促进教师专业成长的新型学习平台。

2019 年 4 月，教育部"国培计划"中小学名校长领航工程——侯立岷校长工作室在天津师范学校和苑附属小学挂牌成立，河北雄安新区的多名校长得以入选。该工作室以"资源共享、活动共商、携手共进"为目标，共同研究管理策略，创建学校品牌，发现教育规律，使工作室成为校长学习成长的资源库、交流分享的新平台和提升进步的孵化器。下一步，该工作室将按照"深度学习、导师指导、高端示范、思想引领、实践创新"的要求，充分发挥名校示范引领辐射作用，通过课题研究、主题论坛、校际互访互学等形式，引领校长提升政治素养、师德修养、管理能力和领导水平，推动建设新时代高素质专业化创新型教师队伍。

2019 年 6 月，由天津市河西、河北、北辰、东丽、静海五区和河北省沧州市、廊坊市的 20 所学校共同创建的京津冀"七彩课堂协作体"正式成立。该协作体以教育教学交流展示活动为形式，以培养青年教师为根本目的，使学校之间、教师之间实现互联互通、共建共享、互促共进的长效机制，进而助推协作体成员校在交流中发展，在合作中共赢。北京师范大学静海附属学校为京津冀"七彩课堂协作体"成员校之一，同时也是之后该协作体校际交流活动的主要举办地。该校负责人表示，"七彩课堂协作体"将在课例展示交流、教育案例分享、课题成果推广、学生成果展示、校园文化互鉴、办学特色共品、教育资源共享、办学成果互学等方面实现互联互通、共建共享、互促共进的长效机制，努力打造全方位校际合作的新平台。按计划，"七彩课堂协作体"将每年举办八次活动，增进各地区学校间的交流合作，同时力争进一步扩大"七彩课堂协作体"辐射校的范围。

2019年12月，天津市南开区教育局、区教育学会联合京津冀甘有关单位举办第二届"京津冀甘"四地基础教育研讨会，探索核心素养背景下的学科教育、学校管理与实践创新模式，促进"京津冀甘"教育教学质量全面提升。会上，来自四地多所中学的教师和主要负责人进行了交流发言。

2022年8月，由北京市教委、北京市体育局、昌平区人民政府共同主办，昌平区教委、北京市少年宫承办的省际学生体育邀请赛排球比赛在首都师范大学附属回龙观育新学校成功举办。经过激烈角逐，首都师范大学育新学校、天津市滨海新区塘沽二中心小学、北京师范大学附属实验中学、石家庄市第十五中学分别获得排球比赛男子乙组、男子丙组、女子乙组和女子丙组冠军。

2022年，天津市北辰区教育局将深入推进京津冀基础教育协同发展作为一项重要工作来落实。一方面搭建京津冀三区市学生艺体交流平台，举办集书法、绘画、剪纸、班级合唱等形式于一体的"奋进新征程　一起向未来"京津冀联盟北辰区艺术活动，组织三地学生加强艺术活动交流；另一方面，组织开展京津冀"联盟杯"科技邀请赛北辰分赛区赛、运动员选拔等活动，为三区市学生搭建互动交流的平台。

2023年5月，由天津市教育委员会、北京市教育委员会、河北省教育厅、天津市卫生健康委员会指导，天津市幼儿教育类专业教学指导委员会、天津市河北区教育局主办的京津冀托幼一体化产教融合共同体成立大会在天津市召开。该共同体的发起单位(牵头单位)为天津城市职业学院、北京青年政治学院、石家庄幼儿师范高等专科学校，首届理事长单位设在天津城市职业学院，以促进京津冀婴幼儿照护和儿童发展为目标，以产、学、研、用、创融通为主要内容，以互利共赢为纽带，由京津冀开设学前教育、婴幼儿托育服务与管理、早期教育等专业的相关高校、职业院校以及幼儿园、托育机构和其他从事托幼相关工作的单位参加的非营利性产教融合共同体。共同体的主要任务包括政策研究与决策咨询、资源共建与共享、校企优势互补、教学改革与创新、创新融合路径、助力产业科技进步以及探索建立共同体课程学分互认机制七个方面。

2023 年 5 月，京津冀基础教育协同发展联盟成立大会在石家庄市举行，大会确定了《京津冀基础教育协同发展联盟章程》并宣布学术指导委员会委员名单。据了解，该联盟以为推动京津优质中小学基础教育资源同河北共享为宗旨，深入开展京津冀三地中小学校际交流，在以人民为中心高质量发展教育、全面推进素质教育、促进教育公平、推进京津冀区域教育优质均衡等方面作出积极探索，为京津冀成为中国式现代化建设的先行区、示范区作出积极贡献。未来，该联盟将经常性开展联盟校师生之间的交流活动，加强联盟校互访，通过同课异构、竞技比赛等多种形式，提高各校教育教学水平，共同培养德智体美劳全面发展的创新人才，并发挥辐射引领作用，推进京津冀基础教育优质均衡发展。该联盟由石家庄外国语教育集团倡议，北京明远教育书院牵头，北京师范大学附属中学、北京市第十八中学、北京十一学校龙樾实验中学、北京明远教育书院实验小学、天津市耀华中学、天津市第七中学、天津外国语大学附属外国语学校、天津港保税区空港学校、石家庄外国语教育集团、唐山市第一中学、张家口市第一中学、雄安新区白洋淀中学等 12 所京津冀中小学共同发起成立。北京师范大学、天津师范大学、河北师范大学、北京教育学会、天津教育学会、河北教育学会、北京教科院、天津教科院、河北教科院的专家和河北省教育厅、石家庄市政府、石家庄市教育局、裕华区政府及石家庄市各县（市）区教育局领导等 100 多人参加成立大会。

3. 合力培养高质量的中小学教师和中小学校长

2015 年，北京市与河北省启动"河北省千名中小学骨干校长教师赴京挂职学习"项目，挂职干部首批两地教师各派 100 名，连续五年每年轮换一批。河北多市享受到了此项优惠政策，比如河北省阜平县被纳入北京市"老校长下乡活动"覆盖范围；首都师范大学为平山、阜平两县培训骨干教师，派出学生置换一线教师到首都师范大学进行研修；河北省邯郸市十余名中小学校长到南开中学、天津一中等五所学校跟岗学习等。

2015 年 7 月，河北教师专业发展促进工程启动仪式暨首期研修班开班典礼在石家庄市举行，河北省内 20 个县区近千名基层中小学校长、教师成为首批高级研修班学员。据介绍，该工程将改变传统的"坐店式"教师培训模式，注重与地方教育系统的联动协作，突出培养对象的主体地位，在培养目标设定、培养项目实施、培养资源整合等方面认真参考河北基础教育在教师培养方面的实际需求，真正落实高校优质教育资源对基础教育支持的重心下移。其中，项目专家团队将以北京师范大学、在京教育科研院所及北京基础教育名校专家、教授、名师为基础，涵盖河北、面向全国进行组建。另外，还将依据培养对象的不同，分类、分层、分岗、分科设计不同主题和形式的培养项目，扩大培养的受众面，为一线特别是农村偏远地区和学校的教育管理者、教师，提供更多高端研修的机会。

2017 年 12 月，由通(州)武(清)廊(坊)三区市联合组织的"通武廊教育系统校长智慧管理与综合素能提升"专题研修活动在浙江大学如期举行。本次校长培训是三区市教育协同发展、共享培训资源的新举措，三区市各选派 20 名骨干校长参加。本次培训活动主要采取专题讲座、参观学访、校长论坛、主题研讨等形式，让三区市校长同学、同思、同研讨、同步提高。

2019 年 6 月，海港区教体局选派 14 名中小学校级干部到北京市西城区进行了为期三周的挂职跟岗培训。该区大旺庄小学张玉英和建设路小学刘红艳表示，他们积极参加北京展览路第一小学组织的各项教育教学工作，深入课堂听课、评课、研讨和培训，参加学生毕业典礼、歌唱比赛、融合活动、综合实践活动等。展览路第一小学的老师待他们如家人般温暖，他们也把展览路第一小学当成了自己的家。

(三)促进京津冀基础教育校际间协同发展的实践

京津冀基础教育协同发展拥有国家优惠政策的支持，区域各级基础教育学校积极开展合作项目，进行了跨区域对接。京津两地对河北省教育贫困地区进行了针对性帮扶，优质教育资源辐射作用逐步显现，有效增加了京津冀区域间基础教育资源的关联互通性，推动区域基础教育协同发展路径建设。目前京津冀已开展部分基础教育共建项目，合作内容丰富，拥有了一定的合作成果，初步形成以下几种合作形式。

1. 名校设分校

名校办分校模式指的是一种为了放大名校的优质资源，名校在政府部门的引导下，在京津冀三省市跨区域开办分校的模式。① 事实上，京津冀小学校际合作的最初形式和当前较主流的形式是名校举办分校，且主要表现为京冀之间的小学合作。当前，已在河北建成的名校分校有：石家庄市长安区与北京第二实验小学合作创办的北京第二实验小学河北分校(石家庄市盛世长安小学)，保定国家高新区管委会与北京市八一学校、河北辅都投资有限公司合作创办的北京市八一学校保定分校(九年一贯制学校)，唐山市曹妃甸区与北京景山学校、唐山湾生态城合作创办的北京景山学校曹妃甸分校(十二年一贯制学校)，唐山市开平区与北京实验学校、唐山东方国际学校共同成立北京实验学校教育集团唐山实验学校等。从这些学校的实际运转来看，有的已经建立了比较好的合作机制。例如，北京景山学校曹妃甸分校的校长由北京景山学校教育集团董事长范禄燕担任，其教学和管理工作由北京景山学校全面托管——小学的学制和教材与总校同质化，初中教材与河北省高度融合，高中按照河北高中教学模式进行。为了培养一支专业过硬的教师队伍，北京景山学校一方面选派骨干教师对曹妃甸分校的新入职教师进行指导、培训，另一方面每周定期组织分校与本部学科教师的线上教研活动。还比如，北京市八一学校保定分校，也在教师队伍建设、课堂教学改革等方面和北京本校建立了合作关系。保定分校每年都会选派新招聘的教师到北京总校进行为期一个月的培训，这些新教师在充分了解八一学校历史文化的同时，还将走进体育、艺术、科信中心体验多元教学。

除公办学校外，北京部分民办教育机构也已开始尝试跨区域办分校模式。例如，康福国际教育文化交流(北京)中心在河北创办的石家庄康福外国语学校，不仅涵盖了从幼儿园到高中的全学段，而且全程体现了学校的英语教学特色——其幼儿园是国际幼稚园、小学是5~6年制的英语特色小学、初中是2~3年制的国际初中、高中既有英国A-LEVEL课程也有美国的SAT/AP课程。北大青鸟文教集团与廊坊益田集团共同合作创办的北大附属廊坊益田实验学校，也是一所集

---

① 李孔珍，张琦. 京津冀教育协同发展的三种管理模式研究[J]. 首都师范大学学报(社会科学版)，2016(4)：119-127.

幼儿园、小学、初中、高中为一体化的国际化新型学校。保定市也已经和北京实验二小怡海分校、北京八中怡海分校达成合作意向，三方将合作共建一所集幼儿园、小学、初中、高中为一体的国际学校。

2. 名校集团化办学

我国教育集团的兴起始于民办教育，随后一些公立名校也通过收购、兼并、委托管理等方式输出管理、教师和其他资源，扩大学校规模，发挥集团化管理的标准化优势。

"教育集团"的含义在涉及京津冀基础教育校际间"名校集团化"合作方式时，主要是以北京名校，尤其是著名高校附属中小学为火车头，通过输出教育理念、管理方式、校园文化、教学模式等途径，带动河北薄弱学校共同发展。例如，任丘市人民政府与北京师范大学、福建祥兴集团有限公司合作创办的北师大河北任丘附属学校（十二年制非营利性体制创新型学校），邯郸市人民政府与北京师范大学、邯郸市辰信投资有限公司合作创办的北京师范大学邯郸附属学校（分三个地块建设初中、小学、幼儿园），石家庄长安区人民政府与北京师范大学与石家庄东胜投资集团有限公司联合创办的北京师范大学石家庄附属学校（九年一贯制公办学校），石家庄市长安区人民政府与首都师范大学、河北高远企业投资集团合作创办的首都师范大学附属石家庄学校（九年一贯制公办学校），石家庄市鹿泉区与北京外国语大学、河北九擎股权投资基金有限公司合作创办的北京外国语大学附属石家庄外国语学校（集幼儿园、小学、初中、高中、国际高中为一体的15 年一贯制寄宿学校）等。此外，迁安市第六实验小学挂牌成为"北京第二实验小学教育集团成员"，曲周县白寨中心小学签约加盟北京市第二实验小学教育集团。

一般来说，教育集团可以分为两大类型：一类是紧密型的教育集团，即由一个教育投资公司（或组织）投资兴办若干所学校，这些学校只有一个法人，有统一的办学理念、管理章程和运作模式，不少民办教育集团属于这种类型。一些教育集团采用校区制办公，校区仍属于国有资产，但集团运作具有民办性质。另一类是松散型的教育集团，即若干所学校合成，共属某教育集团。这些成员学校均为独立法人，集团设立理事会，统一协调所属各所学校的教育教学活动。

京津冀基础教育校际合作中的"名校集团化办学"模式二者兼而有之。因为无论是"名校+名企+地方"形成的新学校，还是河北薄弱学校签约加盟北京名校，都必须无条件接受地方教育行政部门的管理，其法人仍由成员学校的校长担任；同时，各成员校遵从整个教育集团的办学理念、管理章程和运作模式，共同为促进京津冀义务教育均衡发展服务。在具体办学活动中，有一套成熟的、紧密合作的运行机制。以北京师范大学石家庄附属学校为例，北京师范大学授权该附属学校利用北师大品牌等资源开展办学活动，对其学校管理、教育教学行为进行业务指导、质量评估和监督，为学校提供优质的教育资源和服务。石家庄附属学校实行理事会领导下的校长负责制，理事会则由北京师范大学和长安区人民政府联合组成，是双方合作办学的决策、监督和咨询常设机构。校长是学校的法人代表，在理事会领导下独立行使办学自主权，全面主持学校工作。校长由北京师范大学面向全国公开招聘，加以培训后委派，实行任期聘任制、目标考核制和责任追究制。每年接受理事会年度考核。全体教师均面向全国公开招聘，实行教师聘任制、岗位责任制，并实行过程考核和目标考核。

3. 校际间教育帮扶

校际帮扶或援助是指发达地区的优质中小学校对处于相对弱势环境中的学校进行输血，主要包括硬件设备与软件两方面的教育扶持与帮助，以实现区域内优质教育资源均衡配置。京津冀小学校际间的教育帮扶主要表现为两个方面：一是北京市对口帮扶河北省23个贫困县"摘帽"过程中的校际合作，二是北京市援助雄安新区诸多办学项目中的校际合作。例如，北京市海淀区帮助河北省赤城县脱贫过程中，赤城县白草镇九年一贯制学校与北京市八一学校、赤城县后城镇九年一贯制学校与北京市第二十中学附属实验学校、赤城县样田中心小学与北京市中关村第三小学、赤城县雕鹗九年一贯制学校与中国农业大学附属小学结成"手拉手"合作学校，合作双方将在办学理念、资源、管理与成果等方面互通共享。北京市海淀区帮助河北省易县打赢脱贫攻坚战时，易县狼牙山五壮士红军小学与北京市八一学校、易县第三小学与海淀区五一小学、易县易州学校和北京市第二十中学附属实验学校结成了"手拉手"联谊校，并从校园文化建设、课堂教学改革、教育信息化等方面进行了深入交流。另外，在北京援助雄安新区的教育项目中，小学校际合作扮演着重要的角色。例如，北京市海淀区中关村三小、北京市朝阳区实验小学、史家胡同小学分别援助雄县第二小学、容城小学、史家胡同小学雄安校区，雄县第一小学与北京市崇文小学签订"协同发展，联盟共建"协议，雄县第三小学与中国科学院附属玉泉小学签订了《"手拉手"办学协议书》，雄县朱各庄镇小学与海淀区培英小学定期开展"手拉手活动"，容城县沟西小学挂牌"中国人民大学附属小学雄安校区"，容城县南张镇西野桥小学与北京市昌平区城北中心小学结成"手拉手合作学校"等。据官方统计，雄安新区目前56所被帮扶中小学中，13所已经成立了合作校区，28所签订了合作协议，其余学校已经达成深度合作意向，根据彼此办学需求，正在积极推动合作办学。

4. 区域教育共同体的构建

共同体是德国社会学家斐迪南·滕尼斯（Ferdinand Tönnies）从社会学视角提出的一个基本概念。在滕尼斯的视野中，共同体的含义非常广泛，它强调人与人之间所形成的亲密关系、共同的精神意志，以及对共同体的归属感和认同感。所以，共同体是以其参与成员资源为基础，以具有共同的价值追求为背景，旨在实现一种和谐共处，以及更有意义的平等互利的关系。教育共同体，则是将共同体这种研究路径运用于教育领域后生成的新概念。

近年来，京津冀三地在推动义务教育均衡发展的进程中，组建了多个教育共同体，尤其是三地小学校际间形成了教育改革共同体、教师成长共同体、科研共同体等多种具体形式。例如，在三地教育部门共同实施的京津冀教育对口帮扶"一十百千万"工程中，廊坊市管道局中学第三附属小学与北京市通州区后南仓小学、天津市武清区杨村镇第七小学组建了京津冀（通武廊）第八基础教育协同发展共同体，廊坊市开发区第一小学与北京市通州区中山街小学、天津市武清区杨村镇第十小学组建了京津冀（通武廊）第九基础教育协同发展共同体，廊坊市第十小学与北京市通州区运河小学、天津市武清区杨村镇第八小学组建了京津冀（通武廊）第七基础教育协同发展共同体，廊坊市第二十一小学与北京市通州区东方小学、天津市武清区杨村镇第十六小学组建了京津冀（通武廊）第十四基础教育协同发展共同体。北京市大兴区、天津市北辰区、河北省廊坊市成立了"大北廊"教育联盟，共同拟定了《京津冀三区（市）教育联盟2019年度重点工作任务》，确定了包括干部培养、教师培训、教研交流、竞赛展示四大类工作在内的14项重点工作任务。另外，沧县捷地回族乡中心校、沧县纸房头乡中心校、沧县张官屯乡中心校、沧县兴济镇中心校、沧县姚官屯乡中心校与通州区永顺镇中心小学签约组成六校联盟。

5. 教育部门间的专项合作

京津冀基础教育校际合作中，为了提升合作的实效性，分别从自身实际出发，将项目交流作为合作的契合点与着力点。例如，保定师范附属学校签约挂牌"北京四中名校数字联盟课改实验校"，共享北京四中教育信息化成果。秦皇岛东港里小学、秦皇岛海港区白塔岭小学、秦皇岛市海港区石岭小学、秦皇岛市建设路小学分别成为包括天津市和平区万全小学、北京史家小学在内的"京津冀简约教学港城十五校联盟"，共同推进提升课堂教学质量改革。崇礼区高家营小学、崇礼区高家营镇乌拉哈达完全小学与北京市海淀区羊坊店中心小学、石景山区电厂路小学、延庆区张山营学校、延庆区姚家营中心小学、延庆区靳家堡中心小学、西屯中心小学、八里庄中心小学、珍珠泉中心学校组成了"北京冬奥会三大赛区学校奥林匹克教育联盟"，共同推进奥林匹克教育及运动进校园活动。青县浏河镇小学与北京师范大学静海附属学校、天津市静海区砖垯完全小学等学校组成了京津冀"七彩课堂协作体"。沧州市运河小学、沧州市运河区东屯小学与北京市通州区运河小学、天津市武清区杨村镇第十六小学签订了《大运河沿岸学校联盟协议书》，旨在挖掘大运河文化中蕴含的宝贵教育资源。承德市桥东小学与首都师范大学附属顺义实验小学签署了京津冀教育创新共同体合作协议书。邯郸市复兴区人民小学加入了包括北京市延庆区康庄中心小学、天津市滨海新区塘沽博才小学在内的"全国小学校园足球联盟"。石家庄市桥西区友谊大街小学与北京板厂小学，依托全国科研课题"信息技术促进家校沟通的有效模式"的研究，推进智慧校园建设。

每个区域的教育发展目标和策略是不完全一致的，要推动教育区域内科学发展，就要正确认识区域教育的阶段性工作任务，采取科学的发展策略和调控手段，引导区域教育从实际情况出发，落实区域教育发展目标，并服务区域社会共同进步。具体到京津冀区域，北京和天津由于教育资源充裕、教育需求旺盛、教育的创新能力强且处于教育层级的高梯度，所以要通过"交钥匙"工程、"组团式"办学，以及开办分校、教育集团等方式，推进京津冀基础教育资源共享、扩优提质。河北则要做好优化区域教育资源布局，提升素质教育实施水平。

根据区域经济和教育整体水平，京津冀区域在基础教育领域的合作，首先推进的是高层次的、新型的合作，这是区域基础教育快速拉动的首选举措；其次是中低端的、传统的教育协作，这是推动区域基础教育协调发展的必然选择。随着经济水平和教育质量的提升，基础教育的目标和需求将逐步、有次序地由高梯度区域向低梯度区域多层次转移。教育的梯度推进过程是放射效应的结果，即高层次的、新型的教育向高梯度区域集中，对周围区域起支配和吸引作用，带动周边区域发展；周边区域得到改善或者转变之后，逐渐与高梯度区域缩小差距，可利用自身中低层次的、传统的教育与区域内各地区实现良性互动。

第三节 京津冀基础教育协同发展的主要治理模式

以上梳理并呈现京津冀基础教育协同发展不同方面或主题的工作开展及主要内容，体现了现实的努力及阶段状态。以下尝试从社会学的治理模式角度，对此再加以反思，并概述京津冀基础教育协同发展的代表性治理模式。

一、政府政策引导模式

纵观京津冀协同发展重大国家战略的实施，主要依靠的是政策引导模式。所谓政策引导模式，是指政府通过制定和实施一系列政策、规划和措施，对包括基础教育在内的各类社会活动的发展方向、结构和规模进行引导、调控和激励，其目的是实现国家的宏观战略目标、促进经济、教育和社会其他各部门领域的统筹、协调和可持续发展、改善民生福祉，满足广大民众对高质量美好生活的需求。在这过程中，政府的政策引导在不同领域和层次上发挥着关键作用，包括宏观经济政策、产业政策、教育政策、区域政策和社会其他政策。同时，政策引导有助于实现政府对社会各领域的有效调控，促进经济和社会的可持续性发展。

政府政策引导模式在以下四个方面具有显著表现：一是内部规范，行动的依据是自上而下的各种政策性文件，这些政策性文件的规范对象主要是各级政府及其工作人员；二是任务导向，各级政府均在文件中规定一定时期内应当实现的治理及发展任务；三是行政命令，政策的落实必须依靠强有力的行政命令；四是考核约束，通过对各级政府及相关人员的工作考核，保障和监督政策的执行。[①] 需

---

① 陶品竹.京津冀协同发展与区域法治建设研究［M］.北京：中国政法大学出版社，2018：19.

要特别说明的是，此种模式也有一定缺陷，一旦政府在规划引导、政策导向方面出现失误，则有可能导致各协同主体的供给与需求不匹配，导致社会资源的大量浪费；政府向公共事业投入大量资金，这些投资在短期内难以获得收益和回报，会造成沉重的财政负担；此外，由于市场化程度不高，会出现一些效率低下、发展不均衡等问题。

具体到京津冀基础教育协同发展进程中，无论是在中央还是在地方，政策引导模式都是三省市基础教育合作的主要模式。上述"纲要"及京津冀各省市的相关实施方案，均是政策引导模式的具体体现。基础教育抢抓机遇，乘势而上，积极回应京津冀协同的区域定位、发展目标、重点领域，在找共识、聚合力、谋发展、破难题上，在探索和构建三地基础教育协同创新的模式、机制上，形成了丰富实践：在协同发展格局上，实行政府主导的多方联动；在协同发展方式上，共建优质资源互补共享的格局；在协同发展模式上，建强三省市教育联盟平台；在协同发展保障上，突出以人为本的师资培训交流。但单一的模式在处理复杂的对象、事物的运行活动中难免有所不周。包治百病的良药秘丹是不存在的。

随着京津冀基础教育协同发展的不断深入，必然会产生一些新情况和新问题，政策引导模式的持续性较差、强制力不足等缺点也将显现出来。比如，在政策引导模式下，"纲要"及相关实施方案只能就京津冀基础教育协同发展的目标、任务、原则、方法、步骤等进行规定，却无法有效保证其在较长时间内的贯彻执行，也不能针对具体行为进行及时有效的制裁。这就迫切需要借助法治的力量，变革京津冀基础教育协同发展模式，从以政策引导模式为中心，甚至是唯一，转变为在此模式主导下与法治保障模式相结合。

二、法治保障模式

所谓法治保障模式，是指将法治作为一种强制性手段，依靠立法、行政、司法等协同进行社会治理，以达到保护公民的生命健康、财产、权利等不受侵害，维护社会公正和秩序，促进社会和谐发展的目的。法治保障模式也有四点作用[①]；一是

---

① 陶品竹．京津冀协同发展与区域法治建设研究［M］．北京：中国政法大学出版社，2018：19.

外部规范，法律规范的适用对象是所有社会主体，既包括各级政府及其工作人员，又包括各类行政相对人；二是行为导向，法律规范的设计目的是直接鼓励或者禁止各类社会主体的具体行为；三是责任法定，对每类违法行为都规定了应当承担的法律责任；四是强制执行，用法律的强制性保证立法目的的实现，在推动京津冀协同发展实践中，法治保障模式的作用还有待进一步发挥。

通过对比政策引导模式和法治保障模式，可以发现前者是管理者实现既定目标所采取的策略，是航标；后者是约束法人行为规范及处理矛盾的标准，是量具；后者因为依靠法律的强制性能够有效实现前者的既定目标并修订完善。

《国家中长期教育改革和发展规划纲要（2010—2020年）》指出："提供更加丰富的优质教育，把教育摆在优先发展的战略地位。教育优先发展主要体现为'三个优先'，即切实保证经济社会发展规划优先安排教育发展，财政资金优先保障教育投入，公共资源优先满足教育和人力资源开发需要。优质教育资源总量不断扩大，更好满足人民群众接受高质量教育的需求。"[1]在京津冀基础教育协同发展模式的选择上，应当先以政策引导模式为基础，在政策引导模式积累了足够前期经验之后，再及时将政策引导模式与法治保障模式相结合，用法治思维和法治方式保障京津冀基础教育协同发展早日实现。两种模式交互利用，彼此相依，重点以何为主，以何为辅则又顺势而为，见机而行，权变灵活。

---

① 王家源，柴葳. 奏响教育优先发展的时代先声［J］. 云南教育（视界时政版），2018（11）：6-8.

第五章　京津冀基础教育协同发展的实然态势

2014年，京津冀协同发展上升为国家战略，揭开了京津冀协同发展的崭新局面。近年来，在政府颁布相关政策的推动下，京津冀三地签署了一系列合作协议，并以此为基础进行了诸多各种内容和任务的实践探索，各地基础教育在原有状况条件下，不同程度地取得了阶段性成果。

但是，从上章呈现的有关数据来看，河北省基础教育的水平与京津两市的差距十分明显。北京市作为我国首都，相比于其他地区拥有丰富的优质教育资源，教育领域层次水平较高，与其他地区相比有显著优势。北京市已经拥有了较为完善的教育创新制度，具备高质量的教育设备和教育服务水平。天津市是由国家直接管理的直辖市，拥有丰厚的教育资源，科技和文化领域发展迅速，相比其他非直辖市地区在城市建设与教育资源拥有量上有独特的优势。反观河北，虽然近年来在京津的带领下，教育水平向好发展，但是无论是在教育还是在其他领域的发展都与京津有较为明显的差距，在基础教育领域的经费投入较少，优秀教师资源与京津相比有天壤之别，继而造成河北省教育资源与北京和天津两地相比较为匮乏。

从前文所描述京津冀基础教育协同发展在主题、类型方式以及任务内容等维度的情形透视，可以从空间模块组合单元，以京津为核心圈，往河北四周外围辐射波浪式推进，并以其毗邻京津及距离远近加以空间板块单元的具体构建。如此则可以将河北省划分为近京津地区、远京津地区和环京津地区。然后又分别从三大区域中挑选一个具有代表性的地级市，并参照各种文献和其他来源可信的资料，对河北省各市的基础教育发展现状进行分析。需要说明的是，由于雄安新区是继深圳经济特区和上海浦东新区之后，又一具有全国性战略意义的新区，其设立是集中疏解北京非首都功能、探索人口经济密集地区优化开发新模式、调整优化京津冀城市布局和空间结构、培育创新驱动发展新引擎的历史性战略选择①。为此，本研究将雄安新区单列出来，分析其推进和落实京津冀基础教育协同发展的具体情况。

第一节 近京津张家口市基础教育协同发展状况

河北省近京津地区包括廊坊市、保定市、张家口市、唐山市。独特的地理优势使得近京津地区在设计规划中拟建设成为京津城市功能拓展和产业转移的重要承接地。具体来说，加强与京津在产业发展、基础设施和一体化市场体系建设等方面的对接融合，创新区域合作机制，建立健全政策体系，构筑承接平台，促进京津的产业转移，成为京津拓展发展空间的重要区域。

本节拟选择张家口市作为河北省近京津地区基础教育协同发展的样本。张家口地处北京的上风上水区域，面临着"河北一翼""后奥运经济""京张体育文化旅游带""首都两区"等国家发展重大机遇，兼具了"天时地利"的双重优势。近年来，张家口市教育系统抢抓京津冀协同发展战略机遇，不等不靠，主动上门，积极与京津教育部门、高等院校、教育机构、科研院所、企业多种类型、不同层次的机构对接交流、深化合作，不断提升区县所辖中小学办学水平和教育质量。截至2023年9月，张家口市已与京津开展教育合作项目265项，其中与北京195项、天津70项，涉及京津学校及企业100多家。

一、签署京张基础教育合作协议

张家口市高度重视教育协同发展和优质教育资源对接援助，积极与北京和天津的教育部门签署教育合作战略协议。例如，2016年3月17日至18日，北京市海淀区委领导与张家口市委领导代表两地签订《张家口市人民政府海淀区人民政府缔结友好市区协议书》《张家口市人民政府海淀区人民政府战略合作框架协议书》，两地教育部门签订了《海淀区教育委员会张家口市教育局开展教育合作的

---

① 王喆，汪海. 推动有效市场和有为政府更好结合——新时代经济体制改革方略[M]. 北京：中国计划出版社，2021：292.

意向备忘录》。经协商，双方将本着"优势互补、资源共享、互惠互利、平等合作"的原则，积极搭建两区市之间部分产业、功能转移承接平台，建立有效的经济社会全方位、多层次的合作机制，推动双方协同发展、合作共赢；结合各自资源禀赋特点，两地政府将鼓励、引导、支持在科技、园区、教育、体育、旅游、文化、金融、医疗及养老等领域加强合作与交流。2016 年 4 月 6 日，张家口市教育局、涿鹿县人民政府与北京市门头沟区教育委员会教育合作签约。根据协议内容，签约三方将本着相互支持、发展共赢的原则，在学校管理层和教师层面培训、学校对口支持、教育资源共享及合作等多个领域开展深度合作。2016 年 9 月底，北京一零一中学与张家口市第一中学签署合作共建协议。协议规定，北京一零一中学将与张家口市第一中学在学校管理、教学改革、教师培训、学生活动、六年一贯制办学五个方面开展合作共建。2022 年 8 月 4 日下午，张家口市万全区与天津工业大学签订为期五年的产教融合战略合作协议。双方将在新材料产业科技规划、服务、攻关，以及人才培养等领域，建设研发转化、高新技术企业孵化、高端人才汇聚和培养基地；高校与万全区职业院校共建联合人才培养等方面的深入合作。

据统计，截至 2023 年年底，张家口市累计与京津合作教育项目近 300 项，北京优质教育资源不断向张家口延伸。与此同时，为全面加强北京优质教育资源的引进工作，市域内各教育行政部门积极制定和完善教育协同发展平台搭建方案，吸引了大量优质教育资源。2018 年 6 月 25 日，北京市门头沟区教委与涿鹿县教科局就教育协同发展对口帮扶签订合作框架协议，进一步明确了近期帮扶重点和长期帮扶目标：一是进一步完善工作体系，加强沟通交流，全面对接工作内容，形成细化方案；二是深化合作协议，搭建大发展平台；门头沟区教委将凭借自身优势，加强与涿鹿在人才、理念、模式等方面的合作与交流；三是注重人员交流，加强教育水平建设；依托现有资源、信息技术等手段，开展跨区域业务交流，加强教师培训；四是引进优质资源，提升办学水平。通过多种合作模式，达到双方合作共赢的局面。2024 年 1 月 16 日，张家口市政府与北京信息科技大学签订战略合作协议。根据协议精神，张家口将在资源供给、要素保障等方面创造好的条件、提供优质服务，推动合作事项早落地、早见效；北京信息科技大学将充分发挥自身特色优势，聚合教育、科技、人才创新资源，探索和实践北京市属高校助力环京地区包括基础教育在内的经济社会协调进步。

二、引进优质教育教学资源

自身不足，除了自我奋发努力改变现状，更便捷和高效的办法是援引他方资源，共谋建设，实现跨越式提升。经济活动是如此，教育教学也不例外。

（一）吸引京津优质学校到张家口市办分校

利用本地主校或本部在外地办分校，这是一种优质教育资源互利共享、推进开发相对落后地区的一种模式，以往主要表现在办大学分校上，而在基础教育学校设子校或称分校，是中国在 20 多年间出现的现象。基于上述京津冀区域教育落差明显的客观情形，此种谋略在塞外城市张家口更富有实效。以下主要列举或介绍其中的三所由北京主校来张家口所开办分校的情形。

1. 北京市海淀区外国语实验学校怀来分校

北京市海淀外国语实验学校怀来分校，又称北京市海淀外国语实验学校京北校区，落户张家口市怀来县北辛堡镇。怀来分校占地 645 余亩，其中校舍建设用地 350 亩，是集学习、运动、生活、休闲为一体的绿色生态校园。海淀外国语实验学校京北校区秉承海外集团"融中西教育之所长"的办学理念，以北京总校教育模式为典范，为 3~18 岁年龄段的学生提供全方位、个性化、多元化的成长空间。校区管理团队由北京总校管理团队同步担任，教师团队由北京总校直接委派，于 2019 年秋季开始面向全国招生。

2. 张家口未来高级中学

张家口未来高级中学落户张家口市经济开发区。该校由中国科学院和清华大学合作创办，投资主体为北京东方壹芯教育投资管理有限公司，是一所包括小学、初中以及高中在内的 12 年制的三级一贯制完全学校。该校的起点非常高，目前是中国科学院的中国古生物学人才基地校、清华大学的人工智能教育创新实践基地，在很大程度上能够得到中国科学院和清华大学的教育资源。在师资力量方面，张家口未来高级中学定期邀请中国科学院著名教授和清华大学著名教授来校举办讲座，培养省市级特级教师，打造众多优质教学能手和学科带头人。

3. 北大金秋附属燕园高级中学

北大金秋附属燕园高级中学落户张家口市下花园区。北大金秋附属燕园高级中学是在张家口市下花园区政府和北京大学大力扶持下，于 2018 年 1 月筹办的一所高端、精品、示范、引领的"独立、创新、样板"学校。

为更好落实京津冀教育一体化国家战略的落地生根，北大金秋探索出"四融合"模式，即北京大学教育学院支持，北大金秋校企办学，北大教育专家担任校长(北京大学教育学院教授、博士生导师，原北大附中校长康健)，北大校外资源(北京市教委、人大附中、北京四中、北京一零一中学、潞河中学)加盟组成的联合力量共建学校。实施"五位一体"工程，即以教育实体办学为主体，从统筹规划、先进理念、优秀师资、课程体系、办学资金等五个方面全力帮扶张家口市教育均衡且高质量发展。

具体来说，在硬件方面，目前燕园高级中学对下花园中学的部分校舍作了提升改造，包括配备白板、直录播系统的智慧教室、直饮水系统、公共活动空间，上床下桌的优越 4~6 人间宿舍环境，24 小时淋浴条件，全面建立智慧校园物联管理系统。在师资方面，学校依托北京大学，集聚了来自北京大学附中、中国人民大学附属中学、北京一零一中学、北京通州潞河中学、衡水中学等国内一流的特级名师，以及来自北京大学、清华大学、北京师范大学、美国斯坦福大学、哥伦比亚大学等名校的名师。在教学组织方面，实行小班制教学，让学生在校园感到温暖、美好、幸福，让个人成长能自立、有尊严、有空间，创造师生和谐、教学相长的共同体。中学生拥有金不换的年华。在学校的培养目标方面，坚持国家教育方针和中学教育教学目标要求，在此基础上又提出让每个高中生的青春亮丽起来，关注他们在生命、智力、社会三大方面的发展需求。在学生评价方面，实施多元评价和支持，不唯分数论，让每个孩子都得到成长和发展的机会，让每个孩子都更加阳光、对未来更加憧憬。在招生方面，首先服务好下花园当地的学生，更希望优质的教育资源能惠及张家口甚至河北省的莘莘学子。对于家庭贫困、有特殊情况的学生给予更多实惠和关怀。

燕园高级中学目前办学效益和势头前景均十分耀眼亮丽，已经成为北京大学教育学院教学实践基地学校、张家口市名校长名师工作室驻地学校。

（二）教育行政层面的结对帮扶

中国教育发展的"根"在乡村，乡村教育发展水平决定着中国整体教育水平[①]。据统计，2019 年张家口市乡村人口数量为 184.08 万人，占比 41.62%。因此，京津冀区域基础教育整体水平的提升，同样需要补齐农村这一"短板"。京津对张家口的基础教育帮扶并非简单停留在脱贫攻坚时期的"数量型"教育帮扶，而要更加注重"质"的提升，强调缩小城乡教育差距。为此，政府教育部门亲力亲为地帮扶提升基础教育质量，便显得格外重要。

2018 年 11 月，北京市延庆区教委赴张家口宣化区、怀来县开展对口帮扶，并签订了教育对口帮扶合作协议。区县层面和结对学校间签订的帮扶协议规定，帮扶的主要内容包括：专业技能人才培训、挂职锻炼和顶岗培训、送教指导、组织学校建档立卡，以及组织贫困学生到延庆开展短期访学、游学、交流体验等活动。

2019 年 4 月，北京市怀柔区杨宋中学按照区教委教育帮扶工作部署和要求，在携手张家口市结对学校左卫中学，开展了三次帮扶活动——赴左卫中学送课、左卫中学教师来校挂职、左卫中学管理者教师来校交流的基础上，专门聘请全国知名教学专家赴左卫中学开展教学培训。在座谈环节，左卫中学语文、数学、英语、理综、文综各科一线教师向领导、专家介绍了各科师资和教学情况，并就教师在教学中存在的难点、困惑和专家进行了深入的沟通。在讲座环节，专家面向教育改革，针对教师需求，从宏观上解析引领，在细节处具体指导。在常规教学方面，强调研究课标到位、分析学情到位、把握教材到位、选用方法到位、联系生活到位。在中考备考方面，强调知识积累与能力活用融合、生活常识与实践创新融合、思想情感与传统文化融合、个人认知与教育要求融合、习惯规范与心理素质融合。

2019 年 11 月，北京市海淀区教委与赤城县教育体育和科学技术局签订了开展教育合作框架协议，促使北京市八一学校与赤城县白草镇九年一贯制学校、北京市第二十中学附属实验学校与赤城县后城镇九年一贯制学校、北京市海淀区中

---

① 张地容，杨丹，李祥. 从高速度到高质量：党的十八大以来乡村教育发展的历史成就与经验反思[J]. 现代教育管理，2022(9)：29-38.

关村第三小学与赤城县样田乡中心小学、中国农业大学附属小学与赤城县雕鹗九年一贯制学校，结对成为"手拉手"合作学校。另外，此次双方签署的教育合作框架协议，聚焦于发挥海淀优质教育资源的引领作用，助推赤城县在学校管理、教育教学、师资队伍建设、信息资源共享等多方面获得长足发展。帮扶双方签订的教育合作协议既有顶层思考、系统架构，也有完善的工作推进和落实机制，还有操作性强的具体措施予以跟进。

2022 年，北京市教委印发了《关于开展京张"姊妹校"共建活动的通知》。《通知》明确提出，要充分发挥奥林匹克教育示范校和冰雪运动特色校的示范引领作用，促进京张两地教育、文化、体育等方面的交流合作，持续开展奥林匹克教育工作，制定京张"姊妹校"共建活动方案。

2023 年 6 月 6 日，北京师范大学附属中学 400 余名师生走进张家口地质博物馆。师生们参观了地球厅、矿物岩石厅、古生物厅、地质环境厅和资源与利用厅。在地球厅他们进一步认识地球和宇宙的形成、地球构造和运动等科学知识；在古生物厅深入理解生命从无到有、从低级到高级的进化过程；在矿物岩石厅、地质环境厅和资源与利用厅，了解自然资源、张家口地质地貌特点等自然世界奥秘。

京津对张家口市教育行政层面的结对帮扶不仅是脱贫攻坚的延续，更是一种超越，是农村脱贫攻坚任务完成后新的发展阶段，有更远的目标、更高的发展要求。新时期，京津冀三地教育行政层面的结对帮扶需要更加注重培养更多人来建设乡村，提升乡风文明，激发更大范围内的群众内生动力，形成乡村教育发展合力。

（三）校际间的结对帮扶

结对帮扶，结对是基础，帮扶是重点，需要主体双方主动谋划、积极参与、献策献力，避免成为"剃头的挑子———一头热"。作为近京津地级市，张家口是较早与京津实施友好学校缔结计划的地区。自京津冀协同发展战略提出以来，张家口与京津缔结友好学校的数量已超 40 所，在教育协同发展方面，确实名副其实地"走在河北省前列"。

2018 年 8 月 24 日，北京景山学校牵手崇礼区第一中学，挂牌成立北京景山学校崇礼分校。两校在结对共建过程中，八名景山学校干部教师常年派驻崇礼一中，对学校开展组团式帮扶；同时，两校间的线上交流活动也已经成为常态。

2018 年 11 月 15 日，在首都师范大学曹磊老师带队下，44 位张家口贫困县小学书法骨干教师培训班学员赴长辛店中心小学交流，本次交流活动采用观摩课、参观社团活动、聆听报告三种形式进行。活动中，长辛店中心小学张进宝、阎成国两位老师分别进行了"双人旁""口字旁"观摩课，在笔画顺序、提笔运笔、行书布局、结构处理等方面为大家提供了典型的案例。观摩课后，书法教师培训班学员们走进学校软笔书法和硬笔书法社团，并为同学们留下自己的书法作品。书法老师培训班学员们集体参观了该校校园和廊道文化、学生书法展览。

自 2018 年起，来自朝阳区楼梓庄中学、首都师范大学附属实验学校、北京工业大学附属中学等学校的"朝阳名师"走进河北张家口市阳原县支教，给当地教师带去了新理念、新方法，也开阔了孩子们的视野。据悉，朝阳区与阳原县建立了对口帮扶关系，启动精准扶贫对口帮扶项目，两年来，一批来自朝阳区的教研员、特级教师、骨干教师走进阳原学校课堂，开展听评课、主题讲座、示范课等支教活动，把首都北京的优质教育资源带到受支援地，教育帮扶助力精准脱贫。

2019 年 10 月 25 日，北京师范大学科技集团参加"不忘初心跟党走——北京社会组织集中捐资助学暨健步行"活动。本次活动由北京市委社会工委、市民政局、北京市体育局、北京市扶贫协作和支援合作办公室等综合党委组织共同举办，旨在集中帮扶河北省张家口市 14 个县的 1732 名和内蒙古乌兰察布市九个旗县市的 1204 名贫困学生及为北京对口支援其他地区募捐资金、贡献力量。同时，本次活动将由北京联想公益基金会对参与者的健步数进行配捐。

2019 年 11 月，北京市东城区与河北省张家口市崇礼区教育系统举行结对校签约仪式。会上，北京市第五中学分校及五中分校附属方家胡同小学分别与崇礼二中及高家营完全小学签署了教育帮扶协议。会后，东城一行走进崇礼结对校，开展师徒结对与听评课等形式的交流活动，并走访慰问了在崇礼常驻支教的干部教师。

此外，北京一零一中学、北京三十五中、张家口市一中开展合作办学项目，共同开办"国际班"；张家口市第二中学作为北京电影学院动画学院生源基地；民办张家口东方中学成为北京体育大学生源基地；张家口市职教中心、张家口机械工业学校成为京津冀信息安全产教融合联盟的理事单位，为进一步实现产教融合和学校网络安全培训打下基础。

京津与张家口大规模组建基础教育友好校的举措，体现了三省市中小学校师生加强往来、深化友谊、共同发展的愿望与期待，以及京津冀基础教育交流合作的大好势头与前景。在京津冀基础教育协作不断走向深入的过程中，京津与张家口的友好学校还需在形式、内容及深度上有新突破、新发展，真正做到横向贯通、优势互补、资源共享、深度帮扶。这既需要政府政策引导、学校彼此努力互助，更需要社会各界的支持和拥护。

三、协同提升教师专业素养

教师是教育活动的第一资源，有高质量的教师才会有高质量的教育。教师作为中小学教育教学与教育管理中的关键力量，在教书育人及教育管理具体运行中发挥着极其重要的作用。有鉴于区域内中小学师资薄弱的现实情况，张家口积极与京津合作构建基于专业成长的教师培养体系，目前已经引进北京名师工作室七个、名校长工作室六个，并在此基础上实施内容广泛、形式丰富的教师培训和交流提高活动，取得了显著成效。

（一）教育管理者培训

2017年11月19日至12月12日，河北省张家口市中小学教研员培训在首都师范大学如期顺利举行。本次培训为首都师范大学初等教育学院在京津冀一体化背景下服务于教育均衡发展的对口支援项目。该项目共分两期，每期历时10天，参训教研员共180名（第一期中学班90人，第二期小学班90人）。培训形式包括专家学术讲座、一线实践论坛、下校参观以及"项目学习工作坊"等。其中，为期一天半的"项目学习工作坊"是本次培训的一次创新和实践探索。

2018年10月31日至11月9日，首都师范大学初等教育学院与张家口教育局合作举办了"张家口贫困县小学英语骨干教师课改培训班"。此次培训内容包含教育教学理念与理论学习、学科知识和技能提高、课堂教学与反思能力培养等。其中，采取的培训方式包括学术讲座、讲座与实践、教学观摩研讨等。每日学习后，学员们纷纷撰写学习体会，小组提交反思总结，给予培训项目组积极反馈。

2018 年 11 月 1 日，张家口市由宣化区和怀来县从教育系统选派 14 名学校领导到北京市延庆区挂职培训。此次挂职培训采取的方式是固定在一所学校进行锻炼，其中两人挂职时间为一年，其余人员的挂职时间为三个月。

2018 年 11 月 14 日至 16 日，来自北京市朝阳区对口支援张家口地区的 22 位教育界骨干，应邀参加由北京市朝阳区教育委员会、湖南省教育科学研究院、北京教育科学研究院基础教育教学研究中心共同举办的"2018 年京湘基础教育论坛"。张家口市康保县第一中学李军主任发表了真挚的感言："有幸参加这次京湘基础教育论坛，收获颇丰。特别是同课异构教研活动，让我受益匪浅。授课教师精心设计问题情境，激发学生的求知欲，让学生投入'真实的情境'中，引导学生面向生活与实践，为解决问题而学习，从而形成主动寻求知识的内在动力。学生在这种情境中主动获得的东西，比讲授给他们的要丰富得多、扎实得多。"张家口市阳原县第一中学赵勇主任声情并茂地说："京湘基础教育论坛就像风吹散了迷雾，也吹散了我们心中的许多疑惑。专家们的发言高屋建瓴，从不同层面向我们展示了北京市在课程改革方面的风采，为我们今后的工作指明了方向。陈云龙处长的报告深入浅出，明确了课程改革的定位与发展。"张家口市带队领导陈志国强调了课程教学与考试制度改革的重要关系："同课异构课堂让我们领略了南北两地教育文化的精彩演绎和碰撞，看到了两地对于新课程标准的探究。这正是值得我们学习和思考的内容。感谢朝阳教委和教研中心给予我们这次学习的机会，感谢各位工作人员的辛勤付出！"

(二) 师德培训

2022 年 4 月 2 日，教育部(北京师范大学)师德师风建设基地面向师德涵养实验区开展第七期"京师木铎"直播课活动，此次课程特别向张家口的老师们开放。本期直播课邀请到了中国台湾传统文化大家、哲学家、美学家、中国台北艺术大学教授、北京师范大学客座教授辛意云先生。辛先生长期跟随钱穆先生，传承钱穆先生思想和教育情怀，致力于推动海峡两岸中华传统文教交流活动。辛先生结合自己的教育教学和生活实际，阐释了《论语·为政》带给当下教师的"为政"之观念，了解"为政"与"孝悌"的联系，引领老师们对人类未来发展性和可能性的思考，感受爱的能力和和谐关系，做不器的谦谦君子，从而实现生命的觉醒和成长。

2023 年 2 月 19 日，由北京师范大学承办的张家口市教师教育"种大树"计划师德高级研修项目——《论语》线上跟进式百日学习活动正式开班。秉持着高度自愿的原则，张家口市共有 32 名校(园)长、优秀教师参加了此次线上学习，另外的 68 名学员教师将参加北京师范大学师德提升在线平台学习。

(三)学科教学培训

1. 语文、英语

2019 年 11 月 6 日，以"以统编教材为中心教学改革与实践研究能力的提升"为主题的河北省张家口市小学语文骨干教师培训班在首都师范大学东校区举行。该校初等教育学院副院长张志坤、班主任王冰以及张家口市 43 名骨干教师出席了本次开班仪式。班主任王冰老师从培训主题、培训目标、培训内容、实施方式、培训对象、培训时间、培训地点、日程安排、师资团队、评价结果与组织管理十一个方面对本次培训进行了全面的解读。

2019 年 11 月 14 日下午，河北省张家口市小学语文骨干教师课改培训班结业仪式在北京举行。在培训期间，学员们了解统编语文教材的整体变化，帮助一线语文教师解读统编教材，调整课堂中的"教"与"学"行为，提升教学理解与反思能力；通过专家讲座，学员们提高了语文学科教学内容(汉字理解、文本解读)的分析与教学设计能力；通过现场观摩语文常态课及与北京市知名小学教师的评课活动中的共研共享，学员们提高了语文教学的研究、反思能力。

2. 物理

2019 年 11 月 20 日至 22 日，首届"京津冀"名师工作室联谊暨初中物理课堂文化建设研讨会在张家口市宣化区第六中学举行，此次活动由河北省张家口市宣化区教育和体育局主办，宣化区第六中学协办。参加此次活动的有衡水市张咏梅名师工作室成员、保定市冯伟名师工作室成员、廊坊市刘立华名师工作室成员、海淀区进修学校以及天津市和宣化区各学校近 200 名教师。

3. 音乐

2019 年 11 月 20 日上午，以"促进儿童音乐素养发展，落实音乐教师学科教学能力"为主题的河北省张家口市小学音乐骨干教师培训班开班仪式在首都师范大学初等教育学院东校区召开。2019 年 11 月 28 日下午，培训班结业仪式在北京市举行。在此过程中，参训成员不仅与大学教授、小学骨干教师以及教研员共话小学音乐教育，还进入北京三所具有艺术特色的小学，观摩了金帆合唱团和班级合唱，进行了常态课观摩，聆听了儿童的天籁之音，感受了班级合唱教学的魅力。

4. 书法

2018 年 11 月 13 日，首都师范大学初等教育学院与张家口教育局合作举办"张家口贫困县小学书法骨干教师课改培训班"，截至 11 月 22 日，圆满完成为期 10 天的培训活动。其间，首都师范大学初等教育学院教师以欧阳询《九成宫》为基础，分别从笔法、结构、章法、集字创作等方面对学员们的书写进行指导。

2018 年 11 月 13 日至 22 日，由首都师范大学初等教育学院与张家口市教育局合作举办"张家口贫困县小学书法骨干教师课改培训班"顺利结课。此次培训内容主要分为两大部分：第一部分专注于小学书法教师在课堂教学与实施能力的培养；第二部分则是提升小学书法教师在书法技法方面的能力。学员们还实地考察了丰台区长辛店中心小学和海淀区民族小学的书法课堂。在校长的带领下感受校园文化，体验学校书法教学特色，并且与两所小学的书法教学负责人进行了深入的交流和探讨。

（四）教育信息技术

2018 年 10 月 22 日至 28 日，张家口市崇礼区信息化教师赴北京东城区教育信息中心参加培训。其间，东城区教育信息中心邀请中国科学院计算技术研究所、北京工业大学、北京市教育信息网、东城区教育研究中心等专家举办六场专题讲座；带领教师深入北京市第一师范学校附属小学、北京市第二中学、北京市东城区教育信息中心等三所单位，开展信息化建设深度交流；并组织到访华为公司，参观华为北京实验室及华为北京展厅。培训结束后，所有参与培训的教师参加考核，并获颁结业证书。

2019 年 5 月 28 日，2019 年张家口市信息技术骨干教师综合能力高级研修班在北京开班，围绕"信息技术与人工智能"这一主题，来自张家口市的 40 位小学信息技术教师将接受为期 10 天的培训。北京教育音像报刊总社党委书记兼社长李开发、北京市教委扶贫协作与支援合作处副处长陈彦舟、张家口市教育局副局长郑民强、张家口市教育信息中心副主任连晓红出席了开班仪式。此次研修班由北京市教委、河北省张家口市教育局主办，北京教育音像报刊总社承办。李开发书记介绍道："此次培训课程，针对张家口市信息技术教育现状量身打造，具有系统性、前沿性及实用性。除了理论和技能培训外，学员们将前往北京第一师范学校附属小学、北京丰台一小和中国教科院朝阳实验学校，进行实地调研考察，学习了解北京市在信息技术教育中的应用情况和经验。"郑民强副局长表示，此次研修班是东西部对口帮扶的协作项目，是为落实《全面深化京冀扶贫协作工作三年行动框架协议》而设立的。参培教师完成学习计划后，将作为张家口市信息技术教育的带头人，带领全市完成此次课程改革的重要任务。目前，借助北京教育音像报刊总社的专家资源和社会资源，已形成较好的工作机制和模式，确保了援受双方相向而行，形成合力。

（五）教学改革

2019年10月，100位来自张家口贫困县区的航空（航模）教育辅导员在北京航空航天博物馆开始了正式的培训学习。为了保证培训质量，北京航空航天博物馆不仅邀请北京航空航天博物馆常务副馆长韩国军为学员作了题为"空天文化与航空科普"的讲座，还邀请中国人民大学特聘团建培训师赵金明为学员组织了一系列破冰、组建团队、团队游戏活动，让学员们在活动中相互了解。

2022年7月12日至13日，由北京教育科学研究院办公室副主任吴震、基教研中心综合实践活动教研室主任梁烜、小学劳动教研员吴洋组成送教团队，前往张家口市示范性综合实践基地开展送教活动。活动过程中，梁烜、吴洋两位老师分别以《中小学综合实践活动课程指导纲要》解读与实践基地活动设计、《综合实践活动课例分析与研讨》和《义务教育劳动课程标准（2022年版）》解读与教学项目开发、《北京市特色劳动教育课程案例解析——学校与基地的差别》为题开展了讲座，与基地教师就关注的实际工作问题进行了讨论交流。此次送教活动，对促进基地教师拓宽教学视野、提升理论水平与课程研发能力起到了积极作用。

京津的支持和帮扶，无疑为张家口培养更多专业化高素质教师注入一针"强心剂"。值得注意的是，打造一支师德高尚、业务精湛、充满活力的高素质专业化创新型教师队伍是一项系统工程，今后三方还需将师资建设统筹于教师培养、使用、服务保障全过程，聚焦重点环节、筑牢强师之基。

四、为学生搭建展示自我的平台

基础教育的新课程观主张让学生乐中学、学中乐，重视通过开展各种文体和兴趣活动，让学生开阔视野、增长知识，从而提高学生的学习能力和知识水平，促进学生的身心健康发展。张家口在与京津协作沟通的过程中，积极安排各种活动，提高学生的综合水平

2016年4月6日，"携手共筑科技梦，快乐科普进校园"启动仪式在张家口市第十中学举行。为了科普活动的常态化，北京市教委还向张家口市中小学校捐赠了40套"科普教育资源包"以及科普影片《探梦实验室》。同时，索尼探梦科技馆的工作人员为现场600多名来自张家口市第十中学、张家口市建国路小学的学生代表们带来了精彩纷呈的互动科普实验表演，在场的学生们无不欢呼雀跃。"科普进校园"活动是北京市教委主办的一项传统型科普活动，目的是要把优质的科技教育资源送到远郊区的中小学校，提升山区学生的科学素养，促进全市科技教育的均衡发展。自2008年开始，由北京学生活动管理中心与索尼探梦科技馆在北京地区联合开展，八年来，累计为北京市12个区的546所学校的20余万名学生送去了精彩的科普实验活动，让学生感受和体验科技的神奇与魅力，这对于启发他们的科学思维、激发他们的科学兴趣起到了积极作用。

2018年10月12日，由北京市延庆区教委与张家口市教育局联合举办的"迎冬奥，赞家乡"演讲比赛，在延庆第三中学举行。比赛结束第二天，两地获奖选手还到世葡园进行拓展参观，获得一等奖的两地选手代表还进行了演讲展示。今后两地还将借助京津冀协同发展战略和北京联合张家口举办第二十四届冬奥会之契机，深入开展教育文化交流活动，扩大合作领域，打造京张教育协同发展品牌。

学校活动蕴含着丰富的育人资源，张家口市与京津地区联合开展的学生活动时，基于学生发展的目标导向，对活动进行生活化设计并加强热爱家乡的自我体验，回归学生成长的生命之义。关注学生成长的问题和需求，找到合适的活动切入点；活动中，全面捕捉学生生成性问题，发现他们在活动中出现的矛盾冲突，

给予过程指导；活动后，关注学生体验和情感升华，给他们留出自主分享的充分空间。

五、推进以冬奥会为主题的京张冰雪运动项目合作

2022 年冬奥会是张家口发展的一大机遇。自冬奥会申办成功以来，为深入贯彻习近平总书记提出的"实现三亿人参与冰雪运动"指示精神，张家口市建立完善冰雪人才培养机制，加大京津冰雪运动的培训师资和设备输入力度，加快培养综合性冰雪运动人才。

首先，京津两地为张家口在冰雪运动陪练、救护专业学生，冰雪运动员后备人才等方面的培养过程中提供培训师资和设备。成立了张家口市青少年冬季奥林匹克运动学校，与北京理工大学附中、北京延庆体育运动学校、天津十四中、河北衡水中学等七所学校联合成立京张青少年冰雪教育联盟。

其次，连续两年与北京市昌平区教委联合举办"北京·张家口迎冬奥青少年多米诺大赛"，生动展现了京张两地学生心目中的冬奥会。张家口市教育局与中央电视台少年中国行栏目组联合举办的"少年冬奥研学体验营"活动在张家口市崇礼区、张北县和尚义县分五期举办，共有来自包括北京、天津、重庆、山东等11 个省市的约 1000 名中小学学生感受了冬奥氛围和冰雪运动的魅力。

再次，北京市教委于 2022 年启动京张"姊妹校"共建活动，涵盖了体育、艺术、劳动教育、研学实践等诸多教育内容，张家口市教育局从全市中小学校中遴选首批 43 所中小学校参与"姊妹校"共建。2019 年 7 月，张家口雪上运动培训联盟正式成立，成员由张家口市冰雪运动特色学校、开展雪上运动相关专业学历教育的大中专院校、社会培训机构、滑雪场等 87 家机构和个人构成。该联盟成立后，将定期开展联盟交流培训活动，不断加强雪上运动行业间的交流合作，有效整合学校、培训机构、滑雪场等雪上运动行业资源，建立信息资源共享机制。

众所周知，交通和网络通信技术的进步，极大程度上降低了区域间互动沟通的成本。现阶段的学校教育尤其是基础教育仍然需要物理设备的支持，这就使得地理位置成为影响京津冀区域基础教育合作关系形成的重要因素。张家口市正是凭借独特的区位优势，在京津冀区域基础教育协作发展中取得长足进步。与河北省其他市区在京津冀基础教育协同发展进程中的角色和行动相比，张家口突出表

现为抓住了教育扶贫和 2022 年北京冬奥会这两大有利契机。贫困地区教育不仅可以斩断贫困的恶性循环链，还能为贫困地区的经济社会发展输送优质的人力资源，有助于加快贫困地区群众增加收入的步伐。然而，相对于见效快、周期短的产业扶贫而言，教育扶贫具有见效慢、周期长的潜隐性特征。以往国内其他地区在推进教育扶贫的实际操作中，缺乏对教育精准扶贫价值功能的充分认识，将教育精准扶贫视为政治任务去落实，从而将工作重心和资源放在容易出成绩的扶贫领域。因此，当前教育精准扶贫需要进一步深化，以应对教育精准扶贫理念的非系统性。京津地区针对张家口市的教育扶贫较好地实现由"输血"向"造血"、由单向供给向双向协同、由交流交往向交心交融、由教育教学质量向高质量教育体系构建转变。京津两市和张家口市切实把思想和行动统一到中央的决策部署上来，不断推动"组团式"教育帮扶提质增效、转型升级，重点在提升受援地教育发展内生动力、发挥智慧教育"倍增器"作用等方面下功夫。与此同时，张家口市以冰雪场地设施建设为基础，以冰雪赛事活动为引领，以青少年冰雪专门人才培养为重点，大力普及发展冰雪运动，尽量拓展参与冰雪运动群体规模，不断提高冰雪运动竞技水平，巩固全市冰雪运动推广普及成果。如今，张家口全力打造的冰雪运动不仅成为其在融入京津冀基础教育协作中的亮点和特色，更是成为冰雪运动教育的"全国样板"。

第二节　环京津沧州市基础教育协同发展状况

河北省环京津地区包括与京津接壤的唐山、沧州、廊坊、保定、张家口、承德六个设区市。从地理位置上看，该区域自然条件优越，毗邻全国科研中心、金融中心、北方经济中心和高端人才聚集地，可以说是近水楼台先得月，具有得天独厚的优势，是河北省推进城市化、工业化、市场化和参与国际竞争与合作的先行之地和重点之地；从产业基础上看，该区域建成了一批在国内具有重要影响的钢铁、石化、装备、能源、建材等工业基地，培育了一批具有一定规模和较强竞争力的企业集团，涌现出一批信息网络、新能源、新材料、现代物流、休闲旅游等产业增长点，为加快产业发展奠定了坚实基础；从资源禀赋上看，该区域具有富集的油气、铁矿、煤炭、盐等自然资源，广阔的耕地、山场、盐碱荒地（滩涂)等土地及海域资源，厚重的人文、社会、旅游等资源，为产业开发提供了重要保障；从基础设施上看，该区域形成了以北京和沿海港口为枢纽的海陆空综合交通运输网络，建成了地表水、地下水和非传统水资源多源联供的供水工程体系，构建起了以煤电为主力、多种新能源为补充的电力供应体系及油气管道输送体系，良好的基础设施条件为产业发展提供了有力支撑。① 因此，加快环京津地区公共服务事业尤其是基础教育发展，既是河北的需要，也是全国的需要，符合规律，顺应民意。此处集中探讨沧州市与京津合作倡议中基础教育协同发展的相关问题。

沧州市教育局积极贯彻落实沧州市委、市政府关于推进京津冀协同发展的工作部署，组织各级教育行政部门、各级各类学校紧密对接京津教育资源，与京津学校、教科研单位和企业组织开展了多种形式的合作与交流。例如，2020年针对来沧商户子女就学问题，沧州市教育局积极协调运河区教育局、颐和中学解决明珠商贸城北京商户175名子女的中、小学就读问题，主动为北京商户解除来沧经营的后顾之忧，积极为承接非首都功能疏解任务服务。本书选择沧州市作为样本，探讨河北省环京津地区基础教育协同发展状况。

一、政府对接京津优质教育资源

在京津冀协同发展的过程中，政府扮演着至关重要的角色。其功能与作用主要体现在以下方面：首先，政府负责确立并推动实施津冀教育协同发展的战略目标；其次，政府是推动京津冀整体协同发展的核心力量；最后，在面对京津冀协同发展所衍生的各类问题时，政府亦需发挥其不可或缺的作用。因此，尽管京津冀教育协同发展需依赖其内在的自发性，但政府的功能与作用依然不容忽视，是确保教育协同发展顺利进行的关键因素。

（一）任丘市与北京师范大学的协作

任丘市历史久远，秦朝设鄚县，属上谷郡。汉平帝元始二年(公元2年)，巡海使中郎将任丘筑此城为防海口，此地遂名"任丘"，此后一直沿用。清沿明制，

---

① 戈钟庆. 低碳经济与河北转型研究[M]. 北京：中国经济出版社，2013.

雍正二年（1724年），为避孔子讳，"任丘县"被改名为"任邱县"。任丘历史古迹较多，曾被誉为"天下第一大庙"的鄚州庙，战国时期燕赵边界的十二连桥，北宋名将杨六郎屯兵堡垒，以及著名的鄚州、阿陵、谒王、高郭古城遗址，以及明成祖的乐驾台，清康熙、乾隆的行宫等均于此地设置。清代任丘的桂岩书院因著名文学家边连宝主持院务而增色不少，甚至有架构文学与教育两大学科领域的意义。新时期，继续发扬尊师重教的传统，优先发展教育事业，并取得了显著成效。

任丘市为了补充本市优质教育资源，主动与北京名校对接，以满足人民群众对优质教育的需求。2015年，任丘市与北京师范大学开展全面战略合作，签订了合作建设北京师范大学附属中学任丘分校的协议。依据协议，该校由北京师范大学、任丘市人民政府、祥兴集团本着平等互利、友好合作的原则共同成立，由祥兴集团旗下子公司任丘冠信科教投资有限公司全资举办的一所民办公助体制创新型学校。2016年，北京师范大学附属中学任丘分校正式建成。该校位于任丘市裕华西路教育园区，北临裕华路，南临新华路，西临胜利道，东临黄山道。2017年9月，学校招生开学，学校占地约503亩，建筑面积26万平方米，涵盖高中、初中、小学和幼儿园四个层次，可容纳学生1万余人，总投资19.8亿元。2021年10月28日，按照上级关于规范民办义务教育相关要求，北京师范大学附属中学任丘分校更名为任丘京师学校。目前，该校教育教学工作平稳有序进行，并先后荣获全国首批青少年校园冰雪运动特色学校、北京2022年冬奥会和冬残奥会奥林匹克教育示范学校、中国阅读儿童提升计划项目实验校、WEO轮滑示范学校等荣誉称号。

（二）肃宁县与北京市忠德学校的协作

肃宁县位于雄安新区正南50公里，地处京津石三角中心位置，距北京、天津、石家庄均为150公里，距黄骅港160公里，距北京大兴国际机场、天津滨海国际机场、石家庄正定国际机场130公里；G337、G240两条国道过境，大广、沧保、曲港、石黄、石津、京德六条高速公路纵横环绕，京九、朔黄、正在建设的京雄商高铁和规划建设的定沧城际铁路四条铁路在肃宁交会，肃宁将融入首都"一小时经济圈"，成为京津冀协同发展中重要的交通枢纽。便利的交通及位置条件，成为肃宁县对接京津优质教育资源的天然优势。

2017 年，北京忠德教育集团以北京市忠德学校为基础，在肃宁县成立了一所集幼儿园、小学、初中、高中于一体的全日寄宿制民办学校——肃宁县忠德实验学校。肃宁县忠德实验学校位于肃宁县城肃水西路，占地 120 亩，总建筑面积 12 万余平方米，现有在校生 5000 余人，教职工 550 余人。该校以中国基础教育的传统优势与国际先进的教育理念相结合，在双语教学和多元文化背景下为学生提供最优质的课程体系，最大限度地满足学生的发展需要。现阶段，肃宁县忠德实验学校在教育教学方面已形成了五大特色：一是一体化教学，课程体系按小初高一贯制研发；二是小班化教学，课程设计适合小班化教学，小班每班不超过 45 人，让每一个孩子都能得到更多的关爱；三是个性化教学，适应分层教学模式的课程结构，满足不同层次学生的发展需求；四是模块化教学，在课堂教学中采用小组合作五步教学过程培养学生的分析问题和解决问题的能力；五是多样化教学，根据不同学科的特点采取不同的教学方式和设置多样的课程，以便满足各类学生的学习需求。2021 年 1 月，肃宁县忠德实验学校入选"2020 年全国青少年校园足球特色学校名单"。

（三）渤海新区与北京师范大学的协作

沧州渤海新区黄骅市位于河北省东南部，东临渤海，北依京津，南望齐鲁，地处环京津、环渤海"双环"位置。陆域面积 2212 平方公里，海域面积 889 平方公里，海岸线 116 公里，辖 5 个功能园区（临港经济技术开发区、中捷产业园区、南大港产业园区、港城产业园区、黄骅经济开发区）、11 个乡镇、3 个街道办事处、331 个行政村，常住人口 63.8 万，是省市重点打造的沿海经济增长带龙头和改革开放高地。随着行政管理体制改革深入推进，渤海新区黄骅市实现"区政合一"，得天独厚的区位、港口、交通、资源、政策优势加速释放，这里正在成为汇聚增长新动能的"发展热土"，吸引国内外投资者的"黄金宝地"。近年来，渤海新区主动担任承接北京非首都功能疏解和大规模开发建设的重要使命，积极吸引和引进京津高质量教育资源。

2014 年，由北京师范大学、中捷产业园区管委会、祥兴集团联合创办的一所十二年一贯制非营利性民办学校，同时也是北京师范大学与沧州市创办的首所合作学校——北京师范大学沧州渤海新区附属学校，建成并投入使用。北京师范大学沧州渤海新区附属学校位于渤海新区中捷产业园区，而渤海新区又处于环京津、环渤海中心地带，全面进入京津1小时经济圈，承接京津冀一体化发展重要功能，区位优势明显。学校总占地面积300亩，总建筑面积15万平方米，总投资10亿元，涵盖高中、初中、小学三个层次，总投资10亿元。北师大渤海附校承京师之导训，以仁爱树行端，以温暖铸校魂，坚持"低进高出，高进优出"的办学原则，对学生生活习惯、行为习惯、学习习惯、品行修养等方面进行科学有效的培养，使规范意识成为学生的共同行为准则，让每一个学生成为品行兼备的好少年。按照上级关于规范民办义务教育相关要求，该校已于2021年11月11日更名为沧州渤海新区京师学校。目前，沧州渤海新区京师学校的教育教学情况一切正常。

（四）沧州市教育局石油分局支持与京津学校合作

沧州市教育局石油分局位于河北省任丘市渤海西路，原为华北石油管理局教育培训中心。2004年根据《国务院办公厅关于中央企业分离办社会职能试点工作有关问题的通知》（国办发〔2004〕22号）精神，由华北石油管理局移交沧州市人民政府管理。多年来，在各级领导的关怀和支持下，石油分局正按照"一个统揽"（以办好人民满意的教育为统揽），贯彻"两个服务"（服务油田、服务地方），坚持"三个有利于"（有利于学校发展，有利于学生成长，有利于教职工权益保障），加强"四个建设"（基础建设、内涵建设、生源建设和队伍建设）的工作思路，着力打造"管理规范、特色鲜明、内涵丰富、成绩优良"的油田中小学教育形象。

近年来，沧州市教育局石油分局不仅遴选了两所中小学与北京、天津优质中小学结对子，还促成区域内多所学校与京津名校开展友好交流活动。例如，华油一中和天津大学附属中学自2016年建立友好合作关系以来，两校多次举行高三备考研讨活动；华油一中河北省名师温和群工作室成员奔赴天津大学附属中学开展教学交流研讨活动。

（五）黄骅市教育局支持与京津优质学校合作

黄骅市位于河北省东南部，东临渤海、南接山东、北倚京津，地处东北亚经济圈的中部位置和"环渤海、环京津"的"双环"枢纽地带，是我国跨世纪四大工程之一——神华工程的龙头，黄骅港位于境内的港城开发区，已成为河北省对外开放的重要窗口。历史上的黄骅曾是贫穷落后的地方，人们称这里是"苦海沿边"。中华人民共和国成立后，黄骅发生了巨大的变化。特别是改革开放以来的20年间，全市上下坚持以经济建设为中心，解放思想，深化改革扩大开放，扎实苦干，全市经济和各项事业得到快速发展。1995年率先成为全省第一批小康县市，综合经济实力连续四年跻身"河北十强"（县）市行列，并成为中国明星县市和全国综合改革试验县（市）。在近年的教育事业发展进程中，黄骅人民继续发扬艰苦奋斗的优良传统，借助京津优势资源发展区域教育。

黄骅市教育局积极推动黄骅中学、黄骅第五中学、天健湖小学分别与北京十一学校、北京第八十中学、北京中关村第三小学结对子，尝试与京津名校合作办学，通过借鉴名校成功经验，打破陈旧办学思维；南大港第二完全小学与天津上古林小学建立友好交流关系，开展教育教学交流活动；南大港初级中学正在和天津北京师范大学静海附属学校签订合作协议；南大港高级中学与天津津衡高级中学签订合作协议。

二、各中小学主动对接京津优质教育资源

沧州市各中小学在市域教育部门的带领下，立足自身实际和发展需求，利用一切有利机会，同京津名校建立合办关系，取长补短，努力实现共赢。

（一）黄骅中学积极引进京津优质教育资源

沧州市黄骅中学作为河北省50所示范性高级中学之一，始终坚持"以人为本，和谐发展"的办学理念。站在新的历史起点，该校自觉融入京津冀协同发展战略，积极引进京津的优质资源提升自身的办学质量。例如，学校自2020年开始与神州智达文化传媒有限公司合作，开展了"学校高远发展"项目，即通过线上、线下等多种培训方式，提高培训受众，提升学校的管理水平和教师的业务能力；2018年3月至2021年，学校与北京浩博恒远国际教育咨询有限公司合作，开展了"高三优秀学生培养工程"项目，引进高水平专家团队入校讲座，以提高学校考入"双一流"大学的数量和质量以及强基上线率、本科上线率。

（二）积极组建联盟校

为持续推进市域内相关学校和北京人大附中经开区学校、北京第八十中学教学集团的对接，沧州市教育局先后选派沧州市第十四中学和沧州市第十七中学的校长作为联络人，加强相互间的沟通协调，全面推动联盟校建设，不断提升"运河教育"的知名度。

（三）加强校际交流合作

沧州市兴业路小学和北京市朝阳区垂杨柳小学金都分校建立手拉手共建校关系，两校拟在办学理念、教学经验分享、名师结对帮扶、优势资源共享等方面进一步扩大交流合作，推动北京优质基础教育资源同河北共享，促进沧州经济开发区的教育发展再上新台阶。沧州市渤海新区第一中学与北京市第十八中学、沧州市渤海新区第二中学与北京市第十五中学、沧州市渤海新区第三中学与天津市北辰区实验中学、沧州市渤海新区第四中学与北京市第九十四中学签署了合作协议，结成教育教学结对帮扶关系。献县一中与北京人大附中组成结对帮扶关系。沧州市民族中学与北京市第三十五中学建立了学校联盟关系。沧州市高新区实验学校和北京市芳草地小学结为对子学校。海兴县的海兴中学与北京顺义区牛栏山第一中学组成结对关系。海兴县第二中学与天津实验中学结对帮扶。河间市第一中学、河间市第十四中学与北京一零一中学签订对接协议。河间市曙光小学、瀛州中学与北京市丰台区太平桥学校开展结对共建活动。

三、加强与京津教学科研互动交流

教育科研，作为区域教育改革与进步的强劲动力源泉，无疑是推动教育品质跃升的首要生力军，更是加速教师专业素养蝶变的催化剂。沧州市秉持着"科研引领教育繁荣"的坚定理念，聚焦于拓展和深化校本研修的广度与深度，将其视为促进教师队伍专业成长的核心环节。同时，积极构建与京津等教育高地的教学科研交流桥梁，搭建起一个资源共享、智慧碰撞的区域教育协作平台。这一举措不仅拓宽了教师的视野，更为教育教学方法的创新与实践提供了肥沃的土壤。

（一）依托教育学会组织，形成常态化教学科研交流

沧州市教育局积极发挥地市级教育行政部门的主导作用，将与北京市教育学会的深度合作作为京津冀教育协同发展的重点项目推动。2023年6月25日，北京市教育学会常务副会长唐亦勤一行四人应邀来到沧州，与沧州市教育局局长吕荣锋洽谈教科研方面的长期战略合作框架。2023年7月10日，沧州市教育局局长吕荣锋带队赴北京同北京市教育学会再次进行深度洽谈，双方签署了《沧州市教育局、北京市教育学会战略合作框架协议》。双方将通过开展交流互访、学科教学研讨、重要课题及项目研究、学术成果分享等活动，共同探讨京沧教育科研深度合作新模式。根据《协议》，双方将在教育科研等方面进行全方位、深层次的战略合作。沧州将依托北京市教育学会教育科研人才及资源优势，打造教育文化品牌，还将通过开展交流互访和教育学会分支机构的学科教学研讨活动，与北京市教育学会共同进行教育领域的重要课题及项目研究，分享重要学术成果。同时，双方确定了2023年具体合作事项：沧州市派团队参加北京市教育学会年会（基础教育论坛）；考察北京市科学教育等特色课程先进学校；加盟小学数学名师吴正宪（国家教学成果奖获得者）工作室；创建"沧州教育大讲堂"平台；依托北京市教育学会，聘请教育专家对全市教育系统干部、教师、教研员进行专题培训；聘请北京市高中教育专家对沧州高中语文、英语、数学学科教师进行"高考备考复习"专项培训；沧州市普通高中学科核心教研组"浸入式"参加北京市区域学科品牌教科研活动。

沧州市教育学会与北京市教育学会具有优良的学术交流传统，在京津冀协同发展大背景下，两者之间的联系变得更密切。例如，2016年4月，沧州市组织20余名教育工作者参加了北京市教育学会举办的"第一届中华运河文化教育高峰论坛"；2017—2019年，沧州市连续三年选派了80多名教育骨干参加了北京市教育学会年会，考察了北京市第八十中学、史家胡同小学等多所中小学特色学校，学习了北京市的教育改革经验；2017—2019年，沧州市组织了100多名教育骨干参加了中国教育信息化国际峰会暨国际智慧教育展览会，推动了沧州教育的信息化。上述交流活动，为进一步开展双方的深度合作奠定了坚实的基础。

（二）开展教育科研深度合作

沧州市教育局与北京市教育学会的合作聚焦于教育科研，着力点落在务求实效的深度合作上。双方确定了 2023 年度具体的合作事项：一是沧州市派团参加北京市教育学会年会（基础教育论坛）；二是考察北京市科学教育、博物馆特色课程等先进学校；三是加盟小学数学名师吴正宪（国家教学成果奖获得者）工作室；四是创建"沧州教育大讲堂"平台，依托北京市教育学会，聘请教育专家对全市教育系统干部、教师、教研员进行专题培训；五是聘请北京市高中教育专家对高中语文、英语、数学学科教师进行"高考备考复习"专项培训；六是沧州市普通高中学科核心教研组"浸入式"参加北京市区域学科品牌教科研活动。沧州市教育局举办的"专兼职教研员、核心教研组成员培训活动"，培训主题为"新时代教科研工作的基本要求和方法策略"，培训专家为北京市教育学会副秘书长朱立祥和北京市东城区教科院副院长张述林，培训以线上线下相结合的方式进行，全市专兼职教研员、普通高中核心教研组成员、中小学（幼儿园）教学管理干部共计 1600 余人参加了培训。

（三）依托区域优势，打造沧州教育形象

沧州市教育局与北京市教育学会的合作只是深度融入京津冀教育协同发展的一个着力点，沧州市教育局正在谋划充分发掘沧州市大运河文化资源优势，利用"河海沧州、文武之城"的区域文化优势谱写沧州教育改革开放的大文章。2018年在天津市举办的第二届"中华运河文化教育高峰论坛"上，沧州市第五中学介绍了开展大运河教育的经验。2023 年，市教育局邀请北京市教育学会专家考察了中国大运河非物质文化遗产展示馆和沧州市第五中学，作为"中华运河文化教育高峰论坛"发起单位的北京市教育学会对此给予了高度评价，表达了在开展大运河文化教育活动方面进行深度合作的意愿。沧州市教育局也在积极谋划利用多个大运河沿岸城市参加的"中华运河文化教育高峰论坛"来推动沧州教育的改革开放步伐，在全国培养树立沧州教育的良好形象。

四、拓展行之有效的师生交流活动

教师与学生构成了教育过程不可或缺的两个核心组成部分。教师，作为知识

的灯塔，不仅负责照亮学生前行的道路，更致力于点燃他们内心的求知之火。他们不再仅仅是书本知识的灌输者，而是成为引导学生探索未知世界的引路人。而学生，不再是被动接受知识的容器，而是主动求知、勇于探索的个体。在教师的引导下，学生们学会了如何提出问题、分析问题并寻求解决方案。他们积极参与课堂互动，与同伴们分享见解，共同解决问题。因此，在京津冀基础教育协同发展实践中，我们不仅要高瞻远瞩，规划大局，更要细致入微，主动为师生构筑茁壮成长的坚实舞台。

（一）选派中小学校长和教师赴京跟岗培训

2023 年，第一期：6 月中旬前，选派校长 6 名；第二期：12 月中旬前，选派校长 6 名。之后长期推进。12 月 31 日之前选派 3 名骨干教师和 70 名学科教师到北京、天津中小学名校跟岗学习，要求找准本校及自身不足，带着问题跟岗学习。12 月 15 日之前选派 130 名教师和教育管理人员到北京、天津知名高校进行培训。8 月 30 日和 10 月 31 日之前分两个批次聘请北京、天津教育专家到沧州进行交流上课和业务培训，每个批次 300 人。

（二）为学生创设展示才华的平台

2016 年 12 月，沧州市第二中学组织校辩论队代表河北省参加了由北京市教育委员会、天津市教育委员会、河北省教育厅主办，北京语言文化建设促进会承办的第二届京津冀中学生辩论赛，荣获亚军。2017 年 11 月，在第三届京津冀中学生辩论赛中，沧州市第二中学获得了季军，王晨浩同学获得最佳辩手称号。2018 年 12 月，在第四届京津冀中学生辩论邀请赛中，沧州市第二中学获亚军。赵凤荣、陈蒻荣获最佳辩手称号。2021 年、2022 年沧州市第二中学先后组织学生参加第七届、第八届京津冀中学生辩论赛。

（三）多途径满足学生全面发展的需求

为帮助学生做好高考期间焦虑情绪管理，沧州市教育局邀请北京师范大学心理学部党委书记、学生心理咨询与服务中心主任乔志宏，进行了一场"考前焦虑情绪管理"线上公益讲座。乔主任从如何理解考前焦虑的状态表现，认识学习压力与考试表现的规律，察觉学生的焦虑状态与程度，调节焦虑情绪稳定的管理措施，学生及家长要做的考前准备等四个方面，为广大师生和家长进行了一次考前心理准备和情绪管理疏导教育，共同创建平安、健康、文明、和谐的家校成长环境营造了良好氛围。为深入提升学生审美和人文素养，推进全市学校美育高质量发展，沧州市教育局联合中国乐器协会文化专业委员会、北京市器乐协会对我市中小学生器乐学习进行指导，并举办"艺术教育在沧州"成果汇演。邀请前国家女子足球队商瑞华创建的足球俱乐部，为全市体育老师开展足球裁判培训讲解，参加培训的学员是来自各中小学的足球教练员、裁判员。

一般而言，一个地区的文化根源或文化传统相对稳定，但是，文化并不总是一成不变的。随着经济社会的变迁，其文化模式及形态也会随之调整。在我国目前社会所处的新时期下，社会转型对教育发展提出了更高的要求和挑战，而当前文化形态中传统型、现代型及后现代文化模式纷杂。作为文化传承的教育要对当代文化作出适时的反应，使其与时代相适应，从而实现对传统文化去粗取精，对现代文化扬弃和吸收。沧州市在融入京津冀基础教育协作发展的进程中，与京津达成了以大运河文化为主体的文化认同，并在此基础上作了符合新时代特点的诠释与解读。大运河文化既是隋代至今发挥运输交通的一项重大水利工程，在此漫长历史进程中创造了无限的物质财富和精神资源。总之，大运河文化既是大运河形成的历史过程，也包括了各种形式的大运河物质遗产，还包括与大运河有关的管理制度、民风民俗传说故事、诗词歌赋，以及各种形式的艺术成果。沧州市与京津地区在基础教育领域合作的过程中，生动呈现了大运河包容与统一、扩散与开放、创新与发展的特征。正是由于在这种以交流为特征的大运河文化的熏陶下以及对大运河文化的强烈认同感，沧州市与京津地区的基础教育合作显得灵活而多样，同时又兼顾了基础教育合作的深度和教育学的专业性。

第三节　远京津石家庄市基础教育协同发展状况

远京津冀地区包括衡水市、邯郸市、邢台市和石家庄市，这些地级市在地理上距离京津较远，但也都有自己的特色和优势。根据《河北省城镇体系规划（2016—2030 年）》，远京津地区的发展定位很明确。例如，京石邯城镇发展带——以京广铁路、京广客专、京石城际、石邯城际、京港澳高速等复合交通廊道为依托，以石家庄、保定、邯郸、邢台为核心，增强定州、涿州、武安等城市的聚集能力，打造京津冀与华中、华南地区联系的大通道；石衡沧城镇发展带——以石衡沧客专、石黄高速公路等为依托，以石家庄、沧州、衡水为核心，增强辛集、黄骅等城市的聚集能力，打造冀中南地区及广大中西部地区的出海通道；以石家庄主城区为核心，统筹井陉矿区、鹿泉区、栾城区、藁城区、正定县空间资源，打造石家庄都市区；以衡水主城区为核心，统筹冀州区、武邑县、枣强县空间资源，打造衡水都市区；以邢台主城区为核心，统筹沙河市、邢台县、任县、南和县、内丘县空间资源，打造邢台都市区；以邯郸主城区为核心，统筹峰峰矿区、永年区、肥乡区、磁县、成安县、临漳县空间资源，打造邯郸都市区。该规划同时指出，石家庄作为省域中心城市，要加快发展，做大城市规模，提升城市功能，强化高端引领和辐射带动作用，打造京津冀世界级城市群两翼具有重要影响力的中心城市，带动冀中南地区与冀东地区发展，增强与京津的协调联动和功能互补能力，形成京津冀协同发展的重要支撑。

　　本节拟选择石家庄市作为远京津地区推进京津冀基础教育协同发展的代表。自京津冀协同发展战略实施以来，石家庄市教育系统主动作为、抢抓机遇、多措并举、精准发力，积极对接京津优质教育资源，取得了一系列的阶段性成果。

一、通过合作协议提供京津冀基础教育协同发展政策支持

　　随着区域经济一体化进程的推进，政府间区域合作协议是跨行政区划教育合作的一种新形式。为解决诸如行政壁垒、地方保护等阻碍区域一体化发展的障碍，以及不断涌现出的各类跨区域公共问题，长三角、环渤海、东三省、泛珠三角、粤港澳大湾区。这些经济文化背景相近的行政区域之间的教育合作越来越频繁，政府之间最常用的方式就是沟通协商，签订合作协议。为确保合作的长期性、稳定性和规范性，石家庄市在与京津地区教育对接和合作时，同样注重签订合作协议这一种有效方式。

(一)石家庄市与北京市教育委员会签订合作协议

2015 年 10 月 14 日，北京市委教育工委、北京市教委、北京市政府教育督导

室领导班子成员与石家庄市委、市政府有关领导，市教育局、正定县、正定新区的主要负责同志举行座谈会，就如何推进两地教育合作与交流进行了深入探讨。会上，石家庄市政府领导与北京市教委领导共同签署了石家庄市人民政府与北京市教育委员会教育合作框架协议，北京市与石家庄市的教育合作发展由此迈出实质性的一步。协议确定，两地将建立京冀两省市教育行政部门主任、厅长联席会议制度，定期会商两省市教育协同发展的顶层设计，协调解决两省市教育协同发展面临的热点、难点问题。在主任、厅长联席会议制度之下，两省市教育行政部门分管领导、责任处室之间也层层建立联席会议制度，协调解决分管负责部门领域的协同发展问题。主任、厅长联席会议将每年召开一次，轮流承办。会后，双方签署并联合签发《京冀两地教育协同发展联席会议纪要》。同时，两地将组建京冀两地教育协同发展研究机制，组织开展交流活动，并建立信息发布平台。

2015 年 10 月，石家庄市人民政府与北京市教育委员会签署《石家庄市人民政府、北京市教育委员会教育合作框架协议》，进一步健全了教育合作项目落实机制。该框架协议明确了建立双方教育合作项目联席会议制度，由两地教育行政部门、高等院校、部分相关人士共同组成，负责问题研讨、项目对接、政策落实等内容，保障教育合作项目的全面落实。

2016 年 3 月，石家庄市新华区政府与北京市海淀区教委签订了《两地教育合作框架协议》。截至 2018 年，新华区政府与海淀区教委建立了 12 所"手拉手友好学校"，其间 100 多名中小学校长、教师赴海淀区手拉手学校跟岗学习。

2016 年 3 月，北京市海淀教委与石家庄市新华区教育局签署了教育合作框架协议，一系列教育教学的学习交流奠定了双方合作的基础。石家庄市新华区四所中学、八所小学的 30 余位校长教师来到海淀区的北京实验学校（海淀）、北京市第十九中学、北京市育英学校等 12 所中小学，开展挂职跟岗学习。近一个月的学习中，校长和教师们深入教育教学一线，切实了解海淀 12 所学校的教育理念和教育特色，通过观摩、交流和共享，达到了相互促进、共同提高的目的。

2016 年 4 月 23 日，石家庄市桥西区政府与北京市东城区教育委员会签署了《石家庄市桥西区人民政府与北京市东城区教育委员会教育合作项目框架协议》。此次协议的签署是石家庄与北京东城区经济一体化发展战略教育合作项目框架的进一步推进，石家庄市桥西区将从"引进优质教育资源，提升先进办学水平""行政管理结对帮扶、提升教育行政管理水平""资源结对共享，提升教育科研水平""学校结对共建，提升学校管理水平""教师结对帮扶，提升教师教学水平"等五个方面和东城进行深度、全面合作。

2022 年 7 月 22 日，石家庄市人民政府与国家教育行政学院在石家庄市正式签署了战略合作框架协议，石家庄市人民政府和国家教育行政学院共建"名师名校长培养工程"由此拉开序幕。石家庄市人民政府领导、国家教育行政学院主要领导出席仪式，并代表双方签约。根据协议，国家教育行政学院和石家庄市人民政府将推进培养、综合施策，携手推进石家庄市基础教育高端人才培养体系的构建，打造高质量教育的"石家庄模式"，共同为建设教育强国、办好人民满意的教育，作出积极贡献。

(二)石家庄市与天津市教育委员会签订合作协议

在京津冀协同发展战略深入实施的背景下，石家庄市教育系统积极应对，主动出击，采取多种措施，精准施策，同时与天津市达成了多项教育合作协议，旨在共同构建一个体制顺畅、市场开放、政策协同、机制灵活的教育合作大平台。

2015 年 3 月，石家庄市教育局与天津市教育委员会签署《天津市教育委员会·石家庄市教育局职业教育合作框架意向协议》，进一步健全了两市职业教育沟通交流的合作机制。双方明确了建立职业教育合作联席会议制度，联席会议由两地教育行政部门、职业院校、部分企业主管部门和企业负责人共同组成，建立年度研讨和合作协商机制，负责合作的政策研究、措施制定、经验交流、问题研讨等工作。

2015 年 10 月 12 日，石家庄市裕华区教育局和天津市南开区教育局在天津大学附属中学举行教育合作签约仪式。裕华区裕东小学、南开区天津大学附属中学代表结对学校作交流发言，两区教育局局长分别发表讲话，就合作事宜提出希望和要求。合作内容主要包括：第一，建立交流合作机制。双方定期研究教育协作推进情况，商谈教育改革发展有关举措和经验，携手破解区域教育发展中的体制、机制等热点与难点问题。第二，开展校际合作结对。双方各选择 15 所学校，分学段进行教育教学管理、课程建设、师资队伍建设、学校文化建设、学校特色发展等方面的交流。互派教师、学生开展学习、培训、体艺社活动等。第三，深度合作，开放办学。尝试建立学校联盟，实施"名校+弱校""名校+分校""名校+新校"等集团化办学模式，通过合作、委托、加盟等形式，引进优质教育资源，不断扩大覆盖面，整体提升区域办学品质。随后，双方代表分别对相关领域合作具体事宜进行了交流磋商。仪式落幕当天，首批来自石家庄市裕华区的12位校长就进入天津市南开区对应学校，开始了为期12天的跟岗培训学习，首批15对手拉手学校也将陆续开展一些活动。

2017年9月13日，天津市和平区教育局与石家庄市桥西区人民政府教育合作项目框架协议签署仪式隆重举行，双方就基础教育课程改革和教学研究交流合作项目达成共识。和平区教育局主要负责人及相关科室、中小学负责人，石家庄市教育局主要同志、石家庄市桥西区相关领导以及中小学校长共计100余人参加了教育合作项目框架协议签署仪式。

2017年9月，天津市和平区教育局与石家庄市桥西区人民政府教育合作项目框架协议签署仪式隆重举行，双方就基础教育课程改革和教学研究交流合作项目达成共识。签约仪式上，天津和平实力雄厚、各具特色的12所名校与桥西区12所中小学、幼儿园缔结友好，并为双方"校际网络在线同步教学"实验学校四所进行挂牌。根据框架协议，双方将加强区域基础教育课程改革与教学研究交流合作，推进课程改革成果和教学资源共享及信息沟通，建立教育改革和发展的合作机制，共同致力于教育研究、创新、合作、交流、成果的推广应用及转化。双方相约将以项目制方式推进教育合作，为此，确立了集团化办学、名校长名教师提升、教育信息化推进、教学改革与课程体系建设、学校及区域教育品牌建设等五大项目。一是引进优质教育资源，提升先进办学水平。桥西区将引进天津市和平区先进教育理念，科学规范教育教学管理和学生评价模式，实现区域教育深度合作。二是资源结对共享，提升教育科研水平。双方实施教育资源共享，在教学改革成果、教育信息化及其他各类教育资源等方面开展合作与交流，促进双方相互学习和共同提高。三是学校结对共建，提升学校管理水平；搭建学校结对共建合作平台，加强校级深度融合，力争建成10至15所结对学校，建立校际教研教学、学校管理，以及学生活动等合作关系。四是行政管理结对帮扶，提升教育行政管理水平。搭建教育行政管理结对帮扶平台，双方每年委派教育行政干部到对方挂职锻炼、定期开展互访。交流互通改革信息，对教育的热点、难点问题和重大教育改革行动彼此交流研讨。五是教师结对帮扶，提升教师教学水平。搭建天津市和平区—石家庄市桥西区教师交流、培训平台，桥西区每年邀请天津市和平区及所辖中小学校名师、名校长到桥西区开展专题讲学、上示范课等活动，指导全区的教育教学工作。桥西区每年还将选派一批骨干校长、骨干教师到天津市和平区知名中小学挂职跟岗，实践考察和跟踪培养等。

2018 年 2 月，石家庄市桥西区教育局相关领导、中小学校长代表一行六人到访和平区教育局进行教育教学交流。座谈中，与会人员瞄准教育发展制约点，聚焦深化改革切入点，着眼交流合作对接点，围绕教育治理现代化、教育教学信息化以及师生深层次互访交流等议题，畅谈想法，共商大计。

2023 年 8 月，石家庄市桥西区教育局赴天津市和平区参加津冀两地交流合作研讨活动。活动中，和平区教育系统相关负责同志从顶层设计层面，全面介绍了辖区如何深化教育制度改革，促进教育高质量发展；如何运用评价制度改革来压实和巩固"双减"成果等方面的思考与探索，并从基层实践角度分享各学校的办学经验、育人之道以及对于教育的深刻感悟。随后，大家走进了底蕴深厚的天津市昆明路小学、万全小学和百年老校天津市第二十一中学、汇文中学，再一次近距离感受和平区中小学的办学实力和校园文化魅力。

2018 年 10 月，天津市南开区教育局与石家庄市教育局签署合作框架协议。座谈会上，双方就基础教育阶段干部人才培养、校长教师跟岗学习、资源共享、联合教研、合作办学、基层党建等方面的合作展开了深入交流。石家庄市教育局主要同志介绍了该市教育概况以及近年来教育发展主要成就，并代表石家庄市教育局与天津市南开区教育局签署了合作框架协议。天津市南开区主要同志表示，南开区作为天津现代教育的发祥地，教育资源丰富，希望以京津冀协同发展为契机，推进两地教育的高位对接，共同发展。座谈会后，天津市南开区教育局代表在相关负责人陪同下参观了石家庄市十五中、保利启新小学和市第二幼儿园，并就合作细节交换了意见。

石家庄市在与京津两市签订合作协议的基础上，同京津相关行政区或知名高校先后签订合作协议十余个，14 个县（市、区）与京津优质基础教育学校建立友好关系近 90 所，通过开展校长和教育行政干部跟岗挂职、专任教师访学、联合教研、建立师资培养培训基地、联合办学等方式进行教育合作交流。

一系列合作协议书的签订，不仅为石家庄与京津地区的基础教育协作指明了路线图和方法提示，同时对合作质量和效益提出了明确要求。正是得益于这种刚性的制度要求，北京与京津区域的基础教育合作实现了"高起点起步、规范化管理、快速度发展"的效果。

二、以项目开发为抓手引进优质办学资源

自京津冀协同发展战略实施以来，石家庄与京津地区的基础教育协作迈入了更加快速的发展通道。石家庄市在分析自身优势和不足的同时，将简单的观摩学习升级为全面优质资源引进，而将其中的抓手则落实于项目的联合开发和合作项目的完成。

(一)名校办分校

名校办分校是知名学校通过利用民间力量合作办学，或者通过和基础比较薄弱的学校联合办学，形成一校多区的办学模式。这样的办学模式通过名校的经验推广和师资校际合作，对分校发展发挥推动作用。石家庄市基础教育在与京津地区协作谋求提升质量的过程中，竭力吸引京津多所知名中小学到石家庄举办分校。

1. 北京师范大学石家庄附属学校。北京师范大学石家庄附属学校是京津冀一体化河北省第一个教育落地项目，是河北省第一个"名校+名企+地方"三方合作体制创新尝试办学模式，并在理事会领导下校长负责制的九年一贯制公办学校。学校建于2013年9月，坐落于河北省省会石家庄市长安区。学校占地87亩，建筑面积超过5.7万平方米。校内设有校园视频中心、教师实训室、未来教室、学术中心、精品录播室等现代化专用教室280间，配备高标准数字化设备设施，建有"我云、你云、他云"云教育平台。2018年，为满足学生入学的大量需求，合作三方签署补充协议，扩大办学规模，添建学校北校区。

2. 首都师范大学附属石家庄学校。首都师范大学附属石家庄学校又名石家庄市森霖城小学，学校隶属石家庄市长安区教育局，是高远森林城与首都师范大学联袂打造的"素质教育示范基地"。2020年9月，首都师范大学附属石家庄学校小学部正式落成启用，建筑面积20700平方米，占地面积20亩，规划教学班

36 个，可容纳师生 2000 人。小学部配备有教学活动中心、阅读活动中心、体育活动中心、实验活动中心、艺术活动中心，报告厅、餐厅、排练厅、篮球场、足球场等一应俱全，地上地下共五层。目前，首都师范大学附属石家庄学校中学部也正在建设当中，位于项目三期，计划用地 60 亩。

3. 北京外国语大学附属石家庄外国语学校。北京外国语大学附属石家庄外国语学校是一所由北京外国语大学、河北九擎股权投资基金有限公司合作创办的全日制、高品质、国际化精品学校，由北京外国语大学与地方资本融合，深度合作办学典范。作为一所 K12 国际学校，拥有由北外委派的优质师资力量、高水准外教团队和运营管理团队，共享北外在教育、国际交流方面的优质资源，并广纳学科教育英才。为此，集结优秀师资力量，着力打造一支结构合理、理念先进、可持续发展的优质师资队伍。学校以"根植中国，与世界同行"为办学理念。在高水准实施国家课程的基础上，引入国际标准的英语课程和多语种教学课程，充分融合中华传统文化和西方科学教育的优势，以国际视野培养身心健康、品学兼优、气质高雅、深谙民族文化又兼具世界眼光的精英人才。

(二)校际间联盟办学

与签订合作协议书成为战略合作校相比，京津冀基础教育领域的校际联盟是自发形成学校运营的联合战略，是一种较为松散的关系网络。联盟因合作项目的需要而结合，又因项目的完成而解散，组织形式灵活，办学方式方法便捷高效。

2018 年 11 月底，北京实验学校(海淀)、北京市第十九中学、北京市育英中学在内的海淀区 12 所中小学，与新华区的石家庄市第九中学、石家庄市十八中学、石家庄市第二十八中学等 12 所中小学现场签订"手拉手"友好学校合作协议，实施"一对一"校际合作。双方将彼此共享优质教育资源，共建数字化教学资源平台、互派干部挂职、专任教师访学，以及定期召开教学研讨会等为活动载体，开展多种形式的交流和合作。

2019 年 3 月 9 日下午，北京国培京师教育科学院与石家庄瀚德实验中学签订合作办学协议。根据协议内容，国培京师将重点通过"未来阅读计划"帮助瀚德实验中学打造书香校园，通过"论文撰写与教科研成果转化项目"帮助学校教师提升教学科研能力，通过深度学习项目帮助教师提升教学能力等。

此外，还有石家庄市第四十四中学与北京市昌平区兴寿学校结对共建，石家庄市第三中学与天津市第五十五中学合作，石家庄市第六中学与北京市第十一中学结成对接联盟校，天津市和平区昆明路小学与河北省石家庄市西雅小学建立教育合作关系。

校际联盟作为一种灵活的京津冀基础教育领域的协作方式，为石家庄市中小学教师和学生搭建了一个践行新理念、展示才华、交流学习的平台，进一步推进中小学课堂教学改革向纵深发展。

三、共享北京基础教育优秀教学成果

科技进步的最大特点之一，就是以更高的速率向实际生产力转变。与此同时，随着人类的不断进步，人们对科技的要求也越来越高，许多新的科学研究问题也越来越多地被人们关注。这一点在京津冀基础教育一体化中也得到印证，我们能听到石家庄中小学教育实践对北京优秀教育科学研究成果的热切呼唤。

自 2020 年 12 月起，石家庄市积极推广应用北京两个国家级优秀教学成果，即北京市海淀区的"创建基于课程标准的区域教学改进体系"和清华大学附属小学的"成志教育：小学立德树人的校本实践"。

海淀区成果带动石家庄市 12 个县(市)区的 29 所中小学校开展本土化实践研究，以全面提高教学质量和效果，促进基础教育高质量发展。

2023 年暑假，清华附小成果带动石家庄市 11 个县(市)区、29 所中小学校汲取其中学校文化、校园理念等经验，结合本校具体情况，在校园环境、文化引领、课程体系、办学特色等方面进行探索实践，推动区域内的基础教育教学水平。例如，在石家庄市金马小学举办了清华附小项目应用推广暨窦桂梅校长团队研讨会。中国人民大学附属小学窦桂梅校长亲临现场，指导项目研究，29 所实验校 200 余名教师参会，线上一万余人观摩。同年，石家庄各学校教师代表赴京参加跟岗培训。海淀项目推广示范区团队成员一行 11 人参加了北京市海淀区教师进修学校召开的第十三届暑期全员实训。

除此之外，石家庄市新华区有 13 个课题被列为北京市海淀区承担的全国教育科学"十三五"规划 2016 年度教育部重点课题"基于核心素养发展的区域教研转型实践与研究规划重点课题"的子课题，目前已全部结题。

现阶段，石家庄在与京津地区优秀教科研团队的协作过程中，逐步形成了"共享式"教科研推进策略，有效地增进了区域内中小学教育科研工作并提高了教师专业能力。

四、以研究联盟形式推进京津冀教育资源共享

教而不研则浅，研而不教则空。研究是提高教育质量、促进教师专业发展的重要手段，能使教师由成熟型教师转向研究型，因为没有研究就没有教师专业成长，教师就无法培养学生的创新能力。

全面贯彻落实习近平总书记近期在京津冀协同发展座谈会重要讲话和指示精神，是三省市的共同使命和时代责任。推进京津优质基础教育资源同河北共享，便是其中的重要环节。2023 年 5 月 28 日，由北京明远教育书院牵头，12 所京津冀中小学共同发起的京津冀基础教育协同发展研究联盟在石家庄外国语学校成立。该联盟的宗旨是开展校际深度合作与交流，实现优质教育资源共享；探索基础教育改革与创新，提升联盟成员校办学水平；发挥京津名校的辐射引领作用，推进京津冀基础教育优质均衡发展。2023 年 7 月 26 日，依托联盟优质教育资源，石家庄市外国语学校举办了京津冀普通高中"双新"国家级示范校成果展示暨第三届石家庄市山区县域高中暑期教师培训班，进一步推动京津优质中小学基础教育资源同河北共享。

五、实施名师名校长培养工程

除了与京津学校间的合作与办学之外，石家庄市还重点组织了系列专题培训会，以促进中小学校长管理水平专业化与教师的专业化成长。

2021 年 5 月 25 日，"京津冀中小学校长协同创新研修项目"2021 年度培训班开班仪式在石家庄举行；同年 5 月 28 日，2021 年度京津冀中小学校长协同创新研修项目专题培训班活动在石家庄市第四十四中学召开，来自京津冀三地的 15 名校长参加交流研讨活动。

2022 年 4 月 9 日，"京津冀闽琼"教育共同体论坛采用腾讯会议的形式举行。来自全国 18 所学校的 32 位校长、教师共同参加论坛，并重点就"双减"政策背景下的学校管理、队伍建设、课程供给、教育教学改革、作业管理、课后服务等方

面进行了分享和交流。

2022 年 9 月 24 日，2022（第六届）京津冀台中学生教育发展论坛在河北正定中学礼堂隆重启幕。来自京津冀台的教育专家，就"中学生传统文化教育的有效策略与途径"这一主题，交流教育观点和教育方法，挖掘教育内涵。此次活动设河北正定中学及中国台北两个会场，通过线上直播线下研讨相融合的方式举办。来自北京市实验外国语学校、天津英华实验学校、河北正定中学、河北正中实验中学、中国台北市金瓯女中、中国台北市强恕高级中学、中国台北市滨江实验中学、中国台北市立成功高级中学、中国新北市佳林中学、中国桃园市清华高中等十余所京津冀台优秀中学的校长及千余名师生分两个会场参加此次活动。

2022 年 7 月，石家庄市人民政府与国家教育行政学院签订战略合作协议，利用京津名校、名师等优质教育资源，搭建教师培训平台，实施为期三年的石家庄市中小学名师名校长培养工程，分阶段、分梯队及分层次打造石家庄市中小学教育领军人才。目前，该项目已全面启动。次年 2 月在国家教育行政学院举办了启动仪式暨校长队伍培训者培训开班典礼；4 月，在国家教育行政学院培训基地开办领航校长研究班，培训领航校长 37 人；6 月，在国家教育行政学院开办领航教师研究班，培训领航教师 60 人；7 月，又分别在国家教育行政学院萧山培训基地和北京外国语大学国际会议中心实施"远航计划"，培训远航校长 120 人、远航教师 180 人；7 月底至 8 月初，在山东省潍坊市培训基地举办了两期启航教师培训班，共计培训启航教师 350 人。2022 年 11 月，河北省石家庄市桥西区教育合作单位通过直播形式，参加了天津市和平区面向全市开展以"幼小衔接重科学协同育人向未来"为主题的幼小科学衔接阶段成果展示活动。此次展示活动分为区域经验、教研活动、特色探索等三个板块，总结、介绍和平区全面推进幼小衔接中，各小学、幼儿园进行的积极探索和深入研究，与会代表踊跃发言、积极谈论，并广泛推进幼儿园入学准备和小学入学适应性提升活动所取得的教育成效。

作为河北省省会，石家庄市在全省各城市中（不包括市属县）社会总产值、国民收入、社会商品零售额、进出口总值、工业总产值，大多居全省首位。GDP 经济实力仅次于唐山，名列第二。石家庄雄厚的经济实力为区域内的教育发展提供了良好的物质条件，基础教育水平不仅在全省位于前列，同时对外开放程度也最高。为此，在京津冀基础教育合作过程中，石家庄市与京津地区合作的规范性最显著。首先，有良好的信息共享机制。得益于合作信息交流平台，石家庄市对外教育合作信息比较透明，这就克服了区域间信息不对称的缺陷，同时也避免了不同县区或者学校到京津地区争抢同一优质教育资源的情况。其次，法律保障体系比较健全。随着京津冀协同发展战略的深入推进，"坚持立法先行、急需先立、先立后破、于法有据，同步推进立改废事宜，发挥立法对改革的引领、推动和保障作用"，已逐渐成为以石家庄为代表的京津冀三地的共识。受其影响，石家庄市坚持与京津地区开展基础教育协作，签订区域教育合作协议，着手建立区域立法协同机制和制度平台，形成相对统一的区域制度框架和实施细则。总之，这种"以协议为基础，以高层联席会议和论坛为交流平台，以合作项目为载体，建立信息共享机制"的跨区域基础教育合作，已取得一定成效。石家庄可谓河北省域内的样板或者表率，称其为"领头羊"是再恰当不过的了。

第四节　疏解北京非首都功能雄安新区基础教育协同发展状况

雄安新区的设立是党中央深入推进京津冀协同发展的重大决策，对疏解北京非首都功能，调整优化京津冀城市布局和空间结构，培育创新驱动发展新引擎，具有重大现实意义和深远历史意义。[①] 雄安新区建设是"千年大计、国家大事"，其规划分为起步区面积约100平方千米，中期发展区面积约200平方千米，远期控制区面积约2000平方千米。

2017年4月公布的中共中央办公厅、国务院办公厅印发的《加快推进教育现代化实施方案(2018—2022年)》将"推进教育现代化区域创新试验"作为十项重点任务之一，尤其强调"创新体制机制，探索新时代区域教育改革发展的新模式。高起点高标准规划发展雄安新区教育，优先发展高质量基础教育，加快发展现代职业教育，以新机制新模式建设雄安大学"[②]。《河北雄安新区规划纲要》指出：

---

① 新华社. 受权发布：中共中央、国务院决定设立河北雄安新区［EB/OL］. （2017-04-01）［2024-08-02］. http：//www. xinhuanet. com/politics/2017-04/01/c_1120741571. htm.

② 新华社. 中共中央办公厅、国务院办公厅印发《加快推进教育现代化实施方案(2018—2022年)》［EB/OL］. （2019-02-23）［2024-08-02］. http：//www. gov. cn/xinwen/2019/02/23/content_5367988. htm.

"新区将优先发展现代化教育。按照常住人口规模合理均衡配置教育资源，布局高质量的学前教育、义务教育、高中阶段教育，实现全覆盖。引进优质基础教育资源，创新办学模式，创建一批高水平的幼儿园、中小学校，培育建设一批国际学校、国际交流合作示范学校。"①

在此背景下，雄安新区基础教育立足自身实际，积极吸收京津以及河北省内其他市区的帮扶和援助，促使自身的教育向新的发展阶段阔步迈进。

一、合力谋划雄安新区基础教育高质量发展大局

雄安新区作为改革创新的前沿阵地，必须紧跟时代步伐，与时俱进。自新区设立以来，涉及的三省市始终秉持着明确方向、全局谋划、创新思路、聚焦重点的原则，从战略高度和宏观视角出发，精心布局雄安新区基础教育的发展蓝图，致力于推动其全面、协调、可持续发展。

2017 年 8 月 17 日，北京市人民政府和河北省人民政府共同签署了《关于共同推进河北雄安新区规划建设战略合作协议》。协议重点突出了三个方面内容。一是开展全方位合作。《协议》力求体现北京市委市政府"把支持雄安新区建设当成自己的事"的坚定决心和鲜明态度，从建立健全对接协调工作机制，到科技创新、交通、生态、产业、公共服务、规划、干部人才交流等领域，进行全面、深度合作，以实际行动支持雄安新区建设。二是对接雄安新区功能定位。为支持新区重点打造北京非首都功能疏解集中承载地，《协议》从新区最迫切的需求入手，发挥北京科技、教育、医疗等资源优势，积极推动优质教育、医疗卫生等公共服务资源向雄安新区布局发展，切实提高新区对非首都功能和人口转移的吸引力、承载力。三是注重实效，既明确支持合作的方向、原则和基本路径，又聚焦重点领域推进实施一批有共识、看得准、能见效的合作项目，努力形成雄安新区与北京城市副中心"两翼"齐飞的生动格局。其中，《协议》专门针对教育明确提出，北京市将在雄安新区建设高水平幼儿园、小学、完全中学（共三所），拟分别由北京市北海幼儿园、史家胡同小学、北京四中提供办学支持。

---

① 河北省人民政府. 河北雄安新区规划纲要 [EB/OL]. （2018-04-21）[2024-08-02]. http：//www. xiongan. gov. cn/2018-04/21/c_1298 55813. htm.

2017 年 8 月 27 日，北京市教委主要同志带队赴河北石家庄市，与河北、天津教育部门负责同志联合召开推进京津冀教育协同工作座谈会。随后，与会代表一同赴雄安新区考察，并明确雄安新区教育等重大事项。参会人员考察了雄安新区的安新二中、安新二小及白洋淀中学，实地了解目前教育状况，在参观考察基础上，举办座谈会，回顾总结了三省市上半年落实京津冀教育协同推进的各项任务情况，谋划下一阶段工作，重点设想推动雄安新区教育发展的具体举措。会后，三省市签署了《推进京津冀教育协同发展备忘录》，对制定落实《京津冀教育协同专项规划》行动计划、服务雄安新区建设、优化教育资源布局、探索三省市义务教育深度融合、支持河北教师队伍建设、推进职业教育人才培养合作、落实京津冀教育对口帮扶项目、建立统筹协调机制等十项重点任务达成共识，并明确了责任分工。

在该次活动中，北京市教委有关同志指出，我们以习近平总书记两次视察北京重要讲话精神为根本遵循，在教育部和北京市委市政府的带领下，积极落实京津冀协同发展各项任务和三省市教育部门达成的各项协议，2017 年上半年，北京部分教育功能有序疏解，三省市基础教育领域的许多合作事项、项目相继落地见效，呈现良好局面。同时有关同志又强调说，设立雄安新区意义重大，北京市教委将进一步增强"四个意识"，坚决贯彻党中央决策部署，认真落实京冀政府《关于共同推进河北雄安新区规划建设战略合作协议》中的教育支持项目，统筹全市优质教育资源，全方位推进教育协同合作，真心实意把支持河北雄安新区建设当成自己的事来办，做到有求必应、积极配合、毫不含糊。相关代表协商共识：三省市教育部门将在教育部的指导下，制定落实《京津冀教育协同发展专项规划》的具体计划，分析制约教育协同的政策性障碍，提出需要教育部给予支持的政策建议，强化统筹协调，突出重点工作，抓好落地实施和实质推进，以取得更大成效。

2017 年 10 月，北京市委教育工委委员、市教委副主任李奕，市教委副巡视员张永凯带队到雄安新区对接推动教育援建工作。市教委相关职能部门、北京教科院发展研究中心、承担援建任务的区教委及相关学校、幼儿园负责人 30 多人参加，河北省教育厅副厅长李胜利、雄安新区临时党委副书记党晓龙及河北省相关负责同志接待。上午召开对接工作会，党委书记介绍了雄安新区整体建设规划、教育现状和需求情况，李厅长希望下一步加强雄安新区教育改革中的体制机制问题有所调整和创新，努力将工作做细做实。参会人员就实现雄安新区教育战略目标的政策支持、人才引进、空间规划等诸多方面开展深入交流研讨。随后，市教委调研对接团一行人，分组到受援学校进行调研和对接，实地考察拟新建学校的规划用地。张永凯指出，此次对接工作要深入贯彻落实京冀《关于共同推进河北雄安新区规划建设战略合作协议》，双方要协调配合，根据实际需求及未来办学模式，进一步明确援建任务、时间节点和工作路线图，尽快着手推进，增强对接实效。李奕在总结讲话时强调，要分层次完善对接工作框架，坚持目标导向，加强顶层谋划，宏观层面要统筹布局教育空间和人才培养链条，整体提升雄安新区教育水平；中观层面要强化鲜明的新区特点，科学推进学校基础设施建设、课程建设，构建治理结构及考评体系等；微观层面要一体化设计新区学校的教育教学体系与德育体系。要抓住下半年时间，抢在年底前取得对接工作实质性进展；要对援建对象深化了解，迅速融合；要针对具体岗位开展教育人才队伍培训培养工作，打造人才培养的"样板间"；要重点加强风险评估，提前厘清困难问题，加强对策研究制定。

2019年4月，天津市红桥区教育局与雄安新区容城县教育局人才资源共享协议签订仪式在容城县青少年活动中心举行。与会的两地领导签订了两地人才资源共享协议书，并向容城县的学生代表赠送了励志书包和红领巾。这标志着红桥区和雄安新区在教育人才资源共享、信息互通、合理流动、一体化协同方面打通关节脉络。

2019年8月，根据北京市与河北省共同签署的《北京市人民政府、河北省人民政府关于共同推进河北雄安新区规划建设战略合作协议》，北京市以"交钥匙"方式在雄安新区启动"三校"项目建设，以实际行动支持首都教育优质资源落地雄安新区。于是，北海幼儿园、史家胡同小学和北京四中在雄安新区翩然落地。同时，在2019年发布的《首都教育现代化2035》中，北京市提出要整体提升京津冀教育协同发展水平，全力支持河北雄安新区教育发展，促进区域基础教育优质提升。

2019年9月，雄安新区"雄县人民政府与天津大学基础教育合作签约暨迎接首批援助教师"的座谈会在雄县召开，天津大学与雄县基础教育手拉手全面合作协议正式签订，天津大学首批援助教师在雄安教育新岗位正式上岗。会上，双方签署了《天津大学、雄县人民政府基础教育携手办学合作协议书》，并为对口合作中学、小学及幼儿园揭牌。依据《合作协议书》，天津大学与雄县人民政府将开启为期三年的基础教育全方位合作与共建工作。天津大学将围绕国家战略需求，以基础教育为支点，积极融入和投身雄安新区建设，在京津冀一体化征程中发挥著名工科大学的使命和作用。

2021年9月底，北京市发布《"十四五"时期教育改革和发展规划（2021—2025年）》，更是提出要全力支持河北雄安新区教育发展，建成三所"交钥匙"学校并投入使用，持续推进学校对口帮扶工作，适时拓展实施一批帮扶合作项目。支持部分中央在京高校向雄安新区有序转移。推进北京城市副中心与河北廊坊北三县教育统筹规划发展，促进优质教育资源向北三县地区延伸布局。唱好京津教育"双城记"，实现各类教育优势互补、深度融合。强化区域教育协同联动，鼓励北京优质中小学采取教育集团、学校联盟、对口帮扶、开办分校等方式开展跨区域合作办学，扩大教育资源辐射面。加强教师培养培训基地共建，促进数字学校、素质教育基地、实习实训基地和体育运动设施共享。鼓励职业院校通过联合办学、校区建设等形式开展实质性合作。促进优质开放教育资源共建共享。深化京津冀高校联盟建设，鼓励高校发挥学科互补优势，开展协同创新攻关与成果转化应用。

2019年10月，"天津·长江教育论坛暨天津师范大学2019年基础教育论坛"召开。来自教育部教育发展研究中心、天津大学、首都师范大学、安徽师范大学、河北师范大学等科研院所和高校的知名学者，河北雄安新区、承德市以及天津市各区基础教育代表共计400余人参加论坛。与会专家围绕"雄安新区战略和基础教育高质量发展"的主题，畅谈雄安新区发展战略和基础教育高质量图景。

三省市合力谋划的雄安新区基础教育高质量发展大局，强化了顶层设计，明确了发展路径，正逐步构建起一个覆盖全学龄段、注重内涵提升、特色鲜明的现代教育体系。相信在这一宏伟蓝图的指引下，在社会各界的共同努力下，雄安新区必将成为我国教育创新发展的新高地，为培养更多德智体美劳全面发展的社会主义建设者和接班人贡献力量。

二、帮扶雄安新区优化办学条件

办学条件是学校的物质基础和前提条件，一般包括硬件软件建设，尤其是网络设施、教学场所与服务实训设备等资源条件。在京津冀协同发展战略的引领下，京津两市的相关政府、教育部门及学校结合自身资源优势和雄安新区基础教育发展的需求，不仅为雄安新区提供办学硬件的支持，还在办学软件方面加以帮扶。

2018年9月，自北京市朝阳区实验小学雄安校区、北京市第八十中学雄安校区、北京市六一幼儿园雄安院区、北京市海淀区中关村第三小学雄安校区等四所北京市学校雄安新校区挂牌后，北京与雄安中小学校间密切开展学校管理者、教师，以及学生间交流互访活动，呈现出变中融合、提升和创新的喜人态势，北京市教委会同市财政局研究制定了《北京市学校援助雄安办学专项经费支出标准》，为北京市四所学校提供经费支出依据。同时，组建"雄安新区教育规划北京专家顾问团"，团队成员28名，参与并协助雄安新区制定教育三年提升计划和教育中长期发展规划，新区教育三年提升计划基本定稿。年度市级重点项目全面落地，安排30名雄安三县中小学正职校长到北京市优质学校跟岗研修一周；东城区、朝阳区、海淀区教委与雄安新区三县教育局互派七名机关干部进行对岗交流；雄安新区选派90名小学数学、英语和初中英语骨干教师前往首都师范大学开展集中培训。

2019年1月，天津大学助力雄安创新发展座谈会在河北雄安新区举行。天津大学党委书记李家俊在讲话中表示，自新区设立伊始，天津大学广大师生及校友就积极响应党中央、国务院号召，以各种方式投身雄安新区开发，为雄安新区建设和京津冀协同发展贡献力量。天津大学校长钟登华在讲话中强调，雄安新区建设和京津冀协同发展为天津大学建设世界一流大学带来前所未有的新机遇。未来，天津大学要进一步对接战略需求，充分发挥人才、学科、科研等综合优势，为雄安新区建设和京津冀协同发展贡献"天大"力量。与会代表就天津大学助力雄安创新宏伟目标等议题开展了热情洋溢的对话沟通和讨论交流。

2019年9月2日，雄安新区雄县人民政府与天津大学基础教育合作签约暨迎接首批援助教师座谈会在雄县召开，天津大学与雄县基础教育"手拉手"全面合作协议正式签订，天津大学首批援助教师在雄安教育新岗位正式上岗。会上，双方签署了《天津大学、雄县人民政府基础教育携手办学合作协议书》，并为对口合作中学、小学及幼儿园揭牌。依据《合作协议书》，天津大学与雄县政府将开启为期四年的基础教育全方位合作与共建工作。天津大学将围绕国家战略需求，以基础教育为支点，积极融入和投身雄安新区建设，在京津冀一体化发展中发挥应有作用。

京津对接、支持与雄安新区基础教育协同发展受国家重大战略规划指导及推动，在各地的同类行动投入中格外显著，成效也更为突出。以下从物质经济支持、师资培训以及优质资源共建共享等方面加以叙述：

（一）物质经济支持

京雄教育协同发展持续推进，签署了《关于雄安教育发展合作协议》，制定了《关于支持河北雄安新区"交钥匙"项目实施暂行办法》，京冀政府签署《关于共同推进河北雄安新区规划建设战略合作协议》；北京市支持雄安新区建设"三校一院"（北京市北海幼儿园、史家胡同小学、北京四中、宣武医院），支持雄安新区新建幼儿园、小学、完全中学各一所，北京市海淀区中关村第三小学、北京市第八十中学雄安容东校区、北京四中雄安校区。

2018年1月，北京市教育援助雄安新区工作对接会在北京召开。北京市教委、河北省教育厅、雄安新区管委会有关领导、处室和部门负责同志，雄安三县县政府、教育局负责同志，援受双方学校（园）负责同志30余人出席会议。会议听取了北京市四所援助学校（园）与雄安新区四所受援学校（园）开展互访交流的情况汇报，研究讨论《北京市教委对雄安新区援助办学工作方案（草案）》，拟定于3月初，在雄安新区举行新校区挂牌仪式。北京市教委相关负责人强调，要严格落实对接、合作精神，一是在战略上以构建"命运共同体"的思路推进基本公共服务，制定总体战略目标，打造雄安教育高地，摸清雄安三县教育规模底数，形成规模适度的教育共同体实施体量对接；二是在战术上挂牌成立新校区，随后细化并深入推进援助方案，实现教师与教研，考核与职评双统一；三是结合高中新课标的颁布和落实，加强基础教育高中段规划，推动两地高中全面对接；四是建立常设机制，加强制度化对接，坚持均衡发展与民生需求、专项与长项结合，普及与提升统一的原则，在宏观层面和中观层面加强统筹规划，在微观层面加强校际间沟通互补。河北省教育厅相关负责人在讲话中指出，援受双方学校要确定核心团队，以多种方式促融合；要制定快速提升阶段目标和师资配备方案，完善实施细则；要以长短结合、软硬结合、虚实结合的形式，在学校发展规划、校园文化建设、信息化建设等方面提高雄安新区教育服务质量。李胜利同志指出，雄安新区教育援助工作要抓落实、重实效，将四所受援学校(园)作为优质资源，发挥功能辐射带动作用，整体提升雄安新区教育水平。雄安管委会相关同志在讲话中表示，教育援助作为雄安新区建设的标志性工程，需要全心全力去完成，雄安新区公共服务局是主责单位，下一步要建立起沟通机制和工作机制，研究制定雄安新区教育提升总体规划，并为雄安新区教育发展保驾护航。

2018年3月1日，北京市援助雄安新区办学项目启动仪式在雄安新区容城小学举行，标志着北京市教育援助雄安首个项目启动实施。北京市教委与雄安新区管委会签署《北京市教育委员会 雄安新区管理委员会关于雄安教育发展合作协议》。北京市朝阳区实验小学雄安校区、北京市第八十中学雄安校区、北京市六一幼儿园雄安院区、北京市海淀区中关村第三小学雄安校区正式挂牌成立。按照计划，今后一段时间，京雄双方将立足京津冀协同发展，推进"一核"辐射和"两翼"联通，按照"逐步推进、分层对接、精准投放、全面支持"的工作思路，统筹北京市优质教育资源，采取多种方式，推进教育领域全方位协同合作，整体提升雄安教育发展水平。双方将按照雄安新区总体规划框架，在新区教育战略规划、重点学校援建项目、干部教师队伍建设、推动学校对口帮扶、强化教科研训力量等方面开展深度合作。还将通过成立工作领导小组、建立工作会商机制、建立经费支持保障机制等一系列措施来保障协议中各项任务落实。会上，启动《北京市对雄安新区援助办学实施方案(试行)(2018—2020年)》，此次四所学校教育援助办学呈现四大特点：一是开展"组团式"援助帮扶。北京市学校将选派校长、教师组团援助，分步到位，选派校长、教师以中高级职称为主，且有一定数量的骨干教师或学科带头人。二是对受援学校进行整体托管。北京学校选派管理人员与雄安学校行政领导组成学校新的管理团队，进行整体托管。三是实行一体化管理。挂牌后，四所学校输出先进的办学理念、管理经验、课程资源和师资队伍等要素，实现北京校区与雄安校区的一体化管理。四是设立专项经费保障。北京市将每年保障1000万元，其中对承担托管任务的学校每年每校补助200万元，年度援助重点工作项目原则上每年200万元。此外，还将在2018年启动雄安三县教育管理干部到北京市有关区教委进行对岗交流，选派30名中小学校长到北京市优质中小学进行跟岗研修，在京举办两期雄安新区中小学骨干教师培训班，推动北京市名优教师在雄安新区设立四个名师工作室等一批重点教育合作项目。

2019年1月，天津市第一中学与雄县第一高级中学签订对口援助协议。四年多来，两校合作取得突出成果。天津市第一中学将通过多种形式，帮助雄县第一高级中学不断提高现代学校管理水平，加快推动形成教师队伍建设新格局；充分发挥"互联网+"功能，将教学管理系统、数字教育资源最大限度开放共享，加强校际教师、学生的网络互动交流；适时互派学生研学交流。天津市第一中学安排德育、教学等科研团队到雄县第一高级中学讲学，助力雄县第一高级中学形成特色化教育教学模式，完善家校共育体系等。

2023年8月，天津市第一中学雄安校区揭牌仪式在雄安新区雄县第一高级中学举行。天津市第一中学与雄县第一高级中学在以往交流合作的基础上，签订新一轮合作协议，共同推动京津冀教育协同发展走深走实。

在社会各界的大力支持下，雄安新区中小学校基本办学条件得到提升，为促进全区教育均衡发展提供了有力保障。现如今，学校整体面貌提升了，原来的破旧危房没有了，取而代之的是坚固美丽的新楼房校舍、绿草如茵的足球场等。同时，除了硬件教学物质基础、条件设施的改善外，新区在中小学管理、教学以及组织方法等方面也有较大程度提高。

(二)师资培训

当前的中小学校教师培训分为非学历教育和学历教育两大类。其中，非学历教育的类别包括新任教师、教师岗位和骨干教师三种培训。新任教师培训是为新任教师在试用期内适应教育教学工作需要而设置的，教师岗位培训是为教师适应岗位条件和任务的要求而实施的，骨干教师培训是对有培养前途的中青年教师按教育教学中坚力量的能力水平而实施的培训。学历教育是对具备合格学力的教师进行的提高学历层次的培训。近年来，京津两市结合"因地制宜、分类指导、按需施教、学用结合"，针对帮扶雄安新区中小学教师开展了一系列旨在提升教学素养的、卓有成效的培训活动。

2018年6月，雄安新区容城县教师团队参加了由北京市教委基教一处、北京市教育学会农村中小学教育研究会主办，房山区教委和房山区良乡第四小学承办的"加强学校文化建设 促进学校办学质量提升"北京市农村教育质量提升展示活动。参会人员先后观摩了该校的语文、数学、绘本阅读、传统文化等特色课程。未来，农村中小学教育研究会将继续发挥学会优势，突出目标导向、问题导向和需求导向，支持和服务农村中小学发展。

2018年9月，北京市教委召开援助雄安新区支教干部教师行前动员会，并组建了一支包括北京市第八十中学、朝阳区实验小学、海淀区中关村第三小学、海淀区六一幼儿园的28名干部教师在内的支教队伍，他们将赴雄安新校区开展为期一年的支教工作。这些支教人员将采取"组团式"援助方式，由管理团队和教学团队组成，管理团队出任雄安新校区校长、副校长、中层干部，教学团队出任教学负责人并兼任教学工作。在雄安新校区建设"名师工作室"，积极开展教研活动，发挥辐射带动作用。注重新区教育内涵发展，着力提升学校的常规管理、基础管理，提升中小学校管理规范化水平和精细化水平；着力加强教师队伍建设，补齐各学科教师队伍发展中的短板。

2019年7月，雄安新区中小学名校长培养工程启动仪式在北京教育学院黄化门校区召开。该项目由北京教育学院牵头承办，是2019年度北京市教育扶贫协作与支援合作项目重点任务之一，旨在进一步深化北京教育援雄，不断提升雄安新区办学水平，来自雄安新区15名中小学校长参加本期培训。据介绍，本次雄安新区中小学名校长培养工程目标定位为三大平台的打造，即：校长成长的平台、学校发展的平台及资源聚集的平台。本项目强调四大研修原则：一是采用双导师制，二是整合安排与个性化设计结合，三是个人研修与团队作战结合，四是做到资源整合。在培训设计上强调理论与实践结合、专题培训与跟岗结合、集体培训与分组指导结合、自我研修与导师引领结合。通过"研""修""创"三种研修方式，引导并鼓励学员学会研究问题、修炼自我、探索创新。这三种研修方式体现了"培训指导线""行动改进研修线""自学提升线"三线结合的研修设计。另外为保证培训实效，本项目采用双导师制，分别为两个工作室配备了理论导师和实践导师。

2019年10月，雄安新区名师校长培养工程如期举行。本次培训活动共分两个阶段举行。第一阶段为名师引领，参训人员一起聆听了广渠门中学教育集团吴甡校长题为《校长的实践与思考》的主题报告、《中小学管理》杂志社社长柴纯青题为《学校整体改进的理念与路径》的主题报告、北京教育学院李春山教授题为《中小学校长的行动改进研究》的主题讲座。第二阶段为跟岗实践，参训人员来到实践导师李明新校长所在的北京小学开始了为期三天的跟岗学习，他们跟着导师一起参加了北京小学党支部的理论学习，观摩了以学生为主体的生本课堂。学校年级组长介绍北京小学年级组教学活动、德育教育、班级建设、家校共建等方面的内容。

2020年，第三届京津冀小学特色建设校长研讨会暨第一届京雄学校发展共同体论坛召开，160余位京津冀三地小学校长各抒己见，为雄安新区的小学发展支招。

2023年6月，由教育部基础教育司主办，北京市教委、天津市教委和河北省教育厅协办的"基础教育雄安高端讲堂"第一期活动在雄安新区成功举办。本期"基础教育雄安高端讲堂"采取线上线下相结合的方式举行。教育部基础教育司、中国教育科学研究院、河北省教育厅、雄安新区有关同志和部分校长教师共500余人在雄安新区主会场参加活动。同时，通过现场直播方式，邀请河北省各市、县教育行政部门、校长和教师在线观看，线上参加人数超七万人。"基础教育雄安高端讲堂"第一期活动邀请了北京第一实验学校校长、北京十一学校原校长、教育部基础教育教学指导委员会副主任委员、全国首届基础教育教学成果奖特等奖获得者李希贵作为主讲嘉宾。李希贵校长在深入雄安新区学校进行实地调研的基础上，以"用最少的力气做最好的动作"为主题，面向河北全省中小学校长教师作了专题讲座。讲座从结构、制度和工具三个维度，围绕校长如何提高学校办学质量、如何处理学校管理中的常见问题、如何激发教师团队主观能动性等方面，提出了行之有效的实施路径和指导性建议。"基础教育雄安高端讲堂"旨在常态化邀请北京、天津基础教育领域优秀校长、教师、知名专家等到雄安新区开展系列讲座和考察指导，分享先进的教育理念、教育方法和办学治校、教书育人的心得体会、经验成效，面向建设教育强国、建设教育强区出谋划策，共同助力办好雄安新区基础教育，推动更好发挥开拓性、创新性、引领性作用，为千年之城建设提供基础性、战略性支撑。"基础教育雄安高端讲堂"系列活动视频将上线国家中小学智慧教育平台和国家教育行政学院网校，供全国中小学校长教师学习观看。

为进一步加速雄安学校与北京名校的融合进程，并广泛促进新区师资队伍的全面提升，京津两市将协同规划并落实以下三项核心举措：首要任务在于"输出"，即凭借京津教师培训部门在校长与教师培养领域所积淀的丰富经验，通过整合相关培训基地资源，向雄安新区有效传递这些宝贵经验；其次任务为"助力"，旨在将京津两地长期积累的优质教育资源精准投入雄安新区校长与教师的教学指导实践中，从而切实推动一线教师的专业成长与职业发展；最终目标是"升级"，即着眼于雄安新区自主构建教师干部培训机构的愿景，积极推动并促进雄安新区建立起校长与教师队伍培养工作的长效化、常态化机制。

三、优质资源共建共享

越来越多的商业合作案例表明，互利是合作得以长期存在和发展的前提，合作各方如果不能从合作中获得利益，合作关系便不可能长久维持。其实不止经济领域，上述竞争法则在社会其他事宜中同样适用，京津冀区域基础教育协作发展更是如此。教育都是多种力量综合作用的结果，它集中体现了区域政治、经济、文化和科技等多方面的特征。与京津地区相比，雄安新区尽管基础教育在现代化水平上存在差距，但是其独特而悠久的区域文化资源是难以复制的，在与京津进行交流和沟通中存在相互共生和互利的因素。

2017年7月，北京市教委机关党委组织了"走进雄安新区，感受时代精神"庆祝建党96周年主题党日活动。雄安新区党工委相关同志介绍了雄安新区谋划与设立的基本过程、整体规划编制的初步思考，相关政策研究及新区严格管控等重要工作，并就下一步如何更好地完成新区建设这个"千年大计、国家大事"谈了一些设想，特别希望能够在基础教育方面得到北京市委教育工委、市教委的大力支持，为新区的公共服务均等化作出我们的贡献。

2017年12月，一场特殊的支部共建活动在雄安新区安新县安新中学举行，南开大学汉语言文化学院携手孔子学院总部(国家汉办)、河北师范大学,与安新中学签署支部共建备忘录并举行座谈。本次活动旨在通过支部共建整合京津冀学习教育资源,推进雄安新区教育发展。根据该协议,各方将积极探索各支部及党员之间加强交流、互相学习、支持彼此发展的有效形式;共同协助安新中学拓展与海外孔子学院(课堂)间的联系、与海外中小学建立校际交流与合作,通过参与汉语国际推广工作,扩大其自身的国际影响力,提高安新教育对外开放水平,共同讲好中国故事、雄安新区故事;鼓励各支部党员间以多种方式建立长期的互学互助联系。

2018年1月,北京对口帮扶雄安新区学校名单确定,四所帮扶学校分别为北京第八十中学、中关村第三小学、朝阳实验小学、六一幼儿园,将分别对口支持安新县第二中学、容城县小学、雄县第二小学、雄县幼儿园。此前,北京市委教育工委、教委、人民政府教育督导室在2018年工作要点中提到,将全力支持雄安新区教育规划、建设,力争三所新建学校具备开工条件,四所帮扶学校挂牌招生。

2018年5月,由天津市红桥区教师进修学校部分学科教研员、"徐长青工作室"成员、"天津市未来教育家奠基工程"第四批部分学员组成的送教团,走进雄安新区雄县第一小学开展教育交流活动。活动中,徐长青为雄安新区雄县第一小学颁发了"徐长青工作室"简约教学基地校牌,并代表工作室向基地校教师赠送了简约教学相关书籍和光盘,还向少先队大队捐赠了十套励志书包,并举行了"京津冀教育协同发展校际联盟"揭牌仪式。揭牌仪式后,还举办了"徐长青工作室"走进雄安的第一次学术研讨活动。

2018年9月,由北京市选派的28名骨干教师将赴雄安新区的新校区开展为期一年的支教工作,并协助雄安新区制定教育三年提升计划和教育中长期发展规划。据了解,北京援助雄安教师分别来自北京市第八十中学、朝阳区实验小学、中关村第三小学和海淀区六一幼儿园。四所学校都是北京与雄安新区的对口合作校。所有支教教师到新校区后将采取"组团式"援助方式,由管理团队和教学团队组成。管理团队出任雄安新校区校长、副校长、中层干部,教学团队出任教学负责人并兼任教学工作。北京派出的骨干教师还将在雄安新校区建设"名师工作室",积极开展教研活动,发挥辐射带动作用。

2018 年 10 月 10 日，北京市朝阳区教委、语委依托朝阳社区学院、东方老年研修学院选派我区语言文化龙门阵活动专家赴河北雄安新区容城县沙河营小学，为 180 余名师生、学生家长送去了一场语言文字知识的营养大餐。教育部语言文字应用管理司原推普处处长、中国语文现代化学会常务理事袁钟瑞的《说说语文规范化》，中国语文现代化学会成语文化研究会理事长、首都师范大学教授杨学军的《成语的魅力——正确使用成语》，中国语文现代化学会语文教育专委会理事长、天津师范大学教授、民俗专家谭汝为的《经典诗词和中国四大名著》讲座，让师生和家长共同感受了语言规范化的重要性及语言文字的魅力。据介绍，朝阳区语委办接下来还将举办首届京雄语言文化龙门阵邀请赛，北京市将组织 28 名支教干部教师将赴任雄安新校区教育援助雄安新区办学项目全面落地。

2019 年 4 月，天津一中与雄县中学共同举办了"教育让生命走向自觉——第一届班主任德育论坛"。论坛上，来自天津一中和雄县中学的九位优秀班主任就常规管理、班干部培养、优良班风的建立、学生自主管理、激发学生自我发展潜能等作主题演讲，分享德育工作的宝贵经验和独具特色的带班理念。其间，两校还举行了"班主任师徒结对仪式"，天津一中 18 位资深班主任被聘为雄县中学青年教师的班主任导师。据介绍，天津一中积极响应市委、市政府的部署要求，扎实推进与河北省雄县中学的对口援助工作，通过与雄县中学充分沟通，结合两校实际制定了"天津一中助力雄县中学德育提升计划"，本次活动便是助力雄县中学德育提升计划活动之一。

2021 年 9 月以来，北京市朝阳区实验小学全面参与新校区——雄安容西分校的建设中：研发《朝实行为规范 60 条》，研究成果与雄安容西分校共享，促进雄安容西分校学生行为习惯养成；为教师开展线上专题培训，自 2023 年 3 月 1 日起，三名学科专家每周两天到雄安容西分校进行专题指导；推送学生课堂"奇奥数学"系列微课，训练学生逻辑思维，丰富课程供给。

与深圳特区、上海浦东新区相比，雄安新区自设立伊始，就有着独特地理优势。其中，北京是中国的首都，天津是直辖市，两个城市的经济均比较发达，但人口却相当密集。由于城市不仅是经济集中的体现，更是人类赖以生存的生活圈，未来的雄安新区，不仅要成为科技之城，靠先进的科学技术推动京津冀地区的经济发展，更要靠自身的环境优势，成为宜居城市的典范。为了确保雄安新区建设和发展目标如期实现，国家和三地政府都给予了制度上的倾斜和帮扶。雄安新区在融入京津冀区域基础教育协作提升的过程中，政府的主导作用发挥得尤为明显，在体制上实施三级行政领导，具体可分化为：决策层、协调层和执行层等三个层级。其中，"决策层"为中央政府牵头、地方政府参加的雄安新区基础教育联席会议，研究雄安新区基础教育合作的原则、方向、目标和优先次序等重要问题，确定重要议题。"协调层"是指雄安新区基础教育领导小组，由地方政府牵头，三地政府负责统筹解决雄安新区教育的重要问题，形成完善的各级联合办学机制。"执行层"指的是由地方政府牵头，负责雄安新区义务教育的实施，负责三地联合领导小组，对基础教育协调规划的实施进行监督和指导，对参加基础教育协调发展的学校和学校的规模加以适当调整，提升学校间协调水平和质量，提高学校的整体水平，避免合作流于形式化。

第五节 京津冀基础教育协同发展的问题调查

以上就京津冀基础教育协同发展的实然状况作了描述，协同发展呈现出欣欣向荣的态势和大好前景。当然，其中出现的局限、困惑以及诸多问题，虽然颇有扑朔迷离、云蒸雾罩的迹象，但仍是在或隐或显中客观存在。这一方面成为进一步挖掘困境难题的背景依托或质性阐释素材资源，另一方面，仍然存在案例文本式兼带的当事人描述材料透析和揭示的数理量化依据缺失。因此，需对此加以增补，使课题研究聚焦集中，带有问题意识，以达成解困施策的目标。

一、调查的方式与对象

探讨京津冀基础教育协同发展现状，并为指向改进或实现困境突破而加以聚焦，除了静态的文本，还需对涉及具体的具有力量进行客观和量化分析，并为指向改进或实现困境突破而加以聚焦。而这就不能脱离相关方对政策的看法、意愿和期待，以及他们具体实践中遇到的难题、解决策略和亟需的帮助。政策相关方(Stakeholders，亦称政策相关者)包括三类人：一是参与政策制定或者执行的人，二是其利益被评估的政策有直接或者间接关系的人，三是对政策表示强烈关注的人。① 京津冀区域基础教育协同发展的相关方则包括中央，三省市的政府，各级教育行政部门、科研院所、基础教育阶段教师和师生，以及关注相关问题的研究机构及研究人员。

　　为了确保本研究所表述的论点有客观、充足的立论依据，本研究于 2020 年 7 月 11 日至 2023 年 12 月 14 日，深度访谈 35 位政府工作人员、教育行政人员、中小学管理者、教育联盟负责人与专家学者。选取京津冀区域政府工作人员 3 人，分别来自河北省廊坊市大城县人民政府、张家口市崇礼县人民政府、石家庄市桥西区人民政府；选取京津冀三省市的 10 位教育行政部门人员，分别来自北京市教育委员会(2 人)、天津市教委(1 人)、河北省教育厅(5 人)、京津冀教育协同发展领导小组总秘书处工作人员(2 人)；选取了 12 位有从事区域发展研究尤其是区域教育合作发展研究经历的专家学者，包括高校学者(7 人)、省(市)教育行政部门直属事业单位研究所(5 人)；选取了 10 位京津冀基础教育联盟秘书处负责人，分别来自"通武廊教育联盟"(2 人)、"大北廊教育联盟"(3 人)、"京杭大运河沿岸城市学校教育联盟""青少年冰雪教育联盟"(5 人)。

　　笔者根据研究主题以及访谈对象的背景信息设计了不同的访谈提纲(见本书附录)。对政府行政人员的访谈内容主要涉及京津冀协同发展的新环境赋予基础教育新使命的特点和要求；对教育行政人员的访谈内容主要涉及融入京津冀区域基础教育协同发展工作推进现状，包括政策执行情况、取得的成效、遇到的障碍和政策建议；对教育联盟的访谈内容包括联盟成立的背景和愿景，政策执行情况、进展及存在的问题对政策配套的诉求。对专家学者的访谈内容主要收集专家们从教育学、经济学、地理学等不同视角对区域基础教育协同发展的看法和政策建议。

　　此外，课题组还专门就京津冀三省市的中小学校际合作加以细化考量。一是按照访谈提纲，对河北省内 42 位负责与京津中小学合作交流工作的校长或副校长作了深度访谈，详细了解他们对三省市基础教育整体差距和校际差距的看法，该校参与京津冀小学校际合作的现状以及对促进京津冀义务教育协同发展的建议。二是编制《京津冀基础教育协同发展视域下中小学校际合作机制研究调查问

---

① 张金马. 公共政策分析：概念·过程·方法[M]. 北京：人民出版社，2004.

卷》，以河北省 106 所参与跨区域校际合作的小学为研究对象，通过现场发放问卷和邮件发送问卷相结合的形式，了解这些学校的部分教师和校长对京津冀小学校际合作的态度和想法。

二、调查的基本认识

首先，基础教育不均衡现象在京津冀区域内更为显著。京津冀地区在基础教育阶段存在明显的不均衡现象，其主要特征表现为区域内部的不均衡，尤以天津市与北京市的区域内不均衡现象更为显著。就三地间的基础教育不均衡而言，其核心问题聚焦于小学的分布差异。具体而言，天津市下辖的区县在中小学资源配置上表现出最严重的不均衡，而北京市则紧随其后。鉴于北京、天津两地学校空间分布的高度集中化趋势，特别是在中心城区，因此，相较于区域间的资源调整，区域内基础教育资源的优化配置显得更为迫切和重要。同时，区域间基础教育资源的不均衡性，在小学阶段尤为突出，这进一步强调了我们在协调区域间基础教育资源时，应将小学阶段作为优先考量的重点。

其次，北京和天津在教育服务方面拥有专业化优势，但在服务周边地区的能力上有限。相较于区域内其他行业，教育在京津冀区域中仍处于相对弱势地位。因此，京津冀各地区都需要增加教育从业人员数量。北京和天津需要进一步扩充教育从业人员，以更好地发挥地区优势，服务周边地区；而河北则需要加强师资队伍建设，使教育成为区域内更加专业的行业。这意味着，河北需要通过加强师资队伍建设，提高教育质量，以便在整个京津冀区域内提供更专业、更高质量的教育服务。

最后，京津冀区域各级学校生均预算内教育事业费支出的地区差距显著。尽管近年来相关事业经费拨款有所增加，但整体变化并不明显。河北的基础教育发展仍面临较大挑战，其基础教育经费与北京、天津的差距仍在持续扩大。从京津冀整体情况来看，普通小学的教育经费配置差异最显著，其次是普通初中，再次是普通高中。这一现象主要为我国基础教育"地方负责、分级管理"的体制所决定。同时，这也表明，要从整体上缩小区域间教育经费的分配差距，应优先从义务教育阶段入手。因此，解决京津冀区域内教育经费分配差距的问题，需要重点调整义务教育阶段的经费差距，确保每个孩子都能享受到公平、高质量的教育。

第六节 京津冀基础教育协同发展存在的问题

京津冀区域基础教育协同发展尽管取得了一定的成效，但与京津冀一体化战略对教育和人才的客观需求显然脱节，存在滞后或落差，其产生的作用和发挥的影响更是不够显著。而且，与交通、医疗、信用、环保等领域全方位、深层次、宽领域的合作相比，京津冀在基础教育协同发展方面的进展也颇显薄弱和滞后，三省市合作的内容和范围不够深入和广泛，更缺乏连续性、整体性和协调性等。总体来说，京津冀基础教育协同发展主要存在以下的诸多问题。

一、协同发展主体的错位与缺位

京津冀三地基础教育共建拥有良好的现实背景依托，得到国家的支持、重视，以及社会各界的广泛关注。但在此有利的社会背景之下，如何将大好的共建形势转化为实际合作的实践，这是需要思考的问题。理想中的京津冀基础教育协同发展的参与主体包括三省市各级政府及教育行政部门、中小学管理者、师生、家长以及部分涉足基础教育的爱心企业及科研院校。可现实情形的确堪忧，不同主体的参与存在错位和缺位的问题：政府部门的积极性不一致；大多数中小学仍在观望，实质性参与不足；其他相关机构及社会力量尚未有效参与其中。

(一)京津冀基础教育协同发展中企业、科研院所、家长的主体地位受限

所谓"越位"，是一种非理性的社会或个体行为，此处尤其反映在政府对京津冀基础教育协同各项活动的过度干预，僭越了与其有着密切利益关系的教育行政部门、学校、教师和学生家长、企业以及科研院所等群体的知情权和参与权。目前，无论是在媒体宣传，还是实际现实中，中层和基层的京津冀基础教育协同发展的推进模式往往是由县级政府有关人员参与三省区市县间的合作协议签订，县教育局参与三省市校际合作协议的签订，各结对子学校依照合作协议组织师生开展系列活动，而和基础教育密切相关、对学生全面发展大有裨益的一些爱心企业或者科研院所却遭忽视，或者受到无情的排斥。

2020 年 9 月 18 日，当时笔者还在河北省某教育期刊社担任记者职务。由于在之前的教师节活动中，石家庄市长安区 A 小学的张教师获评"省级教书育人楷模"，因此有机会对该校的教师队伍建设亮点工作进行报道。笔者在翻阅张老师的个人事迹时，发现她简要描述了自己在北京跟岗学习的经历。当想进一步了解整个学校与京津学校的合作情况时，张老师表示由于自己流动到 A 校的时间较短，对学校办学历史等情况也不是特别了解。故而，在采访 A 校校长时，专门提及在京津冀协同发展战略出台前后，该校与北京协作的变化。A 校长透露，其实在京津冀基础教育协同发展上升为国家战略之前，他们就曾在某爱心企业的支持下，组织学生到北京参加了一系列研学活动。然而，等到这一活动上升到政府层面后，该企业与学校的关系就变得生疏起来。主要原因是区教育局并不认可企业在这一环节的参与，也就不愿意签署企业和学校拟定的合作协议。也就是说，现阶段，河北省县域内的京津冀基础教育协同发展无论是从方案的选择、政策的制定，还是组织实施，以及效果的评价等方面，主要依靠的是各级政府和教育行政部门的行政命令来推行。众所周知，京津冀基础教育协同发展不仅应依靠政府的行政力量，还应该发动广大人民群众与其他利益相关者的积极性和主动性，因此，政府政策的制定和执行过程中应该确保他们的知情权和参与权。可现实中，京津冀基础教育协同相关政策的制定和执行多数采用的是"自上而下"的运行模式，与之有着密切利益关系的学校校长、教师、学生家长等主体，均处于被动接受与服从的地位与观望和等待的状态，应享有的合法权益被剥夺或者部分剥夺。

（二）京津冀基础教育协同发展参与主体积极性欠缺

个体积极性是合作积极性的基础，没有个体积极性，就谈不上合作群体的积极性。在个体积极性基础上联合起来的过程，就是发展合作积极性的过程。无论从文本资料展示，还是在具体活动进展中观察，京津冀基础教育协同发展参与主体的积极性都存在差别。

一方面，从地方政府层面来讲，京津冀三省市教育协同发展的总方针是在国家的整体规划框架之下，发挥北京的龙头带动作用，天津和北京两地各展所长。河北省对京津冀基础教育协同表现出了更大的积极性，在《人民日报》"教育眼·职教改革新探索"栏目于 2016 年 3 月 17 日刊发的《京津冀职业教育如何协同发展》一文中，时任河北省教育厅厅长刘教民表示："京津冀教育协同发展，是河北教育面临的宝贵机遇。京津冀教育协同发展应突出重点，首先要聚焦教育功能疏解，统筹谋划一到两个集中承载地。在京津教育资源的共享共建中，重点做好教师培养培训基地建设、开展职业教育结对帮扶、吸引京津高校与河北省共建研发平台等工作。"①其他两省市中，仅北京市在网络上公布了《首都教育现代化2035》，且将京津冀教育协同发展作为推进首都教育现代化的十二项战略任务之一，并对其做了相关表述："严格执行本市新增产业禁限目录，优化高等教育结构布局，控制职业教育整体规模，强化基础教育支撑引导作用。坚持世界眼光、国际标准、中国特色、高点定位，推进北京城市副中心教育的规划、建设和发展。整体提升京津冀教育协同发展水平，全力支持河北雄安新区教育发展，促进区域基础教育优质发展，加快区域职业教育融合发展，推动区域高等教育创新发展。"②

另一方面，在京津地区内部，处于不同办学层次的中小学在融入京津冀基础教育协同发展潮流方面的态度，也不尽相同。其中，就具有较高教育教学水平和知名度的学校而言，由于在河北省办分校或者对口帮扶薄弱校学校有助于进一步提升自己的知名度，故而表现出较强的意愿和诚意；就河北省的某些薄弱学校来说，一旦与京津地区的优质学校建立起稳定、良好的合作关系，就有可能为学校的师生获得开阔眼界和锻炼提高的机会，所以会想尽一切办法争取参与京津冀基础教育联盟的机会。最终，反而是更多处于中等办学水平的中小学保持着等待和观望的状态，主要原因是它们正处于突破办学瓶颈期，不仅自身能向外输出的资源有限，同时它们向外提出的帮助又有较高要求。

常言道，兄弟齐心，其利断金。融入京津冀基础教育协同发展对三省市而言，都是难得的发展机遇。相关参与方主动抛弃"一亩三分地""肥水不流外人田"的思维，以开放的心态加入协同发展实践，不仅是国家发展大局的要求，而且是个体勇担重责的具体体现。

---

① 赵婳娜. 京津冀职业教育如何协同发展（教育眼·职教改革新探索）[EB/OL]. （2016-03-17）[2024-08-12]. http://edu.people.com.cn/GB/n1/2016/0317/c1006-28204988.htm.

② 北京市教育委员会. 市委、市政府印发《首都教育现代化2035》[EB/OL]. （2019-09-17）[2024-08-12]. https://www.beijing.gov.cn/ywdt/gzdt/201909/t20190917_1827753.html.

(三)基层政府对京津冀基础教育协同发展认识不足

截至目前,无论是在中央、省级以及市级层面上,都为推进京津冀基础教育协同发展工作制定了一系列的行动方案。这些高层次的规划,为县区乃至中小学校合作交流的实践探索指明了方向。但从实际的调研来看,部分区县,尤其是河北省某些区县在京津冀基础教育协同推进中的积极性并不高,这就造成了河北省不同地级市在京津冀基础教育协同中的参与度存在明显差异。具体表现为部分县级政府对于京津冀协同发展的战略意义和自身在促进基础教育优质均衡方面肩负的责任仍停留在口头和文件传达中,而行动不充分到位。由于认识不到位,固守如下观念:河北与京津两地在教育优势基础教育方面的差距和不均衡由来已久,哪能在这么短的时间里消除?这导致了两地在采取行动方面表现迟缓。责任外推,认为所在县区的社会经济发展欠发达、自然条件落后、经济产能匮乏,难以有多余的财政资金拨款,用于支撑与京津地区的合作交流,故而对中央和省级政府投资存在"等——等政策的延续性、不主动;靠——依赖,即伸手要条件、守株待兔;要——有条件的要求"的现象,这导致了主动作为不够。最后,做表面文章,把"重视""强化"只表现在口头上、文件上,而并未落实在日常工作中。

二、京津冀基础教育协同发展机制滞后

京津冀区域与珠三角、长三角以及其他区域合作形式不同,在之前我国的区域教育合作中可参考的项目有限。因此京津冀基础教育协同发展只能在一次次的合作项目中发现问题、分析问题,然后再解决问题,这是个十分漫长且需要三地积极配合的过程。虽然京津冀教育行政管理部门已经在国家的支持下,签署了相关教育领域的合作协议,并为基础教育协同发展制定了相应的规划设计,但目前京津冀基础教育协同发展形势较为固定,创新性不足。

(一)京津冀基础教育协同发展保障机制缺乏

京津冀合作目标的设计与实施都需要政府政策上的支持和合理的机制保障,而现实情况是京津冀区域间制定了许多政策规划,但却并没有详细界定以基础教育协同发展为导向的政府工作与组织建设。例如,京津冀协商签订的《关于开展

教育协同发展的合作协议》，其中要求以京津冀一体化为重点推进京津冀基础教育协同发展工作。但在具体的内容中却没有细致规划京津冀三地在合作中的定位和具体管理事宜，也没有刚性组织关于三地基础教育协同发展的领导部门或协调组织，使得三地基础教育的协同发展变得困难。

2023 年 5 月 28 日，京津冀基础教育协同发展联盟成立大会在石家庄外国语教育集团举行。笔者仍以省级教育杂志社记者的身份参与了会议全程，在会议期间同诸多与京津地区的学校建立了合作关系的学校校长作了简要的沟通，并表达了邀请他们接受相关采访的意愿。庆幸的是，那 18 位受邀的校长事后在百忙之中，也都接受了我的电话采访。更为难能可贵的是，他们还将该区教育局专门负责京津冀基础教育协同发展的人员推荐给我，并想尽一切办法促成我对这些教育行政人员的采访。访谈过程中，这些受访者的回答都朴实而真切，其中有两位受访者的回答比较有代表性。

访谈 1：您认为，在京津冀中小学合作中遇到的最大障碍是什么？

校长 B：我认为是行政"藩篱"。举个例子来说，我校与北京市 Y 校早在 2018 年就签订了合作协议。但是，除了一位副校长和两位主任外，该校没有第四个人来过我们学校。其主要原因是北京小学的教职工在工作日离京有严格的审批制度，这就为我们的深入交流带来了一定的困难。去年为了参加一次重要的活动，我们甚至包了两辆大巴车，把孩子们送到北京参加活动。其实，这一部分钱花得有些浪费，它原本可以用于合作中其他更有意义的事情上。

H 区教育局干事：前两天我们区的一位特级教师还在向我抱怨他辛辛苦苦获了奖却不被认可的事情。这位老师来自京津冀（通武廊）某基础教育协同发展共同体成员校，去年在该共同体组织的说课大赛中，他过关斩将获得了第一名。在前段时间的职称评聘中，他原计划将该奖项以国家级的成果上报，可最终只能认定为区级，连市级都没算上。我们也替他争取过，既然京津冀（通武廊）某基础教育协同发展共同体是三省市最高教育主管部门联合成立的组织，他的证书上另外也加盖有通州区和武清区教育局的印章，最起码也能算一个省级荣誉吧？但省教育厅的相关文件里并未对此作出规定，所以我们也无能为力。真心希望，京津冀（通武廊）某基础教育协同发展共同体能够得到官方认可。

通过上述访谈可以发现，京津冀基础教育协同发展的现实困境在于三省市尚未建立起高层次的合作磋商协调机制，使得基础教育协同的诸多问题缺乏制度性组织机制和法律保障。这就需要三省市通过健全的规章制度来规范跨区域合作，通过科学的区域教育规划来提高基础教育协同发展的效益。

（二）三省市跨区域基础教育合作创新性困顿

合作协议的制定有着一套严格的技术操作规范，特别是县级层面的规划，需要结合本县实际状况，对国家和省级宏观规划加以具体化、县本化，这样才能发挥规划的引领发展和保障的功能。但从收集到案例县的参与京津冀基础教育协同发展规划分析，大多数只是对上级文件的复制或转载，而上级文件往往因其适用对象的宽泛性、管理的广泛性决定了其宏观性、原则性比较强，针对县域对实际存在问题的解决方案创新性和可操作性不足。这样就使得大多数规划实际上只是成了政府领导装点门面的"墙壁文件"和"抽屉文件"，有的甚至转而演变为"规划规划，写写画画，墙上挂挂"的招牌符号。这就导致河北省的某些区县与京津地区签订的合作协议中，各种指导思想和宏观教育目标占有较大篇幅，在合作目标的设定上缺少现实依据，具有较强的主观性和随意性。

这种原样"位移"上级文件的现象，"传导"至校级层面就表现为贪大求全，做的更是表面文章，所行的"花拳绣腿"实属中看不中用的纸糊摆设。

2018年7月13日，笔者与D县教育局基础教育科的王科长作为随行人员共赴国务院发展研究中心，就国研中心在该县推行的教育援助项目实施情况作专门汇报。其间，通过与王科长的交流了解到，得益于国研中心的牵线搭桥，该县与京津地区在基础教育方面的协同十分顺利。他告诉笔者，D县在2018年3月某一天促成该县9所学校与北京3所学校签署友好学校合作协议。其中，1所北京初中与该县1所初中结成友好校，1所北京小学与该县3所小学结成友好校，1所北京幼儿园与该县5所幼儿园结成友好校。2022年2月，笔者在做河北省学校教育宣传月选题策划时，了解到D县的学前教育发展成效明显。于是，在D县采访过程中，笔者专门实地走访了先前王科长提及的与京津学校签约的幼儿园。然而，当在闲聊中问起该幼儿园与北京幼儿园建立友好合作关系的具体背景时，该幼儿园园长回答说："我们都是根据县教育局的安排参加签字环节。至于牵手幼儿园的发展状况，我们一概不知。整个协议也是县教育局办公室拟定的，我们这九份协议内容也没有什么区别。至于列出的那些合作内容符不符合我们的实际需要，从来也没人问过我们。"实际上，这种缺少前期规划，临时不明不白地用在仓促、匆忙间签署的协议来代表开展京津冀基础教育协同多项活动的现象，在河北省 D 县并非个例。

另外，缺少规划的京津冀基础教育协同流程形式，也在加重参与教师的负担。京津冀基础教育协同活动的组织和开展，都要依赖于各方主体的参与，只有得到相互的积极支持，基础教育协同发展才能取得实效。其中，教师在协同发展中起到至关重要的作用。然而，当前某些小学在融入京津冀基础教育协同发展面临的主要阻力就是教师参与合作的热情退却，缺乏合作动力驱使。

2021 年 12 月，在北京冬奥会即将开幕之际，笔者电话采访了张家口 C 县教育局副局长 D，就该县的冰雪运动进校园活动作全面了解。访谈过程中，该局长说张家口的冰雪运动"热"已经走出河北，辐射到京津乃至全国。于是，笔者顺势询问了有关 C 县基础教育融入京津冀基础教育协同发展潮流的具体情况。

访谈 11：您认为制约本区域中小学与京津中小学合作成效的最大因素是什么？

副局长 D：得益于国家精准扶贫政策，我区成了北京市 E 区的帮扶脱贫对象。在此过程中，我县教育局与北京市 E 区教育局就在教育支援上达成了众多协议，其中就包括北京市 E 区的 8 所小学与我县的 8 所小学建立联盟关系，并签署了相关协议。目前遇到的主要问题是我县某些教师参与异课同构、联合开发校本课程的积极性不够，对于跨区域校际合作的价值认识不到位，个别校长甚至认为合作共同体组织的活动完全增加了工作负担。

分析上述访谈可知，个别区域的基础教育协同发展仍面临着教职工参与意愿低下，对共同体组织缺乏认可等问题。这一部分教师认为参与基础教育协同发展是影响其正常教学的"业余"工作，没有把学校发展与京津冀协同发展有效统一起来。

（三）京津冀基础教育协同发展沟通机制短缺

目前，京津冀基础教育校际联盟有了明显增加，但是在三地基础教育资源共享和合作项目开展的各项活动中，一些客观存在的现实问题成为区域基础教育合作深度推进的阻碍。因此，需要沟通机制适时提供咨询和问题解决的建议，以使协作主体间能更高效地推进资源共享，扩展区域基础教育合作项目深度与广度。但目前京津冀基础教育协同发展在沟通咨询组织构建方面依然存在不容忽视的缺口，无法为京津冀基础教育协同发展提供强大后盾支撑力。同时，在我国行政体制分割化的现实条件下，各区域政府实行的都是以促进本地基础教育发展为导向的行政体制，导致区域基础教育协同发展政策制定环节出现矛盾，容易造成地方基础教育的同质化。例如在北京八中固安分校办学的过程中，虽然北京、固安两地毗邻，但两地分由北京市西城区和廊坊市固安县不同辖地的教育行政部门管理，在基础教育教学对接上有很大阻碍。北京市与河北省中小学所设课程和使用的教材不同，北京市教育部门希望以北京市的教材为主，河北省的教育部门希望以本区域通用的教材为主。由于河北省与北京市学校的教学理念及办学具体导向的差异，河北省的学校竞争激烈，应试教育严重，北京市的全面性发展和素质教育模式在河北省便会出现"桔逾淮则为枳"的尴尬现象，推广度下降，其结果是好心办坏事，很难适用。

与此同时，由于彼此间合作的获益不均，京津冀基础教育协同发展过程中存在优质资源保护的沟壑纵深、壁垒层层。诚如上文所述，由于京津冀三省市基础教育在资源配置、教师队伍、办学理念等多方面存在着较大的差距，推进三省市基础教育协同发展，需要克服观念、期望等不利因素。现阶段，北京和天津的基础教育已经达到了现代学科专业化程度，而河北的基础教育传统思想观念、方法手段仍然占相当比例。但是，京津主动服务河北的意识和能力却明显不足。

2022 年 8 月 6 日，笔者在为石家庄市裕华区全体中小学教师做有关教育科研的专题培训活动中，提到"京津冀基础教育协同发展"是这一阶段的研究热点和选题参考，并鼓励他们作"大题小做"的尝试。培训刚结束，就有一名校长表示该校与北京学校有较长的合作历史，并且与多所北京学校有过接触。当我问起北京学校对待他们的态度是否因京津冀协同发展战略的出现而发生变化时，他的回复出乎了我的意料。

访谈 8：您认为在合作交流过程中，京津学校的态度是怎样的？

校长 G：我校是整个石家庄市较早同京津学校建立伙伴关系的，在起初合作的一年里，北京的学校是比较热情的。多次选派他们的骨干教师来我校做讲座，甚至组织他们的部分学生来我校开展手拉手活动。但是，随着合作的进一步发展，当我们提出要学习他们的课堂教学和教育科研时，他们的态度就有所转变，不曾让我们的挂职锻炼教师真正深入进课堂。在最近几次的交流活动中，我们的参观同该校在山东、河南的新合作学校被安排在一起。总之，北京的合作学校对我们是有一个从热情到平淡的过程，其在与我校的合作过程中还是有所保留的，他们真正内核的经验做法并不愿分享给我们。

其实，石家庄市校长 G 反映的情况，在沧州市同样存在。2022 年 8 月，笔者带着走访河北省"五项管理"实施一周年的选题任务，走访了沧州市 H 县。在茶歇时，笔者带着"京津冀基础教育协同发展"这一课题继续向 H 县教育局的刘局长请教。当被问及该县与京津地区在基础教育领域的合作状况时，刘局长回答说整体状况并不理想，并解释说 H 县追求的是与北京深度的、长久的合作，但具体操作过程中经常碰壁。他举例说，该县政府曾向北京某小学表达了合作建分校的意愿，但很快就遭到拒绝，原因是该校已计划在廊坊建分校，而该校在河北的分校有且仅能有一所。总之，仍有部分京津学校将与河北学校的合作当成了政治任务和政绩工程，未能站在推进京津冀协同发展战略的大局上认识相互合作的意义，京津优质教育资源的辐射和带动作用并不明显。

（四）京津冀基础教育合作项目的趋同性

由于京津冀三地政府优先考虑跨区域基础教育资源流动对自身教育水平的损耗，从而很容易忽视区域间基础教育合作模式的创新性开发。各地在引进基础教育合作项目时通常以促进本地基础教育为出发点，相比于区域整体更重视本区域基础教育的权益保护。在基础教育合作项目选择上，区域内校际合作优先于区域间校际合作。北京市域内自身基础教育校际合作项目很多，基础教育合作形式基本涵盖了所有京津冀基础教育的跨区域合作模式。但是，一落实到跨区域的教育合作却十分有限。这种情况严重阻碍了区域间基础教育的相互互利、共同进步。

2023 年 3 月，承德市 M 县教育局局长接到通知来石家庄参加河北省教育工作会议，并就"五项管理"工作作交流发言。会后"河北教育"电视台的记者趁机对 M 县教育局办公室主任，作了该县实施"京津冀基础教育协同发展"课题的相关采访。当被问起该县在与京津地区开展基础教育方面合作所遇到的困难时，Z

回答说："政府财政投入在目前这个体制下，其用途和发挥受到很大的限制，很多事情很难做。在顶层框架没有取得突破之前，就只能先从学生培养方面做起。因为学生培养是学校第一职能，钱用在学生身上可以，用在教师、科研上就有各种各样的限制，所以做研学活动比较简单。"可见，由于受体制、编制等因素的影响，人才培养的区域协同很难有实质性的突破，某些优质教育资源的区域共享只停留在研学活动等相对较低的层次。河北省组织研学活动的学生人数虽然在不断增加，但这毕竟要占用学生的课外假日以及给家长增添财力负担，而学生的时间、家长的经济实力是有限的，不可能过度扩张，也都是有量度范围，否则会因无力承担而转为泡沫或虚设。

2021年2月，笔者受邀参加了"通武廊同课异构活动"，来自廊坊市的Y校长作为比赛评委，对活动给予了高度认可。在返程的途中，笔者和Y校长闲聊的过程中，继续就"京津冀基础教育协同发展"这一话题作了深入交流。通过Y校长的介绍，笔者能感受到"通武廊"教育共同体带给廊坊学校的进步和提升，以及廊坊学校教育工作者心生感恩之情。当然，合作过程中仍然有一些小的困难需要在进一步探索中解决。

访谈6：您认为与京津小学相比，贵校的最大劣势是什么？

校长Y：硬件设施的差距是我们到北京X小学参观学习后的最大感触。不可否认，近年河北省投入了大量的专项补助资金和奖励资金用于中小学尤其是农村薄弱学校改造。我们的办学条件有了很大的改善，但是与北京学校相比，我们学校还有很大的差距。无论是户外体育场地、多功能教室还是课桌椅、机房电脑，我们学校的更新程度都是远远落后于北京的。总之，与北京的小学相比，我校的办学条件只能算作是勉强能满足基本的教育教学活动。在现有条件下，我们无法如京津小学那般，及时为学生更新图书、报刊，更不用谈设置专门的教室用于开展学生社团活动了。硬件差距的背后是经济的差距，其最直接的结果是我们的学生甚至教师看到京津学校的一切都是先进的，我们学校则是落后的。

调查过程中，近乎1/3的校长认为京津学校的校园文化建设和学校课程体系有很高的学习价值，并将其"移植"到自己的学校里。由于学校教育具有鲜明的地域色彩，加之学校的改革缺乏理论论证和措施优化，最终出现了京津学校的特色办学经验与河北中小学的办学实际相脱节的问题，以及一些令人啼笑皆非的现象。

三、京津冀基础教育协同发展成效喜忧参半

区域基础教育协同发展是一项复杂的系统性工程，签署合作协议、举办协作发展会议、建立协作发展会商机制只是拉开了协同发展系列工作环节的序幕。要实现合作的战略目标尚需历经制度创新、资源共享、优势互补、风险共担、成果分享等过程的诸多环节和复杂事项。从现有实践探索来看，京津冀基础教育协同的相关工作内容还远未达到预期目标。当然，其中的业绩和作用也是可观的，这从上文"实然"状态的有关素材和描述都可以约略得知。此处主要揭示其中所存在的问题。两方面合起来，称为"喜忧参半"是恰当的。

（一）京津冀基础教育协同推进缓慢

京津冀基础教育协同发展是一个创新的跨区域合作体系，在跨区域基础教育协同发展过程中，教育制度的创新是必不可少的一部分。这就需要以北京市、天津市和河北省三个合作区域为主体，共同实践基础教育领域关键步骤的制度创新，从合作制度协商、合作项目实践、合作监测评估等方面共同分担成本，保证京津冀基础教育合作创新项目的顺利实施。而反观目前情形，无论是京津冀地方政府还是基础教育各级学校，都在力图规避合作创新项目中可能存在的风险成本，对成为合作资源供给主体的积极性不高，导致协同参与主体很难实现协同治理理论提出的整体利益大于局部利益简单相加之和的愿景。这种情况即使是在较为成熟的"名校办分校"合作形式中也存在明显短板，分校在办学过程中需要面对学校性质的问题，学校的督导权属于当地政府还是本校的政府尚难以界定，成为京津冀跨区域合作办学过程中无法规避而又十分棘手的问题。

（二）京津冀基础教育协同发展的可持续性中衰

哲学史上一直热议和思考的一个命题是知行关系，"知行统一"应该是大多数人所认同的，但其中的关键和困扰则在于"行之切"。因为现实中大量的困境和失败则是"知行脱节"。知而未行，流于夸夸其谈或空洞说教。这一哲理反映在区域基础教育合作的论题上，同样如此。

一个好的区域基础教育合作规划的生命力在于执行。实践证明，"三分"规

划只有加上"七分"实施与管理，才能达到"十分"的效果。而此处的"规划"相当于"知"的种类和内容，"七分"其实都是以不同方式的"行"。换言之，包含管理在内的各种活动，都应该是"行"的不同表现、方式方法及应用操作。

笔者在分析"京津冀基础教育协同发展"问卷的调查结果时发现，无论是县级还是校级的京津冀基础教育协同发展规划的落实容易受政府、教育行政部门对目标管理和政绩考核时限的影响，存在"刮风"的现象。2019年2月，笔者接到上级主管部门通知，宣传报道北京"老校长下乡"计划在河北省的实施情况。从2016年开始，来自北京市东城、西城、朝阳、海淀、丰台五个区的32名退休老校长、老教师，先后到北京密云、延庆，河北承德等偏远县区的30多所乡村中小学校助教，他们通过听课评课、亲自授课、主持开展教研活动、聘请专家名师开展讲座和示范课等举措，为乡村学校带来先进教育理念、优质课程及丰富资源。采访期间，笔者了解到F县教育局已经与天津市红桥区教育局签署了合作协议。然而，等到2022年笔者再向F县询问两地后期的合作状况时，却被告知双方已在2020年终止了正常和友好的契约关系。

其主要原因则在于双方的教育局局长都有新的合作计划，所以他们早前约定的五年合作期限未满就结束了合作。其实，这一现象在校际层面也大量存在。如张家口的某所中学曾挂名北京某知名大学的附属学校分校，但这种状态也仅仅持续了四年不到的时间。该校对此解释也比较含糊，但言语中包含着不舍和无奈。总之，由于受政府换届、教育局领导以及学校校长变动等因素的影响，京津冀基础教育协同发展的连续性不强，主要体现为前一任费尽心思拟定的合作规划往往被继任者束之高阁。而京津冀基础教育协同发展是一项复杂的系统工程，需要长期连续不断地予以推进。但政府官员各有谋划，任性而为，导致前任发展规划的实施往往缺乏连续性。总之，我们必须认识到，中层和基层在推进京津冀基础教育协同发展过程中，在贯彻落实上级有关精神和规定的同时，还需要从自身的长期合作的战略出发，确保这一行为的延续性和承接性。

（三）京津冀基础教育协同发展标准和监测机制缺失

由于京津冀基础教育参与主体、协同目标及项目内容的多样化和复杂性，致使在协同发展体系的推进过程中，难以规避各种意外的突发事件和无法预测的诸多问题。其中的协同互信、合作共赢的不公平问题是最难以调控和解决的。由于三地存在行政壁垒，所以需要在基础教育协同发展过程中建立标准和监测评估机制。该类机制存在于京津冀基础教育合作监测组织和评估机构之中，有赖于周密设计和信度、效度的有效发挥。如果国家没有规定必须成立这样的组织，那么在京津冀三地各自为政的管理框架和现状下，三地基础教育合作必然无法得到合理的监测与评估。因此，完善监测评估机制能有效改善基础教育协同中的不公平问题，并且能够及时提出及反馈合作中出现的种种问题，促进京津冀基础教育合作体系实施过程的良性循环运行。

部分学校在参与京津冀基础教育协同发展过程中，采取了一种非正常的、非常规的跨区域教育合作的方式方法，有时候也产生"钻政策空子"现象。这种"机会主义"倾向具体体现在，他们往往利用政策缺陷或者一些"潜规则"，来获取部门利益或自身利益的最大化。2022年6月，笔者作为"河北省中小学幼儿园教师师德论坛征文暨师德风采演讲活动"的参与者，与前来合作的邢台市X县教育局的参赛队队长R科长，在活动间隙进行了一次简短的访谈。当被问起X县在与京津地区开展基础教育领域的活动中遇到的问题时，R毫不避讳地讲了一个反面案例。在X县教育局与北京市海淀区已经达成合作协议框架的前提下，该县一初中在与海淀区某校对接了六次之后，依旧没能完成校际合作协议的签署工作。县教育局在之后的调查中发现，该校长借着去北京对接名校的机会，组织教师们参加了一些无关的活动。他们每次去北京学校参观，也都是浅尝辄止，对于签订协议的事闭口不谈。时间久了，北京的学校因为没能看到他们的急迫状态和诚意，自然也就不像之前那般热情。最终的结果是，不仅该校丧失了与北京名校结对帮扶的机会，而且整合C县的京津冀基础教育协同发展工作也因此受到不良影响。

在京津冀协同发展战略的引领下，三省市在基础教育领域的协作迎来了全局性和方向性的指导。在此过程中，无论是合作主体、合作方还是合作内容都超出了预想。然而，京津冀在基础教育领域的合作不能一味追求数量而忽视质量，否则就会出现少数抱有"机会主义"倾向的个体或团体蒙混过关。总之，京津冀基础教育协同发展的基本原则是高质量发展，是系统中的整体大于部分之和，也即结构功能、效能发挥所产生的"1+1>2"。

（四）京津冀基础教育协同发展表面热闹

这里的京津冀基础教育协同发展表面热闹，是指"重数量、轻质量，重外延、轻内涵"式的协同合作。京津冀基础教育协同发展的初衷是通过优化资源配置达到区域基础教育的均等化供给，而在现实中这种预设远未达成。各种相关活动常常出现"热闹一时，寂寞长久"的情形。

在京津冀协同发展战略的引领下，三省市，尤其是河北省各县均加大了学校县域内农村学校和薄弱学校的改造力度，在经费投入、学校办学条件改善、学校信息化建设等方面取得了较显著的成效，这种状况给人的表象是学校的均衡化程度得到了显著提升。从第四章的统计数据的测算中，我们可以看到河北省当前县域普通中小学的均衡差异系数比较合理，但从实际状况来看，城乡之间、校际之间的差异还比较突出，"择校热"在一些地方依旧存在。又如，一些农村学校的计算机和图书在数量上已超过省定标准，甚至与城市一些优质学校生均数量相同，但其质量却相差甚远。相当多的农村学校图书质量低，大多是学生从家里拿来的旧书，没有钱购买新书，图书总体数量和种类不足。再如，一些农村学校由于缺少英语、计算机、音乐等专业教师，为保证开齐课程只能由有相关专长的其他学科教师兼任这些课程，教学质量很难保证。此外，有些京津冀基础教育协同发展的合作协议全面，但落实不到位。

在对部分参与京津冀基础教育协同发展的河北学校调研时发现，绝大多数的校长和教师能认识到促进基础教育协同发展的价值，也能从硬件设施课程教研、教师流动、管理变革等维度对合作方案进行系统的设计和规划，但是在具体实践过程中，资源共享仅限于个别资源的流动共享，缺乏对全部优质资源共享的系统推进机制重要性的理解。

2021年3月，笔者借着到衡水市采访某"教育家型校长"培训班成员的机会，与W校长就"京津冀基础教育协同发展"话题作了简要交流。当W校长知道我一直在关注这一话题时，不假思索地把该校与北京M小学签署的合作协议书展示给我，并允许我拍照留痕。

案例：河北L小学与北京M小学对接共建协议书内容选摘。

1. L小学与M小学教育集团结为友好校。

2. L 小学定期选派优秀骨干教师、管理干部到 M 小学教育集团跟岗培训学习。

3. M 小学教育集团定期选派名师到 L 小学进行教育工作指导。

4. L 小学与 M 小学教育集团采取多种形式，共建共享优质教育资源。

案例的情况比较普遍，代表了京津冀基础教育协同发展的常态。教育行政部门虽然对资源共享进行了系统的设计和理念塑造，彰显了合作的思路，但是在具体的落实过程中，仅限于个别优秀教师的支教帮扶，以及部分教育信息化资源的统筹建设，在校园文化建设、课程教学资源深度融合等方面力度不够，其实现均衡发展的效果也将大打折扣。

可见，京津冀区域基础教育资源共享仍存在一定表层现象，应当探求相应的共享机制。京津冀高质量一体化发展的进程中，起支撑作用和关键作用的要素和内容是广泛的，更应该是深层次的。

四、京津冀基础教育协同参与主体的信念薄弱

毫无疑问，京津冀基础教育协同发展除了受到京津冀协同发展战略的指引之外，2022 年北京冬奥会和脱贫攻坚战对其影响也不容忽视。前者对京津冀基础教育协同发展的支撑作用，在本章的第一节"近京津张家口市基础教育协同发展状况"已有体现，此处不再赘述。

2016 年 10 月，由国家发展和改革委员会、中央组织部等多部门联合印发的《京津两市对口帮扶河北省张承环京津相关地区工作方案》明确指出：北京市对口帮扶河北省张家口市张北县、康保县、沽源县、尚义县、涿鹿县、赤城县、崇礼区、怀来县和承德市滦平县、丰宁满族自治县；天津市对口帮扶承德市承德县、平泉县、隆化县、围场满族蒙古族自治县、兴隆县。北京市、天津市，联合河北省根据地理接近、流域相关、财力强弱搭配和优势互补等原则，细化确定县区层面帮扶结对关系。《工作方案》同时要求京津两市本着量力而行、加大支持的原则，在统筹用好已有帮扶资金的基础上，积极筹集新增资金；河北省要相应设立专项扶持资金，重点用于支持相关县区发展，配合帮扶方开展相关工作。

同年 12 月，北京市与河北省专门签署《全面深化京冀对口帮扶合作框架协议》。根据《协议》，2016—2020 年，北京市将安排帮扶资金 35.68 亿元；13 个区

与河北省张家口、承德、保定三市 16 个县（区）结对，重点从基本公共服务、产业经贸合作、生态环保、劳务协作、教育及人才培养交流五方面进行帮扶，助推河北省受帮扶地区实现脱贫，与全国一道迈入全面建成小康社会。

2017 年 11 月，由国研中心、北京市教委、大名县人民政府联合签署《2018—2020 年河北省大名县教育扶贫项目帮扶合作协议》，2018 年 7 月由北京市丰台区与河北省保定市涞源县两地政府签署的《丰台教委与保定市涞源县教育局对口支援帮扶协议书》，都在此阶段出台。然而，随着 2022 年北京冬奥会落下帷幕，脱贫攻坚也进入成果持续巩固拓展阶段，不仅一些未参与过京津冀基础教育协同发展的县区继续保持观望态度，即使一些参与了三省市基础教育联盟的学校也有了动摇的心理。2023 年 7 月，笔者借助在张家口市举办"河北省中小学幼儿园教师师德论坛征文暨师德风采演讲活动"的契机，与该市某所参加了"京张'姊妹校'共建活动"的 S 小学校长进行了关于"京津冀基础教育协同发展"的小调查。令笔者没想到的是，S 小学校长竟对该项活动的后期开展情况并不乐观。

京张"姊妹校"共建活动方案

为贯彻落实京津冀协同发展战略，以京张携手成功举办 2022 年冬奥会和冬残奥会为契机，进一步促进京张两地教育协同发展，加强两地中小学校在后冬奥时期深入开展关于奥林匹克教育、冰雪运动普及等方面的交流与合作，让两地中小学生共享办奥成果，现就做好京张两地中小学校创建"姊妹校"活动制定如下方案。

1. 活动目标

通过"姊妹校"共建活动，搭建更加畅通的京张中小学校和中小学生交流平台，构建具有中国特色和地域特征的校际合作交流格局，探索京张两地教育合作交流的新渠道和新内容，形成资源共享、优势互补的良好局面。通过建立"姊妹校"结对关系，拓宽中小学生视野，提升学校对外开放水平，不断拓展"姊妹校"交流深度与广度，以中小学生的交流互动，推动京张两地教育系统相互了解，增进理解与友谊。

2. 工作原则

（1）主题鲜明。"姉妹校"共建活动突出奥林匹克教育和冰雪运动普及主题，并涵盖体育、艺术、劳动教育、研学实践教育等内容，开展丰富多彩的中小学生主题教育和交流活动。

（2）突出特色。立足地域特色，突出校本特色，共享京张两地优良的传统文化、自然资源和冬奥遗产，把两地的教育文化有机融合，讲好故事、办好活动、搞好共建。

3. 活动内容

（1）建立"姉妹校"关系。京张两地已经建立友好关系的中小学校直接认定为"姉妹校"；有意愿参与"姉妹校"共建活动的中小学校，可在逐级上报的基础上，根据北京市教委和张家口市教育局统一安排，指定或选择学校建立"姉妹校"关系。

（2）开展主题教育活动。京张两地教育行政部门确定的"姉妹校"要积极组织开展相关主题教育，通过线下或线上的方式，开展奥林匹克教育、冰雪运动、足球、音乐、美术、舞蹈、戏剧、航模、影视、摄影和展览等形式多样的交流展示活动。利用"雪如意""冬季两项中心""雪游龙""首钢大跳台""冰丝带"等2022年冬奥会和冬残奥会场馆，开展京张两地中小学生冬奥主题研学实践教育活动，让"姉妹校"的学生深切感受冬奥魅力，通过参与活动，增进京张两地中小学生友谊。

（3）加强交流互访。"姉妹校"之间要加强交流互访，形成师生定期互访的交流机制，通过教师教研交流、学生交互体验等形式，使"姉妹校"在教育教学方面实现优势互补、共同提升。

4. 工作要求

（1）加强组织领导。各区教育行政部门负责组织好本区范围"姉妹校"的遴选、推荐活动，确保选出办学特色明显、参与积极性高的学校。各学校要深刻认识"姉妹校"共建活动的意义和作用，高度重视共建活动，积极对接姉妹校，认真谋划和组织"姉妹校"相关主题活动。

（2）建立交流机制。"姉妹校"积极探索，不断拓展中小学生互动交流活动方式方法，做好整体规划和活动策划，不断丰富交流活动内容，提升师生对外交流素养，提高学校对外开放能力，探索建立长期互动交流机制的新路径、新方法。

（3）落实相关保障。各区教育行政部门加强对学校建立"姊妹校"的工作指导，从政策、资金等方面对参与"姊妹校"共建的学校给予倾斜，指导学校自愿申请，争取多方支持；"姊妹校"切实做好交流活动相关保障，积极建立信息报送机制，定期报送互动交流信息，做好资料留存工作。

5. 推荐名额

张家口市教育局从全市中小学校中遴选首批 43 所中小学校参与"姊妹校"共建活动。北京市教委以区县对区县的方式安排北京相关区 43 所中小学校参与"姊妹校"共建，具体学校名单由各区教委根据张家口市共建学校基本情况对应推荐。

该校长表示："北京市与张家口市联合举办 2022 年北京冬奥会，不仅提升了张家口市的知名度，也让张家口市的基础教育迎来了腾飞契机。在我们当地的其他优势资源尚未得到充分开发的情况下，仅靠冰雪运动这一优势来维持张家口与京津的良好合作局面多少有些困难，毕竟合作就要讲究个平等和共赢。"事实上，河北省基础教育欠发达县区教育管理者和广大教师心中难以排遣或无法挥之而去的这种顾虑一直存在，只是在"后冬奥会时代"和"后教育帮扶脱贫时代"显得更为明显而已。也即，在冬奥会落下帷幕和脱贫攻坚战取得全面胜利的背景下，河北省各县区的基础教育如何进一步挖掘自身优势资源，从"接受输血"转为"自身造血"，甚至是"向外捐血"。显然，这是推进京津冀基础教育协同发展中所不得不面对的现实问题。当然，这一困难局面的破解，绝非能一蹴而就，短期见效。真所谓的"心急吃不了热豆腐"，而必须从长计议，"慢工出细活"。其中，尤其应发挥政府宏观层面的指导与监督，甚至还要调研京津中小学的需求和现实问题解决的关切度。

第六章 京津冀基础教育协同发展问题的原因

美国社会心理学家弗里茨·海德(Fritz Heider)在《人际关系心理学》一书中指出，归因是指人们对他人或自己行为原因的推论过程。具体来说，就是观察者对他人的行为过程或自己的行为过程所进行的解释和推论。得益于后继者的继承和发展，归因理论也逐渐走出了心理学的范围，逐渐受到其他学科研究者，尤其是更多社会学、教育学研究者的青睐。为此，在明确了京津冀基础教育协同发展存在的问题后，还需要深入思考产生这些问题的原因，进而为持续优化和尽快转变京津冀基础教育协同发展工作提供理论借鉴和实践参考。

第一节 京津冀基础教育协同发展问题探讨的理论依据

教育科学研究既是一项复杂性和高难度兼具的创新性探索活动，就不能缺少理论方法的支撑和应用。理论是任何科学研究活动的认识依据或逻辑起点。理论是对相关概念、范畴及其相互关系翔实而深刻的陈述。它旨在说明一个现象如何以及为何发生，是对观察、经历或记录的现象的任何连贯一致的描述或解释。[①]换言之，理论是一整套概念化、学理性的解释体系，在科学研究活动中起着基础性和工具方法的作用。具体来说，理论对科学研究工作起着指导、预测、解释和概括的多重作用。[②] 经过笔者的思考和理解，社会契约理论、"经济人"理论、公共物品理论、行为决策理论是探讨京津冀基础教育协同发展问题的主要理论方

---

① [美]杰弗里·A.迈尔斯.管理与组织研究必读的40个理论[M].徐世勇，李超，译.北京：北京大学出版社，2014.

② 苏家坡.社会调查理论与方法[M].长沙：湖南师范大学出版社，1989.

法。以下加以梳理和解释。

一、社会契约理论

社会契约理论由来已久，大致可以追溯到古希腊哲学家、教育家苏格拉底（Socrates）时期，与西方的契约文化传统、社会风尚和契约经济等因素有着紧密的联系。社会契约理论认为，契约以两种形式存在：一种是社会中现实的真实契约，它存在于微观个体之间；另一种是假设的或者宏观的契约，反映了一个共同体的具有理性精神的成员之间假设的协议，这种契约设计是在为社会的相互作用设置参照标准，属于一种隐形契约。从契约交易视角分析，对京津冀基础教育协同发展所必需的要素资源加以定义：政府、教育行政部门、教师与教育机构之间存在显性的契约关系，学生、家长、社区与教育机构之间存在隐性的契约关系，政策规章、经济环境和文化市场则与教育机构之间存在未来或潜在的契约关系。这些显性、隐性或潜在的契约关系规范了相关参与主体的义务以及相互之间应该承担的责任，也决定了基础教育协同发展所开展活动的基本范围。政府向教育机构投入特定资源，因而对教育机构有法定的要求权。企事业单位向教育机构间接投入资源，并受教育机构活动间接影响，反过来也会对教育机构的办学质量产生影响，政策规章、经济环境和文化市场等潜在契约主体受教育机构活动作用，同样与教育机构活动有特定关联，因而可以对教育机构在一定范围内提出要求。由此可以看出，教育机构承担社会责任，是政府提高服务能力需求、群众受教育需求以及社会和谐发展需求这三重需求的汇合，是政府、群众和社会的共同利益。教育机构是一个教育资源提供者，但是它存在于社会之中。这就决定了教育机构除了社会性之外，还具备公益性。教育机构的行为不仅仅是一种经济行为，同时还对社会产生一定的不同作用，属于一种社会行为。因此，面对缩小京津冀区域内部基础教育发展水平的差距，最终达成区域教育优质均衡这一根本目标，首先要明确政府、教育行政部门、教育机构以及其他企事业单位的职责和权限，并以契约的形式加以规范，进而形成一定的约束和督促机制，产生"无规矩则难以成方圆"的效果。

二、区域可持续发展理论

可持续发展这一概念，最早出现在 1987 年世界环境与发展委员会在向联合国提交的《我们共同的未来》报告中。它主要指的是秉承共同性、公平性和持续性这三大基本原则，既要满足当代人的现实需要，又要具有未来的再生和丰富资源连续价值，不能以牺牲后代生存发展的需要为代价满足当代人的欲望，避免"竭泽而渔"和"杀鸡取卵"的荒唐行为。可持续发展理论强调了人类社会与自然环境的和谐发展，当前已成为一个综合性理论，涉及土地、经济社会、资源环境等方方面面。区域可持续发展是可持续发展思想在地域上的落实与体现，其研究对象是区域系统。具体来说，区域可持续发展是指不同区域的社会、经济、资源、环境相互协调发展，既能满足当代人的要求，又不对后代人的需要形成危害的发展模式或形态。区域可持续发展的研究对象是由自然生态经济和社会子系统组成的复杂系统，须将人口、资源、经济、环境发展作为一个整体，具体探讨它们之间的结构功能，相互作用的机理，预测其发展趋势，拟定调控与管理对策，构建不同类型区域可持续发展的优化模型。① 由于可持续发展理论要求在区域发展模式遵循生态的可持续性、社会的可持续性，其思想目前已得到社会各领域及政府部门的极大关注，并贯彻于其区域发展战略之中，它要求人们改变传统的以"高投入、高消耗、高污染"为特征的生产模式和消费模式，实施清洁生产和文明消费，以保护和改善地球生态环境从而达到可持续生态。由此可见，区域社会、经济、生态系统的综合性和复杂性决定了区域可持续发展既要研究区域的经济发展与人口增长以及社会结构、社会管理等问题，又要研究区域的资源与环境问题，区域可持续发展着眼于发展的能力而不是局限于现状的评价，注重发展潜力的培养，目的是自觉地、合理地对发展进行监测与调控。

在京津冀协同发展的战略背景下，基础教育不仅是三地社会发展的助推器，而且是社会发展的均衡器；促进基础教育协同发展，是构建三地政治、经济、文化、科教等相关事业公平有序格局的客观要求。换言之，京津冀基础教育协同发展的基本目标是保证教育资源的均等，减轻受教育者之间不平等的程度，营造积

---

① 王碧玉．中国农村反贫困问题研究[M]．北京：中国农业出版社，2006．

极健康的基础教育生态。也即，促使受教育个体健康成长与进步的所有人际关系与环境因素都和谐共生；在教育动态发展过程中追求持续性拓展延续；通过互动与相互之间帮扶，促进区域教育显现出相对均衡、优质、高位的态势，为区域社会的公平、稳定、和谐，发挥出应有的作用。①

三、新公共服务理论

新公共服务理论是美国管理学家罗伯特·B. 登哈特（Robert B. Denhardt）和珍妮特·V. 登哈特（Janet V. Denhardt）在针对企业家精神的思考中提出的一套以公民为中心的理论。所谓新公共服务是指关于公共行政在以公民为中心的治理系统中所应用的思想学说。

该理论主张政府部门在对公共组织的管理过程中应承担的主要职责。具体是：1. 政府的业务是服务，而不是掌舵。主导社会的公共政策是多个利益集团相互作用、相互妥协的结果。以公共服务为导向的政府，应与社会组织合作，为公众提供优质的公共服务。相应地，政府角色也应该由过去的控制者转变为协调者，协调社会各个集团利益关系，为促进公共问题的解决提供便利。2. 追求公共利益目标。政府应当积极地为公民提供通过与政府对话，清楚地表达，并建立共同的公共利益提供平台，努力形成集体的、共享的公共利益观念，不是在个人选择下求得解决问题的方案。3. 政府通过激发人们的自豪感与责任感，增强其参与、合作的意愿，共同制定合理的公共政策，使公共服务方案得到最有效且最负责任的落实。4. 政府服务于公民，而不是服务于顾客。公共部门很难具体定位顾客，不应仅关注于某些直接当事人的短期利益，而必须考虑公民长期的、公共的需要。5. 政府服务公众，受到包括公共利益、宪法法令、职业标准、社会价值观念等在内的多种复杂因素影响，并且应当对这些制度和标准负责。6. 政府应当重视人，强调管理人员的重要性。公务员不只是职业雇员，分享领导权概念才能使其言行更符合公共服务的诉求。从更长远来说，这有利于公共服务价值的实现。7. 公民权和公共服务比企业家精神更重要。政府是公民事务的权力机构，其根本使命是为公民服务。因此，政府有责任和义务在公共资源分配中担当

---

① 高兵. 京津冀教育协同发展战略探究［M］. 北京：知识产权出版社，2016.

管理者的角色，着力解决公众所需，不能只把自己视为企业家，为自己谋取利益。

可见，相较于新公共管理理论，新公共服务理论提出了一种更加关注民主价值、公共权利和公共利益，更适合现代社会和公共管理实践需要的理论工具。这一新的理论所包含的思想方法要求我们，在促进京津冀基础教育协同发展的进程中，政府作为重要的参与主体，理应遵循服务理念，自觉扮演起一个灵活、高效、责任、廉洁、法治的形象，不仅要实现良好的绩效，还要充分体现出公平、正义的民主价值。

四、现代决策理论

现代决策理论是在20世纪40年代由美国卡耐基梅隆大学的西蒙(Herbert A. Simon)和斯坦福大学的马奇(J. G. March)等人提出并倡导的。他们从认知心理学的角度研究了人类决策的基本规律和决策思维的信息输入、加工及输出过程，并应用于计算机科学的研究范围，用计算机程序来模拟人的决策过程，产生了人工智能的新科学。严格来说，现代决策理论并不是某一单纯理论而是由若干相关理论组成的理论群。在通常的认识下，它由四个相关子理论组成。它们分别是：

1. 管理决策论。该理论认为管理就是决策，制订计划是决策，选定方案也是决策。组织的设计、部门方案的选择、决策权限的分配等是组织上的决策问题，实践中的比较、控制手段的选择等是控制上的决策。决策贯穿了管理的各个方面和全部过程，是全部管理活动的中心。

2. 决策过程论。该理论认为决策是一个过程，包括三个阶段：第一阶段是搜集情报阶段，在这个阶段不仅要搜集企业所处环境中有关经济、技术、社会等方面的情报，还要搜集企业内部的详细情报，并对这些情报进行分析，找出问题，确定决策目标，以便为后续计划的拟订和选择提供依据。第二个阶段是拟订计划阶段，这个阶段的工作是以企业要解决的问题为目标，根据搜集的情报，拟订几个方案，并对它们进行预测分析、可行性分析和数理论证。第三个阶段是选定计划阶段，即根据当时的情况和对未来的预测、分析，对比各备选方案的论证结果，综合评价，选出最优或满意的方案。对这个选定的方案还要进行科学实验，其正确性得到鉴定后才能编制计划、贯彻执行，并对执行情况进行监控，以修正偏差。

3. 决策准则论。西蒙认为，"理性人"假说是没有根据的，因为人的头脑能够思考和解答问题的容量，与问题本身的规模相比是非常渺小的。因此，在现实中要找到最优的决策方案是非常困难的，甚至是不可能的。决策的准则有两条：第一是满意准则，即被采纳的决策不一定是最优的，但却是各方面满意的；第二是相关准则，即决策时不考虑一切可能发生的情况，只考虑与问题有关的特定情况。

4. 决策技术论。该理论主张，对各种各样的决策进行深入细致的分析，提出有针对性的方法发展相应的决策技术。管理决策是由多个阶段、多个步骤组成的系统，其中的每一步，都是建立在搜集到足够丰富的信息资料的基础上，建立数学模型，加以计算。①

也就是说，决策过程是组织内个人与集体行动的相互过程，影响决策的因素之一是群体心理、群体价值观、群体利益。因此，在确立区域教育发展目标时，必须有多维度的考虑。要从教育制度的外在联系和内在机理两个方面来看，即教育制度的"硬件"和"软件"两个方面，教师的群体利益、群体心理和群体价值观是不可忽略的。与群体利益、群体心理、群体价值观不一致的决策目的，难以获得组织成员的认同，也难以充分地发挥其主观能动性，其实施的进程不可避免地充斥着领袖与民众之间的矛盾和分歧。如果选取这种目的，即便能够成功，对于整个制度的存在与发展都是极其不利的。

具体到在京津冀基础教育协作提升过程中，三地政府和有关教育部门的一项重要职责，就是要对当地实际情况有一个深刻的认识，切合实际，因地制宜，以"缩小差距""补齐短板"为主要目的，以"供给侧结构性改革"为主线和推动力，力求系统性、连贯性、适切性，在继承中创新，在稳健中发展。

上述的归因理论中，无论是社会契约理论、区域可持续发展理论，抑或是新公共服务理论、现代决策理论，都强调将京津冀区域视作一个有机互联、协作共赢的整体，强调在京津冀基础教育协同发展进程中各参与主体的主动意识、科学思维和管理智慧，要在现有的规划框架内，以有效行动实现既定目标和长远发展。

---

① 吴景泰，安玉新．管理学[M]．北京：北京航空航天大学出版社，2014：65-66.

第二节　京津冀基础教育协同发展问题形成的缘由

从 2014 年 2 月至今，京津冀协同发展已走过 3600 多个日夜。京津冀基础教育协同发展也已经进入全面推进、重点突破的实质性操作阶段。但随着协同发展的逐步深入，一些深层次的问题与难点开始显现。行政壁垒与利益博弈导致的地方保护主义，固然是京津冀教育协同发展的主要障碍。作为区域乃至全国中心城市，京津集聚了大量优质教育资源和公共服务，对周边地区产生明显的"虹吸效应"，但对外辐射力度却不够，京津冀基础教育的不对称状态，导致教育服务水平与质量差距较大。这种由"大树底下好乘凉"转为"大树底下不长草"的现象，也被戏称为"灯下黑"，同样表现在教育领域。

一、京津冀基础教育协同发展的路径依赖

"路径依赖"又称"路径依赖性"，指人类社会中的技术演进或制度变迁均类似于物理学中的惯性，即一旦进入某一路径(无论是好还是坏)，就可能对这种路径产生依赖。一旦人们做了某种选择，就好比走上一条不归之路，惯性的力量会使这一选择不断自我强化，并让你轻易走不出去；或可以简洁地表达为：一种制度一旦形成，不管是否有效，都会在一定时期内持续存在并影响其后的制度选择。[①] 这种现象的存在具有一定的现实意义，它能保证某种社会制度的延续和稳定；但同时也具有阻碍制度创新和社会进步的消极作用。

京津冀区域基础教育发展是三省市基础教育领域一场重大的制度变革，在这一进程中，已经形成的社会发展机制的路径依赖，将会在一定程度上影响该进程的推进，从而延缓或者阻碍区域内基础教育协同发展目标的圆满实现。

(一)各自为政的行政体制造成彼此间文化认同落差及利益冲突

文化认同是区域基础教育协同发展的重要基础。区域文化是指地区间所拥有的相似文化特质，而"认同"是指同一性，区域文化认同可以加强彼此的同一感，

---

① 汪仲华. 向哲人致敬 谈规矩方圆[M]. 上海：上海人民出版社，2021：342.

最终凝聚成有着共同文化内涵的群体。① 虽然京津冀区域地理相近、人文相亲，有着得天独厚的区域一体化优势。但是，由于京津冀区域有三个省级行政区划，其中一个既是直辖市又是国家首都，一个是直辖市，一个是省，并且三省市的社会经济、教育发展水平并不均衡，对推进一体化的重视程度也存在差异。它们彼此之间未能促成一种京津冀区域社会所有成员共同接受的共识文化。北京的"京味文化"、天津的"海河文化"、河北的"燕赵文化"认同度有所差异，其中特点各异。

京津冀复杂的行政隶属关系，造成了许多方面政策不统一，利益相冲突，各自为政，各行其是，使得京津冀三省市之间的京津冀基础教育协调难度变大。正如河北省社会科学院杨连云研究员所说，京津冀地区协作发展一直不理想的原因主要有两点："一是过去京津尤其是北京依靠首都的政治权力，对周边地区生产要素的聚集作用大于扩散作用；二是地方利益格局造成的，各地政府从自身利益出发考虑问题，很难协调。"②2023 年 7 月 6 日，笔者通过在线直播的形式观看了长城教育联盟 2023 年京津冀基础教育资源共享峰会（张家口站）。会后，与一位常年打交道的读者，同时也是张家口某县教育局副局长共谈活动感想，他表示，京津冀基础教育水平的差距是多重因素长期作用的结果，这种局面在短时间内可能仍会存在。而要想尽快扭转这一不良局面，实现更高水平的优质均衡，关键点还是在凝聚共识，提高三地教育工作者的重视程度。可见，地方政府更注重如何满足省域内群众对教育的普遍需求，尚未给予实现区域教育的差异化、特色化协作共赢的谋划设计更多关注。

（二）京津冀基础教育协同发展顶层设计缺失

京津冀基础教育协同发展需要的是共同的高层主体组织机构的存在和主导力量的发挥。目前，京津冀合作会议制度以各地政府为依托，在传统的权力构架下进行，中央政府并没有设立一个专门管理三地基础教育协同发展的权力机构。京

---

① 刘勇，姚舒扬. 文化认同与京津冀协同发展[J]. 北京联合大学学报（人文社会科学版），2014，12（3）：35-40.

② 张云，窦丽琛，高钟庭. "京津冀协同发展：机遇与路径学术研讨会"综述[J]. 经济与管理，2014，28（2）：95-97+2.

津冀基础教育协同发展需要以标准统一的政策为指导，但中央已出台的相关政策都以建议为主，没有强制要求明确责任主体和落实具体措施，欠缺强制性建设条例和指导细则。关于京津冀基础教育一体化战略的具体实施方法并没有出台相关政策。这就大大削弱了三地政府协同交流、共谋统筹一致、谋划错综复杂形势下合作共赢方略和举措的积极性，增加了协商京津冀基础教育协同发展规划的难度，区域顶层设计缺失成为阻碍京津冀基础教育协同发展的关键问题。

在促进三地协同发展的动力机制方面，京津冀区域与长三角区域、珠三角区域教育协同发展形势不同。长三角区域的教育发展主要以知识经济为主要动力导向，珠三角主要以市场为主要动力导向，但京津冀基础教育一体化建设的主要推动方为地区政府。要明确接受基础教育是每位公民都拥有的法律赋予的权利，是不需要竞争与排他的。这种属于基础教育的特殊属性，需要政府对其中环节进行保障，政府在京津冀基础教育协同发展中的推动力始终是非常重要的。基于教育公平理论，每个学生不论在何种环境下都应该受到平等的教育，享受相同的教育资源，这就需要以教育资源共享体系为依托。但北京、天津和河北在体制上的不同决定了三地呈现阶梯形等级差异关系，不对等的政治地位使京津冀基础教育资源共享难度加大。此外，《京津冀协同发展规划纲要》未从具体实施层面对京津冀基础教育资源共享作出精细规划，因此京津冀基础教育协同发展战略在教育资源共享方面的实施政策制度是空缺的。区域顶层设计推动力不足进而造成三地内生动力不足，没有协同发展机构的缺失与政策制度的要求，京津冀基础教育资源难以充分流动，对实现三地基础教育一体化产生很大阻碍。

（三）京津冀基础教育协同发展互动机制不完善

不同主体之间职责与权限的明晰区分与界定，既是科学管理的基本要求，也是形成不同管理主体之间良性互动机制的重要基础。在当前的京津冀基础教育协同发展推进机制框架下，在教育行政部门内部具体的对接部门并不统一。以河北省为例，教育厅主要负责京津冀基础教育协同发展的是发展规划处；到了各地级市的教育局则由基教科、宣传科、思政科等部门负责，不一而足；到了县级教育局层面，则更是五花八门，甚至是鱼目混珠。孔子称："名不正，则言不顺。"言不顺会出现事难成。这既是语言逻辑的体现，更有组织管理的意义。不同层级或同一层级的不同部门有着名义上的分工，工作事务及内容要求自然有别。现实的情况是，具体到管理的职责与权限范围又缺乏明晰的划分，其中的管理者是否出线或者推诿逃避很难判别。至于这一现象的出现，我们或许可以理解为领导者的习惯或者机构人员配置使然，但是这些未作统一规划的部门之间沟通是否顺畅，是否能胜任当下的角色，是管理者不得不慎重考虑的问题。

正因为如此，基于现行行政体制所构建的京津冀基础教育协同发展的管理运行机制，使得不同主体之间因为缺乏必要的互动而无法在高校开展合作活动。从三地教育管理部门角度分析。基于我国基础教育体制发展现状，在教育资源共享方面，三地教育管理部门会优先保护自身利益，在本区域基础教育水平不受影响的前提下进行合作项目的推进。例如，在三地共同合作开展的基础教育项目中，北京市作为发起者的合作项目远远多于河北省和天津市发起的合作项目。这当中，固然受北京市长期发展规划和综合实力的影响，但积极性往往可以换来更多的主动权和领导权。长此以往，河北省难免会陷入被动或者配合的困境，也就失去了难得的提升和共进的机会。另外，从各类学校的角度分析，由于基础教育合作主体动力不足，对各级学校跨区域合作要求较低，学校则继续保持以放大本校特色以及促进利益最大化的发展目标，在参与基础教育资源共享项目的过程中对关键教育资源有所保留。

二、京津冀基础教育协同发展的经济制约性

区域经济发展水平决定了政府对教育经费的投入，教育经费的投入水平和投入的均衡程度影响着各地基础教育的均衡发展质量。因此，经济社会发展水平和经费投入是制约区域内基础教育均衡发展的重要因素。

教育经费有广义和狭义的区别。广义的教育经费是指国家和各级政府部门的财政预算中实际用于教育事业的经费，以及社会各种力量和个人直接用于教育的费用，[①] 即我国目前教育经费既包括各级政府的经费投入，又包括社会力量和私人的投入。狭义的教育经费则是指国家用于发展教育事业的费用，是国家预算支

---

① 李冀.教育管理辞典[M].海口：海南人民出版社，1989.

出的重要组成部分，是发展教育事业的重要物质保证。[①] 2006 年 7 月 1 日颁布的《农村义务教育经费保障机制改革中央专项资金支付管理暂行办法》规定，"国家将义务教育全面纳入财政保障范围，义务教育经费由国务院和地方各级人民政府依照法律规定予以保障"，把义务教育的经费投入全面纳入了国家财政保障范围。由于义务教育经费在整个基础教育经费中占有绝对的比例，且"以县为主"的义务教育管理体制为单元板块或构成要素布局，它受到省域内经济总体发展水平的影响。因此，经济社会发展水平和经费投入是制约区域内基础教育优质均衡发展的重要条件。

在我国经济飞速发展过程中，河北省与京津两市经济发展水平的差距明显拉大，出现了区域间经济发展不均衡的现象。由国家统计局发布的数据可知，2023 年北京市全体居民人均可支配收入为 81752 元，天津市居民人均可支配收入为 51271 元，河北省全体居民人均可支配收入为 32903 元。[②] 河北省居民人均可支配收入只有北京市数值的 40%，天津市数值的 64%。三省市经济发展水平的差异，不仅导致区域间、城乡之间经济发展的不平衡，产生居民收入和生活水平的贫富差异，而且这种不平衡必然会影响到基础教育经费投入的不平衡，导致区域、城乡乃至学校之间基础教育发展的不均衡。此外，在居民教育文化娱乐支出上，2020 年北京市人均教育文化娱乐消费支出 3799 元，天津市人均教育文化娱乐消费支出 3673 元，河北省城镇居民人均教育文化娱乐消费支出 2704 元。[③] 这种现象会导致京津冀不同地区的学生享受的教育资源不均衡，区域整体的基础教育平均水平受到影响。

经济学认为，资源配置机制有两种：一种是市场，另一种是政府。市场机制运用价格手段配置资源，政府机制运用计划手段配置资源。上述的相关经济因素，在一定程度上可以看作静态的政府机制作用的结果，但动态的市场机制的作用也不容忽视。事实上，市场机制在京津冀基础教育协同发展中尤其是资源配置方面的功能也并未得到充分发挥。

---

① 孙绵涛. 教育行政学［M］. 武汉：华中师范大学出版社，1998.

② 数据来源：国家统计局，https:data.stats.gov.cn/easyquery.htm？cn＝C01.

③ 数据来源：国家统计局，https:data.stats.gov.cn/easyquery.htm？cn＝C01.

区域基础教育资源配置必然应发挥市场机制的作用，因为教育的发展吸引社会多种资源配置；教育领域内部资源配置也存在着供给与需求、成本和收益、竞争和垄断等角逐竞争；能够反映投入物和产出物经济价值、标度供求状况、表征资源稀缺程度，并具有调节和分配功能的价格指针。尤其是教育活动培养的人才经由劳动力市场的人力资本配置；基本公共教育服务产品的盈利空间有限，社会资本和市场资本对基本公共教育服务产品势必出现供给存在激励不充分问题。这都决定了市场机制可以在教育发展中发挥作用，引入市场机制并不必然会削弱或下降教育的公共性和公益性。通过相关数据，我们发现，京津冀三地的市场资源配置能力其实并不理想。

以北京市为例，北京市承载着我国首都的政治职能，中央资源十分集中。六个主城区内包括了全市范围内的一半以上的人口，生产总值占全市生产总值的四分之三。新城区的发展较滞后，对主城区人口缓解作用不明显。北京市在地区资源配置上存在很大问题，中心城区在经济发展上有明显优势，因此中心城区就业人口不断增加，城区建设不断扩容。由于区域承载能力有限，居住功能外迁成为缓解中心城区人口压力的途径，但其带来的职住分离问题也加剧了交通堵塞的现象。同时，北京市四环内除了道路、公园及学校等公共设施用地，其余超过一半的面积都为中央办公所用。有鉴于此，京津冀区域在未来可以尝试将基础教育的生产与供给分离，在基础教育的生产环节引入市场机制经营学校，政府财政则主要集中精力用于保证消费者无偿接受义务教育；同时，由于在基础教育的生产中引入了市场机制，可以通过竞争来促进整个基础教育质量的提高，从而提高基础教育财政经费的利用效率。这就为在公共物品生产中引入市场机制的同时，又不违背教育财政的公共性提供了可能。

政府在京津冀基础教育协同发展中的作用固然重要，但是也不能把发展战略中的所有规定内容全部推给政府承担。京津冀基础教育协同发展不能永远依靠政府的推动，各区域要积极主动地营造合作环境，充分利用市场在资源配置领域的能力，大力发挥各级学校主观能动性。现阶段的京津冀基础教育协同相关工作推进，依然坚持以政府为主体，并没有在教育发展理念、人才互补等方面深入创新，解放思想，导致三地基础教育难以实现新的突破和发展，难以超越已经建立好的优势。在社会力量的参与度方面，京津冀三地缺乏统一规划，对社会组织的信任和引入存在短缺和薄弱，而是过分依赖政府，没有引入区域竞争机制，因此提供教育的主体与提供方式相似，都难以避免面对相对单一的格局。

除此之外，京津冀基础教育人才供给同育人需求之间存在结构性矛盾。结合国内外发达区域的实践经验来看，教育体制改革是多方面的，而供求机制的转换和建立教育人才市场是突破口和关键。因为教育的主要产品是劳动力，只有让各类劳动力进入市场，才能实现教育市场的市场调节，建立起教育人才市场，从而实现和带动招生、专业设置、人事管理、教学计划等其他改革。如果单纯从其他内部环节改革入手，很难带动整个体制的转换，而且孤军深入，必然走向失败。只有教育供求机制转换和教育人才市场的发展，才能使教育事业加入市场运作的模式中，让教育这部机器高速运转起来。虽然升学一直是基础教育阶段育人目标中的主导，但是培养德智体美劳全面发展的社会主义建设者和接班人才是其最终目的。因此，区域管理者在整体规划基础教育发展规划的过程中，也需要统筹考虑人才市场的供给状况。

现阶段，河北省与京津两地经济发展水平的差距导致了基础教育失衡问题，市场没有充分发挥出对社会经济发展的促进作用。要想使经济水平有效提升，就要从市场经济入手，借助市场的作用缩小三地经济水平差距。当前人才市场机制的效能没有实现利用最大化，对优质师资配置领域的环境塑造不全面。河北省教育厅2023年9月发布消息，宣布将加大教师招聘补充力度，旨在解决日益严重的教师短缺问题。全年计划新增中小学教师2.1万人，特别关注思政课、体育、美育、劳动教育、心理健康教育和特殊教育等领域的教师配备。相比河北省中小学教师数量上的不足，京津两地面对的是质量上的不均衡，他们往往将重点放在中小学教师轮岗制度的实施上，考虑的是优质教育的均衡问题。因此，只有教育人才竞争意识不断提升，社会才能形成人才各尽其能的良好风气，激发人才流动积极主动性，进而优化人才市场配置。但很明显，京津冀基础教育协同发展中的人才市场合作效益并不明显。

三、京津冀基础教育协同发展中的"有限理性"

"有限理性"的概念最初由美国经济学家阿罗（Arrow）提出。这一概念是指由于人们本身的局限和外部条件的限制，其行为在多数情况下并不是理性的。有限理性导致人在信息收集及分析时出现偏差，又使得情报使用者对信息的利用受到局限，也使竞争对手的行为难以用经济学或博弈论来预测。总之，人们无法按照充分理性的模式去行动，即人们没有能力同时考虑所面临的各种选择，难以在决策中实现效益最大化。因此，人在作出决策时，都是在有限度的理性下进行推论和逻辑，所寻找的并非"最大"或"最低"的标准，而只是"满意"的标准。换言之，人的有限理性包括两个方面的含义：一是人们面临环境的复杂性和不确定性，因此所获得信息也就不全面；二是人对环境的计算能力和认识能力是有限的，人不可能无所不知。①

虽然京津冀协同发展上升为国家战略已有十年时间，但是三地基层教育工作者的知识存量有限，并且其预见力往往还受到自身主观能力的约束，加之外界环境的复杂多变，他们不可能获得理性行为所要求的各种"已知的"和"给定的"条件，也就很难对每一种措施将要产生的结果具有完全的了解和正确的预测，也不可能考虑到所有可能的措施，常常是在缺乏完全了解的情况下，一定程度上根据主观判断进行抉择。具体来说，有限理性对京津冀基础教育协同发展的桎梏主要体现在以下几个方面：

（一）县级政府和职能部门决策机制的有限性

中华人民共和国成立以来，我国义务教育制度变迁经历了一个波折反复的发展历程。这一历程充分暴露并反映了政府决策受"有限理性"障碍和限制的状况。正是"有限理性"的存在，导致决策层对基础教育均衡发展意义与目标的认识没有厘清到位，对基础教育发展客观规律缺乏正确全面的认识，对基础教育的功能、作用以及发展规律了解不足。具体体现在：自上而下的决策方式导致信息不对称，这就给政府义务教育均衡发展政策的制定带来了种种弊端。② 受其影响，当前京津冀基础教育协同发展相关政策制度的制定，尤其是县级政府和教育行政部门往往采取的是单向的由上而下的决策模式，有的甚至是一些领导"拍脑袋"

---

① 马涛. 经济思想史教程(第2版)[M]. 上海：复旦大学出版社，2018：350.

② 杨令平. 县域义务教育均衡发展进程中的政府行为[M]. 福州：福建教育出版社，2018：146.

拍出来的。由于受政府决策者的有限理性的影响，这种方式的决策显然缺乏足够的信息。这也就使得他们在京津冀基础教育协同方面采取的措施，几乎是中央文件和省级、市级政府文件的翻版而与本县实际的结合度不够，针对本县实际的状况及具体的目标不是很明晰，对存在问题的认识不是很明确，具体的实施路径不是很明了，其实际效果也就可想而知了。

（二）京津冀区域教育观念差异的影响

教育现代化的最终目标是培养现代化的人，其核心是教育观念的现代化，基础教育现代化是教育现代化的重要组成部分，课程设计和教育制度上则无疑表现为反对传统以教材中心，将教育的重心从教材或知识转移到儿童的生活与儿童的世界；强调教育适应儿童成长的自然节奏和速度，尊重儿童的天性、本能、兴趣和需要。河北省广大山区因为经济欠发达、交通条件不便，素质教育还有很长的一段路要走。现行教育体制仍然以应试教育为主，以升学为目标的学校教育无法脱离高考指挥棒。为此，这些地区的学校很难形成先进的办学理念和办学特色，与京津存在一定的认知隔阂。以中小学为例，具有经济发展优势的京津地区，其学校有能力较早地配置先进的教学设施和设备，探讨教育教学改革的思路和方法，形成先进的教育和教学理念以及鲜明的办学特色，而且这些办学理念都有很强的理论性和系统性；河北偏远山区的学校则很难形成自己的办学特色和办学理念。

根据笔者近十年的基层学校走访经验，发现河北省的一些山区学校也提出过不少的校训、校风等标语性口号，但缺乏实践性。在实际操作过程中人云亦云，缺少理论性的系统思考，更缺乏长期性的实践探索，往往是一任校长一个做法，一套班子一个"施政纲领"，难以形成厚重的造校文化底盘。例如，某校明明是同一套五环节教学模式，却屡次更换名称，意图当作特色去宣传：2015年叫作"三环八步教学特色"，2019年改成"生命教育理念下的自主探究学习模式"，2021年又换成了"核心素养导向下的教学考一体化"。事实上，该校最应探索的是人文化校园环境的打造、教师专业技能的提升、学生互动平台的打造，而不是跟随潮流换名称，找对外宣传点。此种行为，只会在无形中限制学校的个性化发展，自然也就无法给京津学校以吸引力和可借鉴的资源。

(三)经验主义倾向泛化的危害

理论来源于实践,指导实践,反过来又要接受实践的考验。这是科学主义者所坚持的一项基本准则,但在现实生活中,还有一部分经验主义者,他们拘守于自身的狭隘经验,甚至把经验推向极端,迷信事必躬亲的经验和照搬别人行之有效的经验,不懂得感性认识有待于上升到理性认识的必要性,不懂得理论指导实践,又在实践中受到检验和发展的科学认识论。于是,在推进京津冀基础教育协同发展过程中,出现了一种矛盾现象:一方面管理者在思想上赞成区域协同发展,主观上也急切渴望加快京津冀的基础教育协作进程;另一方面,思维方式、工作方式又无法摆脱行政区划的框架。以原有行政区划为基本特征的观念、经验、方法甚至语言习惯,还在现实工作中我行我素、指手画脚、唯我独尊。这就进一步导致过分相信经验,过分依赖经验,甚至将过去的经验定型化和特殊经验普遍化,将以往的普及区域义务教育的办法和模式僵化、固化。又有人"跟着感觉走""贪大求洋",以自己主观的感觉和情感来判断客观事物的是非,决定自己行为的取舍,盲目定位地区的发展目标、发展战略;还有的人崇尚实用主义哲学,搞"短期行为",以眼前和瞬间为目标,目光短浅,急功近利,缺乏对事物发展的理性预见和务实追求。如此诸般,不一而足。这种情况,在京津冀小学校际合作活动中尤为明显。

从国内来看,成熟的区域校际合作一般要经历"一校对一校"的"点对点"合作——"一校对多校"的"点对面"合作——行政部门支持下的"点对区域"的合作。上海市的"新基础教育"实验就是一个很好的案例。

华东师范大学叶澜教授主持的"新基础教育"课题研究是以创建21世纪新兴学校、改变师生的在校生存方式为宗旨,对课堂教学、班级建设和学生管理等方面开展研究。1994年,"新基础教育"仅仅是由人数不多的几位课题组教师与浦东一所实验小学构成合作关系;而到了2004年,该课题的实验学校延伸到了东南沿海,先后有200多所学校申请加入,其中保持紧密联系的有56所。通过分析发现,该课题组的研究团队发现是由20余位高校教师、10多名博士生和硕士生组成的"硕博军团",属于基础教育研究的专家,拥有良好的科研能力和水平。学者的视野,加之华东师范大学所拥有的前沿眼光,使得他们的研究对于实践具有明显指导和推动作用。也许正是这批拥有学者特色管理者的教育使命担当，终于促成了"新基础教育"改革试验的长期稳定发展。

对比上海的"新基础教育"实验，再看看京津冀三省市的中小学校际合作，其间的差距不言而喻。

其一是合作目标空泛化，没有效度。从目前的合作来看，主要还是学校与学校之间进行的点对点的合作与帮扶，而政府在规划引导、资源配置和政策支持方面的督导作用发挥不明显，在如何激发中小学校和社会资源的积极性、主动性和创造性上，还缺少政府层面的顶层设计和整体规划，由点及面这一局面形成还有很长的路要走。

其二是合作过程形式化，缺乏深度。虽然京津冀在小学校长培训、建立教育督导协议机制等方面签署了教育合作协议，但在实际中并没有完全依照协议来做。而且有的合作由于是区县教育行政部门牵头，学校自身的积极性和动力不足，因而大部分的对接合作还仅仅停留在探讨交流的阶段，实际操作没能跟上。

其三是合作形式单一化，缺乏宽度。目前合作的步子迈得还不大，属于探路阶段。合作项目也以交流、援助为主，资源融合才刚刚起步，成果不是很显著。名校办分校的办学输出形式在短期内也没有形成合适的模式加以推广。三地合作的稳定机制尚未建立，北京的优质基础教育资源辐射到河北中小学的长效机制尚未形成。

其四是合作内容固定化，缺乏广度。从合作方来看，目前局限于北京与河北的合作，北京与天津、天津与河北的合作启动慢，尤其是天津与河北的合作，因涉及两者对北京教育资源的竞争，天津在规划纲要中的设计目标不明显，致使目前两地关系还没有完全理顺。另外，从京冀两地合作内容来看，有些合作还没有开始实施，如两地政府层面的干部教师培训挂职、共同开发优质课程资源、联合教研、国际教育交流与合作等。基于北京数字学校，京冀在数字化优质课程资源开发和共享、名师网络研修活动、教育专家指导服务等方面还没有开展合作。北京市的一些优质学校网络资源还没有辐射到河北的中小学，例如北京四中网校远程教研推出的"定制"教研服务已经在全国很多地方推行并取得了不错的成绩，但在河北还没有中小学被划入其合作学校范围。

总之，现阶段的京津冀小学校际合作还处于探索实践阶段，既缺少理论的指导，同时又忽视总结已有经验，最终造成合作经验的科学性和推广性较差，整个三省市的小学校际合作难以形成规模，对京津冀义务教育协同发展的促进作用不明显。其中的原有上文已作归因思考，尽管还存在不周延或者缺乏细致深入之处，但应为如何更优化路径的走向及施策举措提供依据。

第七章 京津冀基础教育协同发展的策略构建

生态平衡是指在一定时间内生态系统中的生物和环境之间、生物各个种群之间，通过能量流动、物质循环和信息传递，使它们相互之间达到高度适应、协调和统一的状态。也就是说，在生态系统内部生产者、消费者、分解者和非生物环境之间，在一定时间内保持能量与物质输入、输出动态的相对稳定状态。生态平衡是动态的而非绝对静止的平衡，在生物进化和群落演替过程中就包含不断打破旧的平衡，建立新的平衡的过程。而且，平衡存在于一定的领域或单元范围之中。教育生态系统，也是如此。

京津冀基础教育协同发展是一个由"三省市内部平衡——整个区域不平衡——整个区域实现大平衡"的生态平衡。为此，京津冀基础教育协同发展是指立足于京津冀区域协同发展的大背景，三省市在教育公平思想和教育平等原则的支配下，教育机构和学生得以享受平等待遇的目标或蓝图，以及用以确保该愿望期待逐步实现的制度和法规。京津冀基础教育协同发展的最基本的需求是三省市的学生和教育机构能够公平地分配优质教育资源，达到教育需求与教育供给之间的相对均衡，并最终落实到人们对优质教育资源的占有和享用上，以实现三省市基础教育协同发展的理想目标。

第一节 京津冀基础教育协同发展的总体设计

"凡事预则立，不预则废。"确保京津冀基础教育协同发展目标高质量、高效稳健地如期实现，关键在于要有一个合理、理性的战略构思。其具体要求是：指导理念要科学、合理，总体设计思路清晰、逻辑性强；重点突出，可行性强，确保各方均有主体的参与性；内容明确，形式多样，两者谋求协调统一。

一、京津冀基础教育协同发展的基本理论视点

基础教育均衡发展，事关当前和今后相当长时期京津冀教育协同发展整体的战略问题。推进京津冀基础教育协同发展必须立足于三省市丰富而鲜活的教育实践，以科学的教育协同发展理论为基本出发点，特别是需要用创新、协调、绿色、开放、共享的新发展理念为指导。

根据上文的相关分析，笔者认为，京津冀基础教育协同发展的基本理论观点主要有十个字：发展、统筹、兼顾、创新、协作。下面拟分述之：

（一）发展

当前，各行各业都把高质量发展作为第一要务，教育同样如此。与经济社会协同发展相比较而言，京津冀区域内的基础教育协同程度还相对较低。现阶段，民众对基础教育的需求已经从"有学上"向"上好学"转变，这就要求京津冀基础教育的整体改革思路从过去粗放型的扩张转变为内涵式的提升。这就需要一方面合理聚集教育资源，适度提高办学规模效益；另一方面克服过去重"硬件建设"、轻"软件建设"的倾向，不断提高教育管理水平，向学校管理要质量、增效益。

（二）统筹

发展教育，本来就离不开政府的统筹。京津冀基础教育要协同发展，更离不开三地政府的统筹。统筹区域基础教育项目内容及内容要求，应当着重从三个方面着手：1. 统筹基础教育与经济社会的发展。其中的关键问题是正确处理"基础教育须为经济社会发展服务"和"经济社会发展离不开基础教育"的双向互动性，形成京津冀区域基础教育与区域经济社会之间相互依存、彼此促进的局面。同时，把基础教育协同发展放在京津冀协同发展的总体规划中统筹谋划。2. 统筹城乡基础教育的发展。坚持继续把农村基础教育摆在发展的"重中之重"，加大对农村教育的支持，建立城市教育支持农村教育的有效制度和运行机制，在加大中央财政对农村教育转移支付的基础上，省级财政也要加大对本区域内农村教育，尤其是边远山区教育的投入，逐步缩小城乡教育发展的差距。3. 统筹地区之间、县域之间的教育发展。在京津冀区域内，省域之间、省域内尤其是县域内

经济发展水平不一，基础教育发展也存在一定的差距。三省市基础教育客观存在着自己的优势和特色，以及自己的不足和困难，中央和三省市政府及其教育行政部门要从全域整体协同进步的高度来加以宏观统筹和调控。

（三）兼顾

长期以来，我们提倡的是"效率优先，兼顾公平"。在进入新时代的社会背景下，人们对社会发展的公平与公正有了更多的关注。由于基础教育涉及社会每一位成员的切身利益，基础教育公平正在成为当前社会关注的焦点。因此，京津冀区域基础教育要协同发展就要在教育政策、教育制度和教育措施多个层面，关注和保护那些处于不利环境状况下的弱势群体，让他们更多地分享教育成果，获得更好的教育权益。

（四）创新

创新是发展的动力，推动京津冀基础教育协同需要有新的理念、新的思路和新的实践。这就要求不仅教育思想创新，树立科学的现代教育观和人才观，坚持以人为本，把各项教育活动集中到为学生的全面发展服务上来；而且在人才培养模式上要创新，不断探索新的教育教学内容、方法和手段，不拘一格地培养人才，促进人的个性与潜能充分发展；同时，不断拓展人才成长的途径，培养多层次、多类型、多规格的人才，满足社会对人才的多样化需求。但是，京津冀基础教育从协同发展的要求来看，创新的关键在于体制机制上要创新。首先，要有先进科学的管理体制和运行机制，尤其是要考虑到偏远县区基础教育发展的特点和困难，并在政策体制和运行机制方面体现出来。其次，变革传统的教育观念，推动信息技术支持的课堂教学改革，解决城乡基础教育校际不均衡发展的现实问题。最后，各级政府要统筹协调，在继续加强以县级政府为主的教育管理体制上，进一步探索完善京津冀基础教育协同发展的管理体制。

（五）协作

京津冀基础教育要协同发展，单靠三省市政府的宏观调控是不够的，必须充分发动各级政府的积极性，广泛开展区域之间的协作，城乡之间的协作和学校之间的协作。从三省市的实际出发，建立和完善各项基础教育协作制度，扩大协作的内容和范围，探索多种多样、行之有效的协作方式，逐步实现基础教育省域内一体化和省域间一体化发展。同时，要坚持教育的"三个面向"，即"面向现代化""面向世界""面向未来"。这就要求我们不仅要加强省域之间的协作，更要扩大教育的国际交流与合作，学习和借鉴一些发达国家和地区先进的教育理念和成功的实践经验，促进京津冀基础教育全面、协调和有序地发展。

二、京津冀基础教育协同发展的定位和特点

京津冀基础教育协同对于三省市经济社会和整个教育事业有什么作用，基础教育发展不协同又会催生什么样的不良后果？这是京津冀区域社会协同发展所必须正视的问题，也是我们研究京津冀基础教育协同发展的意义和价值所在。

（一）京津冀基础教育协同发展的基础性和先导性

上述已引证的《京津冀协同发展规划纲要》中明确指出，推动京津冀区域社会协同发展这一重大国家战略的核心是疏解北京非首都功能。然而，北京非首都功能疏解并非易事，想要依照规划顺利落实，其中的一个重要保障是北京非首都功能承接地的公共服务水平。只有提升承接地的公共服务水平，确保被疏解的人口在当地安心工作和生活，实现真正的疏解，而不是工作日在承接地上班，周末回北京生活。以2005年开始搬迁到河北唐山曹妃甸的首钢集团为例，虽然越来越多的职工选择在搬迁地购置房产，但是仍有4000多名职工往返于相距200多千米的北京石景山和河北曹妃甸之间。其间的因素是错综复杂的，但其中京冀两地基础教育的差距是他们难以真正安家的重要原因。从国际经验来看，区域教育协同的目标需要紧紧围绕整个区域现实及未来之间的功能定位，包括为区域经济社会发展提供人才支撑和智力支持，也包含教育系统的自身发展目标定位。

当前，新一轮产业革命正在兴起，天津市的经济社会发展也对教育提出了新的要求。基础教育要融入国家的先进、领先战略，适应时代与社会提出的挑战，满足社会前进的教育要求。因此，教育要具有前沿性，从前瞻性角度出发，深化京津冀基础教育的协同发展，优化本地基础教育资源的布局结构，满足在津、来津各类人才对子女教育的多样化需求，是适应天津社会变化、顺应时代的重要基础。

基础教育协同发展也是河北省实现中国特色社会主义现代化教育发展模式的重要保障。在此过程中，河北省通过落实国家战略、把握发展机遇，通过与京津两地优质中小学开展跨区域合作办学、共建教师培训基地、教学资源共享等方式，整体提升全省的基础教育办学质量。在致力于完善与北京市、天津市的教育合作机制的基础上，河北省通过不断学习，来完善本地基础教育现代化发展的模式以及办学的标准，从而加快促进优质教育资源的平衡，提升基础教育的质量水平。

（二）京津冀基础教育协同发展的多特点并存

京津冀基础教育协同发展具有自身的特点，它所构成的独特系统既是京津冀地区与国内华南珠三角地区、华东长三角地区相比较而言，也是教育协同发展跟经济协同发展相比较而言。也就是说，该系统是根据其特性概括、总结而来的结果。

第一，京津冀基础教育协同发展具有前沿性。京津冀基础教育协同发展并不是一个传统意义上的增量改革，即大规模建设新的教育基地、新学校和新教育项目等。这项重要教育战略工程更多地体现的是存量改革，即把这三个省市的教育资源从总体上作一次内部的重构或重组，包括把北京市的非首都功能迁出去，与天津、河北进行整合，对现有的基础教育资源配置模式加以改变等。从这个意义上来说，它是一种对存量的调整及升级。正是由于这是一种存量高效重组，它所面对的利益主体和利益矛盾会更多、更复杂，相关的制度和机制建构也会更难。同时，京津冀区域基础教育协同发展是与仅限于一个省市内部、一个学校内部的改革存在明显的差别，因此这是当前中国基础教育深化改革的重要体现。

第二，京津冀基础教育协同发展具有多元性。由于京津冀协同发展是伴随北京非首都核心功能外迁而展开的，大量的科教文卫等部门群体新的工作、生活、教育和居住需求便随之产生了。在这种形势之下，地方政府应发挥引导作用，引入市场机制，鼓励社会企业发挥行业优势，通过多种方式服务于这一国家教育战略，促进优质公共服务资源的均衡配置，合力推进社会事业提升，尤其是要鼓励社会企业参与教育行业的多个领域以开展全方位合作，发挥自身优势协助三地基础教育的优势互补，尽到企业的责任。另外，三地政府还可以通过购买教育服务，引入社会资本，让企业参与到校本课程研发，以及学生综合实践活动体验场所、场馆和配套设施建设中去，从而使京津冀地区的中小学生都能受益。无论是基础教育阶段学校的举办，还是其他涉及基础教育场地、设备、设施的购置、添设，以及课程资源开发，河北较京津具有多个方面的优势，如征地、劳动力、税收等。这些正是从市场角度看协同所得出的必然结论，三地政府要从政策制定上加以引导，以利于基础教育相关的市场要素向着河北流动。京津冀基础教育协同发展在多元化的基础上还应该注重开放性，不局限在学校与学校的合作形式中，有些情况下社会组织和团体也可以适度加入进来。在参与组织和参与者逐渐扩大后，三地基础教育协同发展的问题会更容易解决，因此，其协同发展的主动性和配合度会大幅度提升。

第三，京津冀基础教育协同发展具有一体性。京津冀区域协同发展背景下，医疗系统已经开展了一系列改革，实现了三个"共享"和两个"一体化"，包括共享医疗资源、医疗信息和医疗质量管理，病人转诊一体化和医保报销一体化。和医疗一样，教育领域的协调，也可以在"共享"和"一体化"上做文章，推进基础教育的三个"共享"和两个"一体化"。三个"共享"指：一是实现网络教育资源共享。三地在各自优质网络教育资源基础上建立京津冀慕课联盟、翻转课堂联盟等，为三地的学校和家庭提供优质教育服务。二是实现教育人才共享。通过培训协同，三地共享干部教师培训资源，制定人才共有合用政策，三地共享教育人才资源。三是实现教科研资源共享。三地教研、科研部门加强交流与合作，共同开展多种形式的教研项目和教研活动。一个"一体化"指三地教育质量检测评估一体化。通过合作，实现三地中小学学校教育质量指标体系和评估指标的一体化，逐步缩小京津冀基础教育存在的差距，实现协同发展的理想愿景。

三、京津冀基础教育协同发展政策的阶段性

京津冀基础教育协同发展不是一蹴而就的，而是一个较为长远的过程，考虑到现实与原有规划目标的差距存在，如果以目前为近期目标的话，则后续十年更长些，可作为远期目标。

（一）近期

2015 年 6 月，经中共中央政治局审议通过，《京津冀协同发展规划纲要》印发实施，规划在重申首都北京"四个中心"定位的基础上，分近期、中期和远期三个阶段，提出京津冀协同发展的目标。[①] 战国后期著作《礼记·学记》高度重视教育的作用，"建国君民，教学为先"，就是至理名言。"百年大计，教育为本"，其义可谓古今通义，是贯穿一致的。教育不仅关乎个体的发展，而且制衡着社会的兴旺，乃至国家的富强。教育是我国社会主义现代化建设的基础。当前，由于京津冀三地的经济发展水平存在差异，教育资源分布情况也存在着明显不平衡，因此，要想实现京津冀三地基础教育的协同发展存在着一定的难度。近期的主要任务，是在思想上统一认识，同时对京津冀基础教育系统中发展的各类政策举措、路径、模式等方面进行规范，形成常态化的联动机制，推动京津冀基础教育协同发展取得新的突破。

首先，在思想上要意识到，"协同发展"并不意味着简单的"协作配合"，而是系统与系统内各要素之间在和谐一致、配合得当、良性循环的基础上由无序到有序演进的过程。[②] 完善的治理体系是确保基础教育协同发展的重要基础。因此，京津冀三地要打破原有的思维定式，真正形成"抱团一起做事"的想法。改变原有的"资源独享""生源独享"的局面，确立"资源共享""生源共有"的目标，科学有效地推动京津冀三地基础教育资源的新规划和最优化，逐步实现三地在教育政策举措、路径、模式等方面的规范，最终实现基础教育的协同发展。

---

① 近期到 2017 年，有序疏解北京非首都功能取得明显进展，在交通一体化、生态环境保护、产业升级转移等重点领域率先取得突破，深化改革、创新驱动、试点示范有序推进，协同发展取得显著成效。中期到 2020 年，北京市常住人口控制在 2300 万人以内，北京"大城市病"等突出问题得到缓解；区域一体化交通网络基本形成，生态环境质量得到有效改善，产业联动发展取得重大进展。公共服务共建共享取得积极成效，协同发展机制有效运转，区域内发展差距趋于缩小，初步形成京津冀协同发展、互利共赢新局面。远期到 2030 年，首都核心功能更加优化，京津冀区域一体化格局基本形成，区域经济结构更加合理，生态环境质量总体良好，公共服务水平趋于均衡，成为具有较强国际竞争力和影响力的重要区域，在引领和支撑全国经济社会发展中发挥更大作用。

② 曾珍香，张培，王欣菲. 基于复杂系统的区域协调发展　以京津冀为例[M]. 北京：科学出版社，2010.

其次，加强相应的配套基础设施建设，形成规章制度，充分发挥政府、社会等多主体的力量，为京津冀基础教育的协同发展奠定基础、提供保障。在近阶段以完善京津冀三地基础教育协同发展治理体制、提升治理能力、建设京津冀基础教育协同发展机制作为重点。京津冀基础教育的协同发展实际上是政府、学校、社会等多元主体共同参与的活动，要想保证活动的有效实施，就需要有一个统一行动的中央枢纽——政府。因此政府协调各个主体积极参与建设、平衡各方利益，完善配套的基础设施建设，搭建共享的信息平台，致力于京津冀三地基础教育的协同发展。

最后，聚焦关键领域、重点环节，率先实现基础教育协同发展的新突破。以河北为例，可以充分发挥本身所具有的地域优势，通过政府购买教育服务等形式吸引北京、天津优质教育资源向河北转移，充分发挥北京、天津对于河北的有效辐射作用，以此提升河北的基础教育质量，实现京津冀基础教育的协同发展。除此之外，政府要充分发挥桥梁作用，建设教育资源共享平台，通过教师一体化的交流培训、优质课程资源共享等方式，建立评价指标体系，逐步实现基础教育优质资源的均等化。

（二）中期

中期阶段是京津冀基础教育协同发展的全面开始的新阶段，该阶段是在近期目标实现的基础之上，对基础教育系统发展的各类政策举措、路径、模式等方面进行进一步细化，使其更加贴合京津冀基础教育协同发展的内在实际需要。经过多方补充、完善、论证，将其上升为不同教育领域的政策，进而将其确定为京津冀基础教育协同发展的基本制度。

针对通过实践已经积累起来的成熟经验、管理模式、协同发展的实现路径，可在京津冀地区进行大范围的推广使用，在实际运用的基础之上，不断地进行修正补充。进入中期意味着京津冀基础教育协同发展进入了崭新的阶段，足以说明协同发展的基本架构已经完成，各种有利于人才培养的平台已经建立，多种有利的资源正在三地扩展。基础教育作为社会基本的公共服务，在京津冀协同发展过程中发挥着至关重要的基础性作用，改善京津冀三地教育资源分布不平衡问题在基础教育协同发展中起着保障作用。

首先，开展北京、天津办学水平层次较高的基础教育学校与河北学校进行跨区域的帮扶合作项目，在课程实施、管理、评价，教师队伍建设等多方面对河北中小学进行深入的帮扶交流与全方位的合作，经过深入的合作交流，不断完善协同发展人才培养模式。

其次，进一步扩大以北京为核心的普惠性优质基础教育资源的影响力。例如支持北京多所高校与天津市、河北省教育行政部门进行协作共建附小、附中等。经过中期阶段的发展，三地办学水平得到共同的提升，基础教育协同发展取得一定成效，京津冀教育发展水平差距逐步缩小，形成共建共享、互利共赢、协同发展的理想化教育发展模式。经过京津冀基础教育从形式到内容、由表及里、层层深入的合作与交流，京津冀三地基础教育的面貌焕然一新。京津冀基础教育组织与其他各行各业的联系与合作也都在相继步入正轨。

（三）远期

在远期阶段，京津冀基础教育协同发展的基本格局形成，基础教育协同发展在以北京为核心的辐射带动作用下已经取得一定成效，教育领域在为优化首都核心功能、缓解北京非首都职能方面作出了重大贡献。京津冀基础教育协同发展已经具有一定的影响力。该阶段各级各类教育协同发展的政策措施、模式、路径较中期相比均已成熟，能够长期有效保证京津冀基础教育协同发展。在远期阶段，京津冀基础教育协同发展在治理理念、机制建设等方面形成了统一的认识和方略，在资源布局、资源衔接、资源融合方面实现了再优化，实现了京津冀三地基础教育公共资源相对均衡，教育发展共同体的数量增加、质量提升，三地教育联盟的建设速度加快，推动了三地在教师队伍建设、教材、课程实施、课程评价等各种教育资源的一体化和统筹使用，进而使得优质教育资源得以最广泛地使用、实现共享。在评估监测方面，对于京津冀地区基础教育实施教育资源有效动态监控，建立区域基础教育质量监测机制，保障了京津冀基础教育的长期协同发展。在各个层面提升了京津冀区域基础教育协同发展的整体水平，为实现京津冀基础教育现代化奠定了坚实的基础，使京津冀基础教育整体水平得到了显著转变并走向完善。

京津冀基础教育协同发展不仅促进了三地教育事业的发展，而且还促进了社会各个层面的有效改进。在京津冀基础教育协同发展局面的促进下，京津冀区域一体化的格局初步形成，区域社会产业经济结构更加合理，逐步成为具有较强国际竞争力和影响力的重点区域，在引领和支撑全国经济社会现代化中发挥着积极作用，同时还为其他行业领域培养了大批优秀及合格的专业领域技术人才，促进了各行各业的进步，京津冀基础教育协同发展更加行稳致远。

四、京津冀基础教育协同发展的目标及任务

京津冀基础教育协同作为整个京津冀协同发展战略的重要组成部分，应积极回应国家区域发展战略需求，坚持以人民为中心发展教育，认真谋划和提出切实可行的目标任务和政策措施，从而切实推动整个区域的基础教育达到高质量水平。

（一）京津冀基础教育协同发展的总体目标

"教育协同学"是研究教育系统在应对外界条件发生变化时，其内部各个子系统如何调整和改进，达成新的协同关系，并引起宏观结构质变，产生教育系统新的结构和功能的一门科学。① 京津冀基础教育协同发展就是以实现京津冀基础教育系统新的经济社会功能为目标，改进各个教育子系统结构、功能以及形成子系统之间协同一致关系的过程。京津冀基础教育协同发展目标是由教育系统总体目标和各子系统目标组成的目标体系。教育系统的总体目标分为外部目标和内部目标。

第一，外部目标。通过京津冀基础教育的协同发展，使京津冀基础教育体系能够更好地适应和服务于京津冀协同发展的国家重大战略需求；探索京津冀三地的教育联动，即跨省市的行政区域教育合作与发展的新模式；共享优质教育资源，加快建设一批优质学校，带动提升区域整体基础教育品质，提高京津冀地区基础教育发展水平，增强三地的国际竞争力；不断加强教育设施布局规划建设，进一步优化教育资源布局，全面增强京津冀教育资源承载能力，提升公共教育服务、产业人才支撑服务与科技创新服务水平。

---

① 孙善学，吴霜，杨蕊竹. 京津冀教育协同发展战略研究[M]. 北京：首都经济贸易大学出版社，2016：92.

第二，内部目标。通过京津冀基础教育协同发展，促进京津冀三地区域内教育公平，提高基础教育质量，改进京津冀基础教育人才培养水平，增强创新能力，提升基础教育服务经济社会发展的能力。

第三，子系统目标包括区域子系统目标和教育类型子系统目标。一是做好基础教育综合改革试点工作。教育部已确定了天津市、河北省廊坊市两个国家级基础教育综合改革实验区，须以此为核心，积极开展试点工作，拓展优质教育资源的辐射范围。二是将义务教育、普通高中新课程新教材实施和教师队伍建设作为重点。课程和教师是基础教育发展的关键，目前三地正在根据普通高中课程标准和课程方案(2017 年版 2020 年修订)和义务教育课程标准和课程方案(2022 年版)，推动新课程、新教科书在三地的落实，促进三地的新课程和新教科书的应用。通过联合师资培养等途径提高师资水平。及时总结经验，加大宣传报道，形成区域基础教育协同发展典型经验。

(二)京津冀基础教育协同发展的重点任务[①]

基础教育为社会提供基本的公共教育服务，是国民教育的基石。基础教育协同发展对实现京津冀教育协同发展战略目标和推动京津冀教育整体的协同发展具有重要的作用。目前，京津冀基础教育严重不均衡，区域之间差距过大，问题突出，面临着繁重而艰巨的重组或调整任务，主要包括如下几个方面。

1. 推动京津冀区域基本公共教育服务均等化

受多种因素干扰或制约，京津冀基础教育发展水平存在着显著差异，优质教育资源在同一省市城乡间、不同省市之间分布不均衡，教育水平差距较大。总体来看，北京市基础教育已经达到了较高专业化水准，天津市基础教育的优势在全国范围内也比较明显，突出问题还是河北省基础教育同京津之间存在着明显落差。如果这一问题不能优先解决，就很难从根基上实现三地教育的协同发展，也很难实现京津冀协同发展的总体战略目标。国家"十三五"规划纲要明确提出要"加快基本公共教育均衡发展"。以此为依据，以缩小河北省同京津两地基础教

---

① 本部分内容参考了李军凯《京津冀教育协同发展实践策略研究》(科学出版社，2017 年1 月出版)第 149 至第 152 页的相关内容。在此，特向原作者和出版社表示由衷谢意。

育的落差为抓手，推动京津冀区域基本公共教育服务均等化，成为当前京津冀基础教育协同发展的首要任务。

推动京津冀基础教育的均衡发展，责任在政府，关键也在政府。要强化政府主导责任，三地政府部门要对全局性的公共基础教育服务负责，并将这种责任纳入公共管理范围。从这一视角来看，如何明确三地政府在区域基本公共教育服务中的责任是十分必要的。为此，各地政府结合基础教育的现实水平与差距，确定未来定位及具体目标，发挥组织协调作用，促进教育资源的优势互补，使京津优势教育资源切实对河北发挥辐射带动作用。北京、天津两市政府的一个重要任务是做好帮扶河北、带动河北的相关事宜。一方面，随着北京非首都功能的疏解，人口向河北省迁移，政府要积极主动地处理和解决好迁入学生的教育问题。为此，北京、天津两市政府应提供优质的基本公共教育服务，不仅如此，中央政府在解决这一事关教育公平的大事难事上也应谋划落实；另一方面，河北省政府应主动对接京津优质的教育资源，加大基础教育投入力度，增强自我办学实力和教育造血机能，从而缩小三地教育水平的严重落差。

2. 提升区域基础教育教师的能力和素质

京津冀基础教育师资素质能力及专业水平不均衡，北京、天津两市教师的初始学历水平和学历合格率明显高于河北省，教师的综合素质也高于河北省。相对来说，北京、天津两地具有绝对的师资优势，河北省则处于相对弱势地位。在京津冀基础教育协同发展过程中，如何通过构建多维平台，协作提升基础教育教师的能力素质和业务水平，是解决协同发展突出矛盾和重要任务。对此有诸多繁难之事纠缠，堆积聚会，亟须理清，逐步实际落实，其中的要务列举如下：充分发挥三省市师范类大学在培养培训基础教育教师中的重要作用，整合京津的高水平师范大学教育资源，推动师范院校在河北省建立教师培养培训重点基地，发挥基地的整体示范带动作用，着力提升河北省师资水平并缩小发展差距。推动教师、校长交流，北京市和天津市定期选派一定数量的优秀教师到河北省中小学、幼儿园开展帮扶支教工作，将京津地区先进的教育理念、教育模式引入河北，为河北省的基础教育教师提供学习和借鉴；选择河北不同地区的基础教育教师定期到京津两市的优秀中小学、幼儿园进行学习和研修，培养大批高素质教师，鼓励教师学成之后发挥他们的表率作用，促进整体水平的有效提升。而这些举措的开展及效果保障均有赖于政府的力量主导和行为担当。也就是说，北京、天津两市和河北省教育行政管理部门或中小学校之间搭建跨区域、跨学校的教师交流平台，分享信息，互通经验，提升教师能力素质及专业水平的考评，促进京津冀基础教育协同发展。

3. 促进区域基础教育优质资源共享

合理配置、优化区域教育资源，推动教育资源由发达地区向欠发达地区转移，推动京津冀基础教育的均衡，能够有效地促进京津冀基础教育的协同发展。由于河北省人口基数大，目前统计为 0.75 亿人。与此相应，其在校生数量远超北京和天津的总和。河北省不是教育强省，却是教育大省，这应该是名副其实的。由此，要想全域内基础教育全面、深度对接京津是存在极大困难的，亦是北京、天津两市难以承受的，这就需要分层实现不同的基础教育资源共享，促进京津冀基础教育的均衡发展。例如，通过推进基础教育优质数字化资源共享，打破地域、学生数量、教师数量等方面的限制，创造京津冀基础教育协同发展的新模式。建立教学教研培训网上联盟，使优质的教育资源在最广泛地跨地域、跨时间内得以共享，各地、各校、各教师通过互联网平台互通资源，加强交流合作。加强三省市校外教育资源的统筹使用，加强教学教研的密切合作，推动教学资源的共建、共享和共用。

4. 探索基础教育校际合作的有效路径

中小学校是基础教育的主体。两校之间或多校之间根据自身特点建立协同发展机制，是促进京津冀基础教育协同发展的有效方式。推动校际之间的微观协同发展，深化校际之间的交流合作，是京津冀基础教育协同发展的重要内容。

近年来，京津冀三地中小学无论是出于自发需求，还是受教育行政部门的引导，其实在推进校际合作方面已经作出了有益的探索。但是，校际之间的实质性、深层次、可持续合作的任务仍然十分艰巨。为此，拟从以下几方面实施推动前行。(1)政府、学校、教师、教研机构乃至相关企业多主体的共同努力，增加优质义务教育学校、高质量幼儿园和普通高中。例如，可以通过财政帮扶、人口流动下的继续教育帮扶、师资帮扶和校际帮扶等途径，促进京津冀区域的教育基础设施建设，共同开发优质的课程资源，培养师资管理干部，开展联合教研，整合教育质量监测与评估，建立实验实训基地，开展学校"手拉手"活动，建立名师工作站，促进京津冀区域的教育基础设施建设。(2)采取教育集团、学校联盟、结对帮扶、开办分校等方式，优化京津冀优质基础教育资源配置，进一步开展"中小学骨干校长教师赴京跟岗学习"项目，整体提升学校管理者、一线教师的管理理念和教学方法。(3)建立三省市基础教育课程改革联盟，在课程实施与管理、教学改革考试评价、教研科研等方面加强合作与交流，协同推进人才培养模式改革，努力使具备条件和优势的高校在三省市，尤其是京津名校在河北省与当地教育行政部门协作，共建附属学校和附属中学，使优秀的教育资源得以充分释放。(4)进一步挖掘当地优质基础教育资源，并扩大其辐射影响范围及强度。鼓励组织校际间教育论坛，推进有特色或个性的地方课程资源共享，以实现京津冀基础教育微观细化层次的深入有效发展。

五、京津冀基础教育协同发展的逻辑思考

任何事物的发展都是连续性和阶段性的统一，都具有一个不断发展上升的过程。京津冀基础教育协同发展的过程也是如此。

(一)京津冀基础教育协同发展是一个可持续发展的动态过程

翟博在《教育均衡论》一书中，提出了基础教育均衡发展四个阶段理论：首先是低水平均衡阶段，也就是普及义务教育阶段，主要是以追求教育机会的均等为目的，让每一个适龄儿童都能享有受教育的权利和均等的受教育机会。其次是初级均衡阶段，主要以追求教育资源合理均衡配置为目的，确保教育资源在区域间、城乡间、校际间、群体间的优化配置，以确保受教育群体和个体的权利平等、机会均等，具体表现为公民就学平等和受教育条件的均等。再次是高级均衡阶段，主要以追求学校教育发展均衡为目的，即以人的培养和发展为目标，办出学校特色，促使学生全面发展，充分尊重学生的差异和个性，让每个学生最大限度地发挥自己的特长和学习潜能。最后是高水平均衡阶段，其重要的标志是：国家经济社会高速发展，已经进入了现代化的理想阶段，人民生活水平大大提高，已经进入了真正意义上的全面建设的小康社会，社会上下都树立并具有了真正意义的现代教育理念，以人为本的社会发展观、教育发展观深入人心，教育资源极大丰富，区域之间、城乡之间、学校之间和不同受教育群体之间的差别极大缩

小，教育资源在社会和学校得到了合理优化的配置，每一个学生都能接受相对均等的教育，每个学生都能最大限度地发挥自己的特长和学习潜能，每个学生都能获得学业成功的平等机会。[①] 根据目前三地基础教育协作的客观形势及状态水平，可以大概得出如下结论：京津冀基础教育已经实现了第一阶段目标，进入了第二、第三阶段，也就是初级均衡阶段和高级均衡阶段。

（二）京津冀基础教育协同发展在供给侧结构性改革视域下进一步发力

学界有关京津冀基础教育协同发展的研究成果，更多的是站在供需矛盾中的需求侧的立场，关注如何满足相应的教育需求。这就容易导致优质教育资源成为少数人才能享有的权利，而没有增加供给的有效性和调整供给结构。京津冀基础教育协同发展中，需求驱动的政策取向已无法达成既定目标，具体缘由如下：一方面，对于需求侧而言，虽然具有强烈的教育需求，但是作为弱势方，不具备优势和能力去得到自己想要的东西。所有的教育供给对于弱势方来讲都是唯一的，供给什么样的教育就接受什么样的教育。供给侧处于强势主导地位，不仅掌握教育资源，还有相应的资源管理权、配置权和决定权。[②] 另一方面，从供给侧而言，主要基于自身利益出发的简单粗放型供给，并没有对需求方的特点进行深入研究分析，导致缺乏针对性，有效供给不足。[③] 因此，京津冀基础教育协同发展中，主要应该围绕供给侧做文章，作为基础教育优质资源高地的供给侧，须充分了解作为资源洼地的需求侧，在教育供给侧结构性改革中承担起更多的主体责任。通过调整京津冀基础教育供给结构，增强京津冀基础教育协同发展的实效性，推进京津冀基础教育供给端与需求端的有效对接，获得协同发展。具体来说，"协同"应是京津冀政府与学校、社会之间基于共识，突破传统范畴的多角度、全方位的深度协作，意味着京津冀相关职能部门、各级各类学校、教育研究

---

① 翟博. 教育均衡论［M］. 北京：人民教育出版社，2008：127-130.

② 周海涛，朱玉成. 教育领域供给侧改革的几个关系［J］. 教育研究，2016，37（12）：30-34.

③ 郑国萍. 京津冀教育协同发展运行研究：基于供给侧改革视角［M］. 秦皇岛：燕山大学出版社，2021：59.

机构和社会组织等不同类型、不同性质的各方机构，基于行政视角—研究视角—实践视角的协同，教育政策—教育制度—教师实践等不同层面间的协同，学校教育—社会教育—家庭教育等多种类型教育之间的协同，教师—家长—社会人士等多类主体间的协同。同时，协同合作应共赢互利，建构协同运作机制。"创新"则要求京津冀基础教育协同发展要以教育体制改革和建立现代学校制度为抓手，在办学体制与管理体制等方面实现创造性的突破，释放京津冀区域基础教育活力。

（三）新的时代背景决定了京津冀基础教育协同发展执行路径的多模式

跨区域教育协同发展政策的执行是一个复杂多样的过程，它涵盖了政府主导的政策执行过程，同时也包含了跨区域教育协同发展组织及个体主导的过程。这个过程涉及了几乎所有的单项教育政策执行模式的特征，因此，其执行模式极其复杂多样。这种复杂性为执行带来了许多难以预料的问题，需要不断地探索、学习和改进。

具体到京津冀基础教育协同发展中，对一些已有政策和措施作必要的调整和完善。在这当中，已经进入"后冬奥时代"的北京冬奥会和教育扶贫，必须作相应的调整和优化。具体来说，面对冬奥盛会留下的场馆、道路设施等"硬核"遗产，张家口市印发了《张家口市后奥运冰雪运动发展工作实施方案》，聚焦五个方面，内含"22招"，以巩固"后奥运"冰雪运动发展成效。"扎实推动各行各业冰雪运动发展普及"和"全面提升青少年冰雪运动后备人才培养水平"作为与基础教育发展密切相关的内容，细化内容包括扎实开展冰雪运动进校园、扎实开展冰雪运动进乡村、扎实开展冰雪运动进社区、推行青少年运动技能等级评定、完善冰雪运动体育俱乐部建设体系、构建青少年冰雪教练员培养体系、实施"大清河"精英人才扶持计划、发展壮大冰雪项目裁判员队伍、拓宽冰雪项目竞赛通道。[1]

---

[1] 张家口市文化广电和旅游局.未来五年，张家口市这样打造冰雪运动"全国样板"［EB/OL］.（2023-04-11）［2024-08-25］. http：//whgdly. zjk. gov. cn/content. thtml？ contentId = 197085.

然而，如何将这一系列举措与京津冀教育尤其是基础教育协同发展联系起来，走出传统的"画地为牢"的发展范式，是京津冀三省市特别是河北省必须直面的现实问题。在京津冀协同背景下河北省教育厅健全扶贫政策体系，开展了中小学校舍提升工程、农村义务教育学生营养改善计划、乡村教师生活补助等多项行动，基础教育扶贫工作取得了阶段性成果。但是由于河北省域贫困地区数量多、底子薄，教育精准扶贫面临一些问题和不足①：城乡学校办学条件存在差距，农村学校基本办学条件有待提高，农村学校多媒体、图书馆、功能教室使用率不高；学生营养改善计划未全面展开，贫困学生建档立卡精准度不高，农村留守学生心理健康未得到重视；贫困地区教师队伍结构不合理，培训进修机会少，职称晋升空间小，教师教学素养能力有待提高等。在巩固拓展基础教育脱贫攻坚成果阶段，上述问题的解决成效将进一步体现三省市的协作能力与质量。

总之，京津冀基础教育协同发展探索性强，且没有一成不变的路径可以选择，也不能按照惯例行事，而需要有科学的执行决策和执行策略，不断面对新情况，不断创新执行路径，调整执行工具。

第二节　京津冀基础教育协同发展的宏观策略

京津冀协同发展既是国家宏观战略，又是京津冀三地的具体战略。因此。在考虑京津冀基础教育协同发展的政策建议时，要从国家宏观战略和地区具体战略两个角度予以阐述。具体而言，京津冀基础教育协同发展战略从宏观出发，要构建整体协调发展的体系，从国家层面、省市层面进行整体布局，同时可以考虑设立"京津冀基础教育专局"。就具体而言，京津冀基础教育协同发展要妥善处理疏解北京非首都功能与京津冀基础教育协同发展总目标的关系；合理设计基础教育领域合作与其他等级教育以及经济社会领域合作之间的衔接；妥善解决基础教育发展现实问题与长远发展的前瞻规划；汇聚政府主导与发挥市场机制作用，以及广泛调动各方积极性的因素。在此基础上，针对教育脱贫攻坚专项帮扶、教育信息化建设、中小学

---

① 方中雄，桑锦龙，郭秀晶，等．京津冀教育发展报告（2018—2019）［R］．北京：社会科学文献出版社，2019．

教师多元培训、研学活动等方面的现实状态和自身需求，分别制定切实可行的具体策略，进而最终实现京津冀基础教育协同发展的战略目标。

一、构建京津冀基础教育协同发展的战略体系

京津冀基础教育协同发展既是京津冀协同发展的重要内容，同时也是京津冀协同发展战略顺利实施的必要保障和有效手段，为了在实践中能更好地提升京津冀基础教育质量和水平，需结合三地实际，构建更全面、更综合、更具体、更有操作性的政策调控体系。

京津冀基础教育协同发展战略体系由"3+N"框架构成。其中，"3"指的是从国家、省市、政策实施三个层面加以整体布局，"N"指的是三省市在京津冀基础教育协同发展进程中开展的教育脱贫攻坚专项帮扶、教育信息化建设、中小学教师多元培训等多种专项行动。

（一）京津冀基础教育协同发展战略体系的布局

1. 国家层面。在国家层面，建立京津冀基础教育协同发展的宏观决策及其决策支持体系。这主要包括以下五个方面：

（1）完善基础教育协同发展领导体制和工作体系。在由教育部、国家发展和改革委员会、国有资产管理委员会等部委，中国科学院、中国工程院、中国社会科学院以及京津冀三地政府组成"国家京津冀教育协同发展领导小组"的基础上，成立"国家京津冀基础教育协同发展领导小组"。同时，建议在教育部基础教育司设立日常工作机构，建立起工作体系。

（2）形成基础教育协同发展决策支持体系。这主要是发挥高校智库作用和专家优势，建立研究机构、协调机构和评估机构等辅助与支持组织，提高决策的先进性、实用性和科学化水平，保障协同发展体制、机制的正常运行。此外，还可以创设"京津冀基础教育协同创新中心"。

（3）擘画教育协同发展规划体系。这是指在原有相关政策的基础上，制订"京津冀教育协同发展国家中长期规划""京津冀教育协同发展行动计划""京津冀基础教育协同发展分省（市）规划"以及相应的实施计划。

（4）构建京津冀基础教育协同发展督导制度和督导工作体制。

（5）建立京津冀基础教育信息化与教育资源管理机构。该组织的功能在于统筹规划、协调推进京津冀地区基础教育信息化工作和教育教学资源共享平台建设。

2. 省市层面。在省市层面，京津冀三地政府分别设立基础教育协同发展领导体制和工作机制，统筹本省市与京津冀地区教育改革和发展工作。除北京市、天津市及河北省之外，建议教育部联合有关高校主管部门，发挥中央部属高校发挥智库作用，积极融入京津冀基础教育协同发展的工作领导与协调工作中来。

3. 政策实施层面。在政策实施层面，各级政府及教育主管部门、各类教育机构以及企业或其他社会组织，在各自职责和服务范围内具体落实京津冀基础教育协同发展规划，自主发挥各自的主观能动性，高质量完成有关工作。

（二）多种京津冀基础教育协同发展专项行动的开展

这里的专项行动指的是已经形成机制的多种京津冀基础教育协同发展专项活动的内容。主要包括：1. 倡导建立姊妹学校、友好学校，发挥资源优势，开展高端互访，开展区域间跨学校的学生交流互动，图书、仪器、体育场所等优先向周边地区学校开放，推动区域内教育资源合理流动。2. 在城市间探索"名校+新校""名校+弱校"的办学模式，待经验成熟后，进一步拓宽资源集聚形式；在城乡间探索"名校+农校"的办学模式，开展"高校+新校""教科研单位+新校""名园+街园"和"教育联盟""名校托管"以及名校资源再生发展机制的探索带动区域内新办学校、相对薄弱学校、农村学校共同发展。3. 进一步完善专业联盟、对口合作等工作机制，主要包括教育脱贫攻坚专项帮扶、教育信息化建设、中小学教师多元培训、研学活动等。

（三）国家层面京津冀基础教育专局的设立

为了有力推进京津冀基础教育协同发展，需要加强国家层面的顶层设计。在京津冀设立的基础教育专局不是一种新的行政区划类型，而是专门针对教育事业发展的专业机构，承担国家京津冀基础教育协同发展领导体制和工作体系的具体任务，可以是国家教育部门的派出机构，也可以由京津冀三地政府共同成立并接受国家教育行政部门领导。其主要职能定位在规划、协调和支持建设高水平的中小学，执行国家有关扶持政策，统筹安排国拨资金、京津两地转移支付资金和其他基金，落实国家和地方政府确定的基础教育协同发展规划和工作计划。

二、转变京津冀基础教育协同发展的观念

在加快实施京津冀协同发展重大战略背景下，京津冀三省市的基础教育事业面临着新的机遇与挑战，同时也肩负着特殊的责任与使命。这就要求三省市各级政府和教育行政部门、各类教育机构、教育工作者以及其他社会组织等相关参与主体转变观念。具体表现为，在思想认识、政策导向、责任目标以及方法举措等方面突出均衡统筹、共赢互享，推动京津冀基础教育协同发展，从一家协同到大家协同，从要我协同到我要协同。这是习近平总书记反复强调的全面建成小康社会，全民共享社会进步红利，以及和谐幸福、美美与共的英明思想的体现或进一步落实。

（一）妥善处理疏解北京非首都功能与京津冀教育协同发展总目标的关系

总体而言，京津冀三省市对于基础教育协同发展的战略理念和重大意义形成共识的比例及趋势较为明显，并表现出日渐强烈的合作愿望，但对协同发展的具体内容和主要诉求却在不同程度上存在很大差异。客观地说，这在合作初期是难以避免的，对此无须大惊小怪。我们应当坚持"问题导向"，关注各方合作诉求的共同点，找准合作的切入点。从北京市的角度看，可以将控制人口过快增长、疏解非首都核心功能作为京津冀基础教育协同发展的出发点；从天津角度看，其"一基地三区"的新定位（全国先进制造研发基地、北方国际航运核心区、金融创新运营示范区、改革开放先行区），将替代原来的北方经济中心这一角色；从河北省的角度看，承接京津的产业疏解，除了物理空间以外，配套的公共服务资源和设施都需要尽快解决，而这些都是河北省的短板。在此基础上，京津冀三地应逐步深化全面合作，处理好"当务之急"和"长远目标"的关系。

（二）合理设计基础教育与经济社会合作之间的衔接

京津冀基础教育协同发展是京津冀教育协同发展的重要方面，而京津冀教育协同发展又是京津冀协同发展重大战略的重要组成部分，这就要处理好教育系统

内部不同类型间的衔接问题，以及整个教育领域合作与其他经济社会领域合作之间的衔接问题。以北京市为例，其教育资源输出要与解决生态环境问题、能源资源协作问题和产业转移问题相结合，确定好输出或辐射的具体方向，提高教育资源输出的效益，服从并服务于京津冀经济社会全面合作和协同发展的大局。

（三）协调解决基础教育现实发展与长远规划的关系

从京津冀区域当前的基础教育发展水平分析，北京市相比津冀两地有一定的比较优势，但强烈的优势思维或许会使北京教育陷入故步自封、停滞不前的困境。因为，从短期看北京市基础教育资源的输出，会引起教育内部指标的调整，教育成就增长可能进入一个平缓期。京津冀基础教育整体发展水平同国内的长三角、泛珠三角等城市群教育先进水平相比，还存在明显差距，与建设世界性城市的要求对标还不相适应。所以，必须尽快渡过平缓期，进入新一轮的提升期。这就要求我们看到津冀两地基础教育的优势，洞察新的空间带来的发展潜力，从而在新形势下深化综合改革，转变发展模式，寻求新的增长点和突破口。

（四）汇聚政府主导、市场作用以及各方积极性

京津冀基础教育协同发展需要顶层设计和规划先行，在习近平总书记对首都工作和京津冀协同发展的重要指示和《京津冀协同发展规划纲要》精神的指导下，应当把京津冀基础教育协同发展纳入三省市"十四五"规划，从整体考虑，启动京津冀基础教育协同发展研究课题，为教育专项规划编制工作打好基础。同时，在京津冀区域合作中涉及的主体多、层次多，面向的需求也极为复杂，需要在政府主导下，坚持政府主导与自主决策相结合，集中与分散相结合，发挥市场机制的作用，重视发挥各级政府和教育行政部门、各类教育机构、教育工作者和其他社会组织的积极性，创设良好的合作环境，全面推进京津冀基础教育协同发展。

三、京津冀基础教育协同发展的机制创新

京津冀基础教育协同发展要取得较大的效益，除了区域内要存在较大的潜在合作效益外，还必须有完善的合作机制，这样才能调动各参与主体的主动性和创造性，并确保他们的利益和权利得到最大程度的保护。

（一）京津冀基础教育协同发展机制的含义

京津冀基础教育协同发展机制主要包括两个方面：一是中央、三地政府、企事业单位、教育机构、教师、学生及家长认同和遵循的、用来规范和指导基础教育协同发展的规章和制度；二是实施上述各项规章和制度的机构和组织形式。故而，可以将前者称作规章，把后者称作组织。制度是京津冀基础教育协同发展的运行规章，它受目标的引导，直接决定着京津冀基础教育协同发展能否顺利进行，强调三省市在基础教育合作方案的可操作性。而机构和组织则负责规章的制定和实施，并对规章的实施情况进行监督和协调，确保规章在运行过程中不跑偏、不走样。总之，京津冀基础教育协同发展机制旨在确保三省市在基础教育的合作有章可循，一切按规章制度办事，并且促使这些规章能够顺利地落实。

（二）京津冀基础教育协同发展机制的类型

京津冀基础教育协同发展机制主要包括目标机制、动力机制、运行机制和利益协调机制四个部分。它们共同构成一个彼此联系、相互作用的有机整体，促使三省市基础教育合作不断向纵深方向发展。

1. 目标机制

目标机制是指三省市通过基础教育领域的合作所要达到的一系列既定目标组合，并且能够保证目标的可行性和有效性。京津冀基础教育协同发展的目标组合大致可以分为制度目标、实体目标和终极发展目标三个层次，它们是手段和目的相结合的有机体系。其中，制度目标指的是向三省市的基础教育合作提供开放、公正的环境氛围，实现制度目标的主体是中央、三地政府和各级教育行政部门，它们在自己的职权范围内主动作为、科学设计，从而为三省市基础教育领域不同层级的合作交流提供合理的框架，打破由于行政区划、市场割据导致的各地区和各部门之间设置的"藩篱"，营造包容、共赢的环境和氛围。实体目标是进一步优化基础教育的办学条件、提高教育教学质量、完善教育治理体系。这就决定了实体性目标的实现主体是各级教育行政部门和各类教育机构，教育行政部门提供基础设施建设、发展方向指引，而教育教学质量的提升和管理体系的完善主要交由教育机构完成。京津冀基础教育协同发展的终极目标是实现三省市基础教育的科学性和高质量发展，提升京津冀基础教育的整体实力与核心竞争力。

2. 动力机制

动力机制主要是指三省市基础教育的相关主体愿意融入京津冀基础教育协同发展大局，并能够积极参与合作的利益动机。与此相关者形成如果不参加合作就会被"边缘化"而使利益受损的忧患意识。所以，京津冀基础教育协同发展想要走向深入，主要依赖于各参与主体对潜在合作利益的追求。各参与主体要想获得较大合作收益，在提升自身现有实力的同时，还必须要求具备较大的互补性，也就是三省市内京津冀基础教育参与主体的特色优势，如历史文化、办学传统、可挖掘的教育资源等要素存在较大的区域差异，办学要素存在一定的多样性。通过三省市教育交流与互动次数的增多和程度的加深，带动办学资源在区域间的流动，实现办学资源的优化配置。

3. 运行机制

运行机制是指为确保京津冀基础教育协同发展的目标体系得以实现和协同发展过程顺利进行而建立规则和程序的体系，其中所强调的是三省市在基础教育合作举措的可操作性和自我调节功能，降低过程成本。运行机制主要包括基础教育协调主要参与者和政府的磋商，两者相辅相成，相互促进。运行机制主要包括资源开放、流动和竞争机制，如评估机制、整合机制，以及竞争机制、供求机制等诸多方面。基础教育协同机制的完善和正常运行需要各地方政府的合作和磋商机制，各地方政府合作和磋商的最重要的制度性目标就是要消除地方壁垒、区域分割，实现京津冀基础教育发展的软件和硬件的自由流通，使优质教育资源能够在区域内真正起到优化资源配置，同时政府的作用也包括克服在区域合作中由于市场失灵导致的外部性问题。另外，京津冀基础教育协同发展运行机制还包括一些非政府的中介机构、民间组织、学术机构，它们能够弥补政府磋商机制的不足，在京津冀基础教育协同发展中发挥举足轻重的作用。

4. 利益协调机制

利益协调机制是从促进京津冀协同发展的长远目标着手，对三省市在基础教育领域内各层级的教育合作产生的利益进行协调的规程和组织行为。京津冀基础教育协同发展首先必须遵循合作包容、互利共赢的原则，使各地区、各类教育机构具有同等的发展机会和共享优质教育资源权利，能在相对公平的外部环境中展开合作与竞争，但是当参与主体的利益分配得不到妥善解决而影响基础教育协同发展的进展时，就需要有效协调。协调机制一般包括协商、仲裁和补偿机制。协商机制的形式一般由政府部门的相关人员组成，也可以由非政府部门的中介组织、民间机构组成。如果利益分配经过协调机构协调之后仍不能达成一致时，就需要仲裁机构进行仲裁，仲裁机构大多由政府部门的行政会议组成。由于仲裁过程多数情况涉及利益关系的调整，所以还必须引入利益补偿机制。

（三）京津冀基础教育协同发展机制的创新要求

1. 与三省市政府具有良好的兼容性和协调性

京津冀三省市在准确掌握三省市基础教育发展现状，分析各自的优势和不足的背景之下，根据特定的政策要求和经济、文教状况制定出与三省市具有良好兼容性和协调性的区域合作机制，从而在科学机制的催化作用下，发挥京津冀基础教育协同发展的条件优势。

2. 具有较强的可行性和有效性

完善京津冀基础教育协同发展机制的目的在于确保相关各项活动的可行性和连续性，因此，协同发展机制必须保证在三省市的基础教育协同发展过程中能够实施，可以进行操作。三省市基础教育参与主体在共享优质教育资源、摆脱自身困境的同时，促使整个区域基础教育的综合实力不断提高。这就要求京津冀基础教育协同发展具有一定的规模和经济效应，缩小各参与主体之间的差距，降低沟通成本，提高彼此之间互相合作效率。

3. 灵活对待基础教育协同发展各参与主体的差异性

京津冀三省市基础教育参与主体在经济、文化、科技等方面的差异，会影响相关合作机制的制定和实施。因此，必须在深刻理解各参与主体差异，确立参与主体间平等的前提下，灵活处理各方的关系，使各成员能够得到充分的权益，并把解决京津冀基础教育发展不平衡问题放在突出的位置。

第三节　京津冀基础教育协同发展的政府层面策略

政府作为教育政策的主要制定者，在京津冀基础教育协同发展中处于引领地位，是深化京津冀基础教育改革的关键力量。在京津冀基础教育协同发展的进程中，政府的"主控、主导"地位必不可少。这就要求政府积极推动相关主体协同联动，统筹兼顾多方联动利益，全方位监督联动过程，公平公正地评估联动成果，重视并抓好统筹联动育人。

一、从体制根源破除阻力

（一）主动从管理型政府向公共服务型政府转变

教育管理职能是政府行政职能的一个重要组成部分。政府职能也可以被称作行政职能或者行政管理职能，是指政府在国家和社会生活中所承担的职责和功能，其核心是"管什么"和"怎么管"。① 在推进京津冀基础教育协同发展过程中，政府部门，尤其是县级政府部门管理基础教育职能的转变，既包括了政府关于自身职能定位的理念转变，也包括了政府关于自身职能实现的行为方式的转变。具体来说，包括两个方面内容：一是政府必须坚守执政为民、服务社会的理念，将深度参与和促成京津冀基础教育协同发展由意愿转变为自觉行动。根据现代社会发展与治理的要求，改革僵化的行政方式与官僚行政作风，为构建区域基础教育均衡发展的管理体制创设良好的环境和条件。二是充分考虑京津冀协同发展战略、省域发展定位、县域产业布局的整个大背景，科学决策，优化执行机制，既要保证基础教育协同发展政策质量的科学性和有效性，又要保证政策对于环境的适应性，从而使政策在执行过程中得以顺畅、有效实行。

（二）树立科学的政绩观

京津冀基础教育协同发展本质上是基础教育更高层次的优质均衡发展，我们必须认识到京津冀基础教育协同发展的长期性和艰巨性。现阶段，三省市基础教育差距的形成原因是多方面的，其中主要包括国家和地方财政的有限性、地方群众对基础教育需求紧迫程度的差异性、当地的尊师重教传统等多重缘由。现阶段

---

① 顾明远，石中英.《国家中长期教育改革和发展规划纲要（2010—2020 年）》解读［M］.北京：北京师范大学出版社，2010：346.

所面临的问题是这些因素综合作用的结果。所以，想要缩小彼此间的差距，实现优质均衡，需要社会经济的不断发展和相关体制机制的持续优化而逐步实现，不能毕其功于一役。为此，只有不断加快经济改革，促进社会全面进步，推动教育事业的全面发展，满足人民群众日益增长的优质教育资源需求，才能逐步实现京津冀区域基础教育协同发展的理想目标。

二、做好宣传与规划工作

（一）创新宣传形式，增大宣传实效

借助宣传扩大京津冀基础教育协同发展的影响力和号召力，各中小学认识到基础教育在整个教育体系中居于奠基的地位，是各级各类教育的根基。也就是说，基础教育协同发展在京津冀协同发展中具有基础性和先导性地位。

政府部门在对京津冀基础教育协同发展进行顶层设计时，应充分借鉴长三角和泛珠三角的成功经验，有效地协调区际利益，促进区域基础教育协调发展。规划应本着开放的原则，利益共享，合作共赢，弱化"行政区划"概念，强化"京津冀都市圈"，乃至"环渤海经济圈"的概念，优化教育资源配置。

总之，京津冀基础教育协同发展是一个全民性、全社会的系统工作，需要各方的协调、合作和支持。政府应当充分利用舆论宣传工具，动员全民积极配合参与政府基础教育改革，在全社会营造区域基础教育改革的氛围，达成尊重政府推进京津冀基础教育协同发展的共识，使政策深入每个人的心中，落实到每个人的行动中。

（二）专门成立京津冀基础教育协同发展沟通与协作部门

由于缺乏基础教育协同发展顶层设计，地方政府在京津冀基础教育协同发展中的积极性不高，教育资源共享程度不深。尽管已经开展了一些基础教育合作项目，但三地基础教育协同发展进程始终推进较慢。因此，加强京津冀基础教育协同发展顶层设计成了推动京津冀基础教育协同发展的关键策略。

在京津冀基础教育建设过程中，国家以及三地政府占据主导地位，起到决定性作用。因此要想真正推进京津冀基础教育协同发展，就需要政府将这一战略规

划放在重要地位，以设置京津冀基础教育协同发展沟通机制为依托，设置专门的京津冀基础教育协同发展管理部门，其目的是对三地政府加以职权划分，明确三地在基础教育协作中的定位与职责，加强三地政府教育部门间的沟通互商。目前京津冀基础教育协同发展已有一定的政策支撑，在人才共通方面，2011 年 4 月，京津冀签署了《京津冀区域人才合作框架协议书》，对人力资源的政策调节、体系衔接和服务融合三方面进行了优化，使区域间人才资源流通更加自由和便捷，有利于三地人才资源的互通共享。

但着眼于现实，京津冀在基础教育区域化发展过程中缺乏严密的沟通机制建设，处于没有主管部门进行工作指导的尴尬局面。完善的基础教育协同发展沟通机制是促进三地基础教育合作项目开展的根基。没有完善的沟通机制作为指导，基础教育资源可能会各地保留，难以实现共通共享，三地基础教育协同发展难以有明显成效。目前基础教育协同发展形势以各地教育部门与学校为主体自发进行合作项目，对三地相关教育部门和基础教育学校自主性与积极性要求很高。在没有基础教育协同发展治理高层和沟通机制的情况下，相关主体的资源共享动力不足，不利于京津冀基础教育协同发展深化。因此，设立对京津冀基础教育协同发展事务进行专门管理的行政部门是必要的。

在此认识背景下，京津冀三地政府应该召开会议详谈相关事宜，在三方教育部门联合协商后设立一个"京津冀基础教育协同发展小组"，专门处理京津冀基础教育领域的相关问题，开展对口工作。并以此为主管部门下设一个"京津冀基础教育资源分配小组"，该小组需要在《京津冀协同发展规划纲要》或后续相关政策文件依托下，以对京津冀基础教育进行整体规划统一指导为基础，围绕基础教育重点合作领域制定短期和长期发展目标，对整个过程的项目开展与工作内容加以具体细化，明确要求，避免模糊、笼统的规划，要从细节处逐一对协同发展工作进行细致安排。

在推进基础教育协同过程中，要注意规划中部分与整体的一致性，不能使部分脱离整体。部分规划要分析各区域基础教育的现实水平，并对各区域内优势资源进行梳理，从现实意义上做到取长补短，发挥区域基础教育优势。总体规划要能体现京津冀基础教育的发展特点与要求，反映京津冀基础教育发展的趋势与最终目标。在整体规划的指导下，有区域特色的短期规划会更高效完成，进而长期目标的实现也会水到渠成，这样良性循环的方案对完善京津冀基础教育协同发展体系可以产生正向的促进作用。京津冀基础教育协同发展沟通机制的设立在整个京津冀基础教育共建过程中有着举足轻重的作用，甚至决定着京津冀基础教育合作发展的方向与路径，对加强顶层设计有着强大的推动力。

(三)组建基础教育协同发展专家咨询团队

目前，关于京津冀基础教育共建以及教育资源互通问题，三地已联合举办过多场会议进行交流互商，对已取得的基础教育合作成果进行经验总结。例如，2017年于北京召开的"京津冀校长交流会议"，三地基础教育领域代表共同参加，商议如何在京津冀一体化背景下使三地优质基础教育资源更加高效合理地共享。在会议中，参会代表利用基础教育校际合作发展经验，对共享基础教育合作成果发表见解，对未来三地基础教育资源共享的方式和前景加以规划和探讨。他们提出应在三地基础教育协同发展过程中，发挥专业人士的经验指导作用，组织基础教育领域专家，形成一个为京津冀基础教育资源提供分配建议的专业机构。然而此项提议在区域交流会议中只得到了形式上的采纳，三地基础教育行政部门并未在会后为基础教育共建项目组建专家咨询机构或者组织。

直管京津冀基础教育协同发展的专家咨询委员会是由各类专家群体共同参与和组建的依托组织。这一研究机构可以通过定期举办商讨会议，开展不同领域专家间的思维碰撞与建议交流。专家建议为京津冀基础教育协同发展提供更好的方案，对如何解决京津冀基础教育协同发展中出现的各类问题有更好的参考价值，也是区域基础教育协同的重要依托，因此专家咨询委员会在人员组成上以教育学界专家为主，但也不应排斥其他领域的专家加入。例如社会学、经济学以及心理学方面的专家。此外，要不断深化专家咨询机构对三地基础教育合作项目的形式、内容以及基础教育资源共享体系的研究，为京津冀基础教育协同发展主体提供咨询。该机构应由"京津冀基础教育资源共享小组"主管，全面实现多元领域专业人士对京津冀基础教育协同发展的理论指导，促进三地基础教育资源共享工作的实施。京津冀三地政府和教育行政部门应该高度重视建设专家咨询机构，加大基础教育专家的研究与会议宣传经费投入，利用专家建议更好解决基础教育协同发展中出现的棘手问题。

（四）搭建京津冀基础教育协同发展的组织架构

京津冀基础教育协同发展承接机制需要主管组织作为实施方，但目前三地还未建立完整的基础教育协同组织架构。因此，京津冀应在树立平等互惠理念的基础上，设立"以纵向协调为主体，横向协调为辅助"的基础教育协同行政组织架构。

从纵向上看，该行政组织架构可以分为领导决策组织、行政协调组织和执行实施组织。领导决策组织就是在国家已设立的京津冀协同发展领导部门下分设由中央政府领导、三地政府共同参与的"京津冀教育协同发展领导小组"，主管京津冀教育一体化建设工作。这一组织作为京津冀教育协同发展组织架构中的最高级别机构，专门负责制定教育协同发展的总体规划等重大事项，并统一规划机制创建与教育资源共享的相关事宜。行政协调组织则由设立的"京津冀基础教育协同发展领导小组"担任，由中央政府直属领导，具体负责处理京津冀基础教育协同发展问题，并对各项机制的指标加以具体分析，对合作项目可行性和可持续性等进行验证。执行实施组织要以京津冀三地政府教育行政部门为依托，建立"基础教育协同发展执行督查委员会"。该组织应该对政府制定的政策规划进行细致分解，实践部署，将规划内容落到实处，并对机制设立和资源共享等基础教育协同实施过程严格监督。

在协同治理理论的指导下，以上三个层面的组织运行一般情况下由领导决策组织开启，确定协同发展决策方向，接着行政协调组织进行考察分配教育资源工作，最后由执行实施组织落实决策。在某些特殊情况下，如解决合作项目实践中的紧急突发情况时，该程序运行也可以由另外两个组织开启。在基础教育推进过程中，以上三个组织缺一不可。在完善基础教育承接机制的活动中，领导决策组织负责从整体上对区域承接能力和功能进行总体规划，制定有利于基础教育资源承接的政策法规和规程管理。行政协调组织要以上级组织制定的规划政策为依托，对下级组织展开详细的工作安排。执行实施组织则要严格依照领导决策组织制定的政策法规，执行上级组织的工作指令，将政策内容落实到区域基础教育共建的具体任务中，通过跨区域资源迁移与完善地区承接机制等手段，实现京津冀基础教育的整体进步。

三、扩大京津冀基础教育优质资源的存量和增量

（一）鼓励多方推进京津冀基础教育高质量发展

京津冀基础教育协同发展在构建多元化合作项目的基础上，需注重项目的开放性和创新性，不应局限于已经建立的基础教育合作形式。三地政府可以适时引入企业和社会组织参与京津冀基础教育共建，扩大基础教育合作项目的举办方和承办方范围，缩小三地基础教育协同发展存在的阻碍，提升政府对基础教育协同发展的主动性和配合度。在国家大力促进北京市非首都核心功能外迁的背景下，大量的科教文卫等部门群体产生新的工作、生活、教育和居住需求。三地政府应发挥引导作用，积极引入市场机制，鼓励社会企业发挥行业优势，通过多种渠道服务于这一国家战略。通过促进各产业优质资源跨区域流动共享，提升区域整体社会事业发展水平。尤其是要鼓励社会企业参与基础教育的多元化领域开发活动，利用企业资源促进京津冀基础教育全面合作共建，尽到企业的社会责任。

目前，部分企业参与京津冀基础教育协同发展建设已初显成果。举例来说，北京八中固安分校就是北京八中与华夏幸福基业股份有限公司合作举办的分校，华夏幸福公司在学校建设中负责学校经费供给、划分用地规模和基础设施建设工作。北京师范大学石家庄附属学校也是由北京师范大学教育集团、石家庄市长安区人民政府以及石家庄市东胜投资集团有限公司三方签订协议联合建立的。企业参与基础教育协同发展可以为合作项目带来资金投入，为学校前期投资补充经费，并成为学校理事会的成员，有利于提高区域间基础教育合作学校的基础设施建设和教学设备完善，从而为学校创新型发展提供经济保障力。

另外，三地政府还可以通过购买教育服务，引入社会资本。让社会组织参与校本课程研发，以及学生综合实践活动体验场所、场馆和配套设施建设等多种方式和举措，从而使京津冀地区的中小学校，尤其是广大师生都能从中受益。例如，北京数字学校网站中设有专门的京津冀微课堂板块，其中除了天津市和河北省教师的微课教学课件外，还包括天津相声、河北陶瓷和皮影戏等特色课程，而这类课程的提供者就是各类社会组织。在京津冀基础教育协同的过程中，不仅要

充分利用京津两地丰富的教育资源，还要看到河北省的特色优势。与京津相比，河北在征地、劳动力、税收等方面具有相对明显的优势，这些是从市场角度出发所得出的必然结论。河北省丰富的劳动力资源、企业群以及多元社会组织都应在京津冀基础教育协同中受到重视，并在合理配置中发挥其特别的作用。三地政府要从政策制定上加以引导，充分利用三地基础教育优势资源，提升京津冀整体区域基础教育发展水平。

（二）加强精准帮扶的财政保障

京津冀三地客观上存在经济水平和财政收入差距，这是造成京津冀基础教育财政资金投入差距的根本原因。北京市和天津市应担负起帮扶河北省教育水平较低地区发展基础教育的职能，建立以重点对象为精准帮扶主体的多维度财政支付制度。目前京津冀基础教育在财政性教育经费支出上存在较大差距，从本质上来看，这种差距来源于经济水平之间的差距。要想尽快缩小三地在教育支出上的差距，就要在协同治理理论的基础上，对京津冀原有的地区财政转移支付制度进行一体化创新改革，并根据区域发展特点实现新制度的建立。

我国政府部门对于经济发展水平较低的地区采取的是纵向财政支持政策，也就是由中央政府直接对地方政府，或者是市级政府对县级政府进行专项拨款。这种单向的财政转移支付由于缺乏规范标准，容易造成不同地区间财政来源的差距，难以以府际关系理论为依托，导致不同区域的政府在公共服务领域的供给不均等。在京津冀区域协同发展中，可以改变原有的单一纵向财政转移模式，采取纵向和横向相结合的财政资金转移模式。在中央政府的政策支持下，三地同级政府间应将资金向贫困地区适当倾斜，采取相互帮扶的方式，资金流向互相协调，使得贫困地区的市政城乡建设和基础教育得以点对点均衡发展。同时，应积极推进经济实力较强的北京市、天津市、石家庄市和唐山市对其他实力较弱的地区进行横向资金转移。利用城市联盟进行区域间的资源互补，实现京津冀基础公共服务市场化与社会化的推进。

为满足区域基础教育发展对教育经费的实际需求，应以北京市、天津市和河北省的财政情况为基础，建立一个京津冀基础教育协同发展专项基金会，对经济薄弱的地区以及缺少资金的关键环节进行精准帮扶，进行区域间的横向财政转移支付。三地政府教育行政部门可以商议出一定的承担比例，合作筹集基础教育协同发展专项资金。该项资金应首先有针对性地对河北村镇学校提供帮扶，提升河北省基础教育教师资源质量，增加河北省基础教育学校公共预算经费，对京津冀基础教育合作项目提供资金支持。

在京津冀基础教育协同发展过程中，河北省自身也要加大基础教育经费投入，致力于缩小与北京和天津两地的教育投入差距。在此过程中，中央政府可以给予一定的政策扶持，联合京津冀政府教育部门增设基础教育共建专项教育经费，为三地基础教育合作项目开发、基础教育师资培训和基础教育设施建设提供财政支持。[①] 此外，政府应在基础教育资源进行跨区域转移的过程中实行税收减免制度，提升基础教育优质资源转移效率，优化区域基础教育资源配置。

(三) 注重发挥市场在基础教育优质资源配置中的作用

市场在基础教育资源配置中起到关键性作用，而京津冀基础教育协同发展是以资源共享为依托的，因此形成以市场为主导的区域治理体系便显得十分重要。这在一方面要求制定合理、灵活、全面的市场准入制度，建设健康且有秩序的市场规则体制，保证基础教育资源可以因市场需要而实现高效流通和调配。与此同时，遏制或者清理严厉打击地方性垄断、违规竞争等现象，根除区域内地方保护主义，实现技术、人才等资源在市场的需求下自由流动。[②] 京津冀区域基础教育协同发展应合理利用市场机制，充分发挥其主体作用，根据市场运行规律调整市场运行机制，取长补短，利用竞争环境加强区域间基础教育合作共赢，从而实现京津冀基础教育协同发展目标。

市场是资源配置的重要手段。基于市场追求利益最大化的特点，在市场经济逐渐成熟后，为了保持经济持续高效发展，可以尝试建立区域间联合发展模式。这种模式旨在在一定程度上打破固有的区域限制，从而达到特定区域间资源共享及优势互补的结果，有利于实现区域合作发展，最终实现区域一体化发展战略目

---

① 薛二勇，刘爱玲．京津冀教育协同发展政策的构建[J]．教育研究，2016，37(11)：38.

② 刘子飞．浅析京津冀协同发展区域治理模式——基于制度创新的角度[J]．新经济，2021(10)：42.

标。根据《教育部 国家统计局 财政部关于 2020 年全国教育经费执行情况统计公告》和《教育部 国家统计局 财政部关于 2021 年全国教育经费执行情况统计公告》，我们可以看到 2020—2021 年京津冀三地基础教育阶段生均一般公共预算教育事业费的差距和变化情况。① 幼儿园方面，北京市从 39094.01 元下降 1.41%，达到 38540.9 元；天津市从 22821.70 元提高 8.12%，达到 24674.28 元；河北省由 6960.83 元上升 1.38%，为 7057.16 元。小学方面，北京市从 33546.46 元上升 0.26%，为 33633.65 元；天津市从 18562.97 元上升 9.53%，为 20331.99 元；河北省从 9327.11 元上升 2.56%，为 9566.05 元。初中方面，北京市从 58686.11 元下降 2.61%，为 57156.75 元；天津市从 29874.29 元上升 4.01%，为 31072.57 元；河北省从 13048.58 元上升 2.18%，为 13332.89 元。普通高中方面，北京市从 70295.87 元下降 5.49%，为 66433.98 元；天津市从 31723.15 元上升 2.08%，为 32383.54 元；河北省从 15324.98 元下降 1.22%，为 15137.88 元。经济的发展水平与教育的发展水平是有关联且呈正相关的，由此可知，利用市场缩小三地经济水平差距是可行的，因此引入市场机制可以缩小三地经济水平差距，使京津冀区域间经济建设不断向均衡化方向发展。此外，将市场机制引入京津冀基础教育协同发展体系中，可以使有限的教育资源在三地间更加高效地流通，进而实现教育资源的合理配置，减少基础教育成本并达到更好的效果。

由于市场具有选择性，将教育人才放在以市场为背景的大环境中，有利于相关教育人才的竞争与进步。在市场的不断选择下，高质量教育人才会被筛选出来进入教育体系的关键环节，成为优质教育资源的一部分。因为，从诸多错综复杂因素纠缠交织中透视，保证三地教育人才市场均衡发展，促进三地基础教育人才互相流动是京津冀基础教育协同发展的源泉。由此而论，市场创新机制的建立便显得很重要。目前，北京拥有大量高质量教育创新资源，可以作为京津冀基础教育市场创新机制的推动力，促进区域间的创新资源扩散辐射。基于三地现实发展情况，一些外界因素制约北京市教育资源向周边地区转移，其

---

① 数据来源：中华人民共和国教育部，https://www.gov.cn/zhengce/zhengceku/2021-12/01/content_5655192.htm. 和 https://www.gov.cn/zhengce/zhengceku/2022-12/31/content_5734387.htm.

中创新中介在区域间的成熟程度对北京周边地区的教育创新资源交换量上有着直接的影响。现阶段，天津市与河北省的基础教育学校发展以及基础教育机构转型升级都离不开北京教育创新资源的带动。例如，首都师范大学协同天津师范大学、河北大学、河北师范大学等京津冀三地高校与科研机构，以及中小学和政府部门，成立的京津冀教育协同发展研究院，定位于京津冀教育改革与发展决策智库，以解决京津冀协同发展过程中教育问题为导向，以推进京津冀区域教育质量、教育公平和教育创新为宗旨，服务京津冀协同发展进程中的教育发展，完善和创新京津冀区域教育治理结构和发展模式，构建高效畅通教育协同机制，为京津冀地区实现区域教育优质均衡贡献力量。因此，要想提升京津冀基础教育协同发展的效率，充分发挥三地优势动能，就要培育建设各区域内的创新中介，利用创新中介使北京市的优质教育创新资源在最大程度上辐射到津冀，完善供给侧和需求侧的供需要求。

（四）优化基础教育学校布局

京津冀三地教育行政部门要在谋划京津冀协同发展建设的基础上，在协同发展内涵外延上对基础教育领域加强统一规划和研究。并以巩固京津两地优势和特色为首要目标，加大两地对河北省基础教育物力资源的支持、支援，尽快提升其基础教育发展水平，培育更明显的京津冀基础教育优势，打造更鲜明的京津冀基础教育区域特色。事实上，三地基础教育各级学校分布不均问题不仅存在于区域之间，还存在于各区域内部。因此三地政府要根据京津冀产业结构、人口数量和交通设施建设的现实状况，对区域基础教育学校格局加以调整，实现京津冀整体区域基础教育学校布局的合理配置和优化。

京津两地存在中心城区的人口密集程度高，校舍建设可利用面积小等问题，因此京津合理的基础教育学校布局应该是由中心城区向中心城区外或其他区域转移。这存在着区域内和区域外两个层次的关系：从区域内部来看，原中心城区的学校可以在非中心城区建立新校区，在新校区发展成熟后将老校区的学生与教学设施全部搬迁入新校区，进而完成从中心城区向非中心城区的迁移。从区域外部来看，京津地区基础学校日益饱和，城市容量不断缩小，京津部分基础教育学校可以向河北进行迁移。河北省不仅地域辽阔、物产丰富，而且在地缘、文化、风情以及习俗等方面都与京津有诸多交融的共性，辖区内基础教育学校拥有良好的课程建设优势以及教学技术经验，具备承接京津基础教育学校建设的能力。因此，在此外迁过程中京津基础教育学校也可以学习河北省学校在课堂教学有效性建设和学生自主学习等方面的优势。① 在迁移过程中放大河北省的课程建设优势，使京津教学设施资源与河北省教师教学能力资源相结合，促进京津冀基础教育共建学校的进一步发展。

四、完善京津冀基础教育优质资源共享机制

(一)破除行政壁垒

在我国教育行政体制严格按照省市级行政划分为区域板块的背景下，区域间"各自为政"的教育行政模式已经基本成型。这种行政模式严重影响了我国区域化发展进程，有悖于基础教育的公平性质。自20世纪70年代末80年代初改革开放政策实施以来，我国经济、科技以及文化教育等民生产业发展形势大好，各地区优势互补形成一定的区域化格局。开拓区域合作发展先河的是在广东省深圳经济特区带动下蓬勃兴起的珠江三角洲地区，紧接着的是上海浦东新区带动下的长江三角洲发展区，再后来是以天津滨海新区为推手的京津冀以及环渤海地区。从府际关系理论的角度分析，以上区域合作结构的形成是政府间合作关系建立的象征，政府间合作伴随着地区经济、科技、文化、教育等产业的共生与进步。区域化模式的形成与推进可以促进区域内各方面的建设与完善，同时也能借助区域间的良性竞争，激发内在活力，有效形成整体区域的向上力，辐射周围的行政区域，从而为包括教育在内的各行各业繁荣添砖加瓦。由此可以看出，区域化发展在当下的社会发展中已是大势所趋，因此京津冀区域协同发展建设要加快脚步。

若想要从现实发展的意义上实现并加强京津冀三地基础教育的合作与沟通，首先要打破三地固有的行政壁垒以及区域化色彩浓厚的教育行政体制，秉承创新与包容的大局观，积极推进区域间基础教育资源整合与优化。因此，中央政府应

---

① 吴洪成，寇文亮．京津冀中小学校际合作定位与运行机制研究——基于河北合作学校的调查[J]．教育学术月刊，2020(7)：38.

刚性要求三地政府参与教育协同发展共建，颁布具体化教育资源共享政策，使三地政府在协同过程中承担相应责任，将区域基础教育资源进行合理分配和利用。同时，应规划好中央政府以及三地政府在区域基础教育协同发展中的地位与相互之间的关系。此举是推动京津冀基础教育协同发展的要义所在。原因在于，只有明确三地政府在京津冀基础教育协同发展中的角色定位，使三地政府有同样的发言权，从而保证三地在基础教育资源共享过程中满足相应需求与供给。在此基础上，加强三地基础教育管理部门的沟通，对基础教育各级各类学校进行归类，使其能够在协同发展的过程中互相借鉴教学经验，达到现实意义上的合作共建。

实现京津冀基础教育均衡化并不能只是空谈，而应该落在实处，政府在这个过程中担任着非常重要的角色。只有京津冀三地政府都不遗余力地投入协同发展建设战略中，毫无保留地与其他两地共享基础教育资源，提高政府之间的协同治理能力，才能从根本上实现京津冀基础教育协同发展，最终达到京津冀一体化建设理想目标。

(二)树立平等互惠的共享理念

在历史因素的交互下，河北省始终以"服务者"的姿态存在于京津冀协同发展中，导致河北省始终处于京津冀区域一体化的弱势方，整体区域内优质资源不断向京津倾斜。河北省的城市建设和经济发展水平直至今日仍然与京津存在着较大差距，基础教育资源拥有量也远不及京津两地。这种不容忽视的区域发展差异制约着三地教育行政部门的及时沟通与深度合作。因此，京津冀基础教育协同发展应该采取以部分带动整体，以先进带动后进的特定方式及其相应的多样化手段，推动京津冀基础教育核心资源的交流共享。在促进京津冀基础教育协同发展的过程中，应正视京津冀基础教育各项资源差距，推动教育资源由集中地向教育资源匮乏地的转移。三地摆脱原有观念的束缚，以平等互惠的共享理念作为区域一体化的驱动指南，方能积极推进京津冀基础教育协同发展的实施，并在提高北京和天津优质教育资源辐射作用的基础上，对河北省基础教育劣势地区有针对性地重点帮扶。与此相映衬，河北省则应该充分发挥地理位置的优越性，为京津两地基础教育资源转移提供良好的存储空间。

以教师资源共享为例，京津两地应发挥高素质人才优势，带动区域整体教师资源的优质提升。在已投入教学的京津冀基础教育合作学校中，师资主体由两部分组成，一部分是承办方学校，即名校本校派遣进入分校的优秀教师。这些教师拥有丰富的名校教学经验，通常会安排他们担任教导主任，并组织教师科研活动，利用其已有的有效教学经验，指导分校制定教学计划和教学方案。另一部分是由区域教育行政部门聘请的师资。分校一般会参考并借鉴承办方学校的师资引入、培养和管理机制，以京津冀基础教育合作办学模式为依托，开展学校教师聘任和培训工作。在教师主体队伍由双方构成的情形下，分校可以与承办方学校共享各种师资培训服务。

例如，北京师范大学石家庄附属学校（以下简称"北师石附"），承办方要求北师石附的教师统一由北师大教育集团聘任，目的是利用北师大的品牌效应，按照名校招聘标准在全国范围内选拔高质量师资。另外，分校可以无偿体验北师大教育集团创建的师资服务，如集体培训服务和学校需求培训服务。集体培训是为各分校领导层、骨干教师和新聘教师分类举办的师资培训形式，采用统一定点模式，每年定量进行的集体培训。学校需求培训是指大学教育集团按照各分校实际需求，有针对性地安排不同类型的培训服务，聘请专家到校指导具体工作。在上述师资培训方式的引导下，各学校的教师资源素质将得到统一提升，成为京津冀建设基础教育平等互惠理念走向实践的现实动力。

基础教育质量提高的关键在教师。因为在中小学教育活动中，教师是主体力量，发挥着主体作用。有鉴于此，河北省首先要加强地区城市建设，提高人才转移积极性，吸引京津优秀基础教育人才迁入河北。其次，如上所述，充分利用京津名校资源建立专业的师资培训组织，定期定量派教师去学习进修，目的是提升本地教师业务水平。同时，京津两地的教师也可以通过师资培训组织学习河北省教师的优质教学内容和教学方式。教育行政部门可以利用假期在京津冀区域间举办巡回讲座，通过各种类型和方式，加大教师资源培训力度，使京津冀教师不断提高自身业务水平和素质能力。基础教育合作项目除了物质经济或者硬件设施之外，在教育教学主体部分应更有所体现，如利用教师培训、校长培训、课程教学改革、教育数字化合作等形式，着力提高河北省基础教育质量。当然，合作是双向的、互动相依的。京津两地在师资交流的过程中，同样可以学习河北省在基础教育领域的特有优势，从而推动京津冀基础教育均衡发展。在平等互惠理念的推动下，京津冀基础教育协作体制会趋于完善，基础教育部门合作的主动性会有所激发，最终期望实现区域基础教育均衡化目标。

(三) 构建校际教育资源共享平台

为了实施京津冀基础教育协同发展，三地政府须在协同治理理论的指导下，通过平等协商实现区域协同治理，最终提升区域整体基础教育发展水平。基础教育以各级学校为依托，以政府为主导，因此政府教育行政部门应推动三地基础教育学校之间的沟通和交流，为校际联盟合作形式牵线搭桥，为其深度联合提供现实条件。在此过程中，最重要的是加速构建学校间教育资源共享平台，使京津两地的优质教师资源、教学资源以及设备资源实现高效利用。

京津冀基础教育协同发展在原有的基础教育制度上进行改革。京津冀基础教育协同发展属于一种存量调整，而非增量或翻转变动，以在原有教育资源基础上进行合理分配为主，而不是打破原有制度建立新的教育体制，以增加基础教育资源为目的。对于京津冀基础教育协同发展战略来说，增加基础学校和教育合作项目数量并不是主要目标，对原有合作项目进行合理优化并完善，才是京津冀基础教育协同发展需要关注的重点。这就要求整合京津冀现有教育资源，进而对京津冀区域教育资源再分配。其次要避免三地在协同发展过程中出现教学模式过度单一的同质化倾向，以致失去区域基础教育特色。也就是说，三地基础教育协作应在保证区域人才特色的基础上走向改革创新，唯有如此，才能促进京津冀共同进步、取长补短、优势互补，达到区域基础教育发展的目标。为此，可以从以下三个方面开展工作：

1. 积极开展京津冀基础教育研究专项合作。将京津冀基础教育协同发展深度融入京津冀协同发展总体规划、政策体系和体制机制框架，实现提档进位，拓展一体化内涵和深度，提高一体化标准和水平。具体言之，一是需要改变部门化定位和依附性地位，将教育协同发展提升至京津冀协同发展的优先战略地位，将教育、科技、人才作为京津冀协同发展和率先实现现代化的基础性、战略性支撑。二是将一体化发展拓展至基本公共教育服务各领域，克服区域内教育资源和质量差距形成的"分化型困境"，通过建立一体化体制机制，增加优质基本公共教育服务供给，建立普惠、便利、共享的基本公共教育服务的供给标准和跨区域供给机制，在全国率先实现基本公共服务均等化，使基础教育协同成为促进京津冀城乡融合发展和区域一体化发展的重要支撑。

2. 整合京津冀基础教育资源，进行分类配置。完善区域内基础教育信息化系统，使京津冀基础教育学校师生可以在网络上共享数字教育资源，节约教育成本，有效利用线上资源。为此，应努力从事如下工作。利用政府顶层设计保障京津冀基础教育在集中、分类前提下的分散流动，达到区域基础教育资源均衡化发展。结合三地各自基础教育的特色，建立专属于京津冀的教育信息库，集合三地学校的图书册、教师课件等教育资源。在政府的主导下，将部分基础教育优质资源向教育水平低的地区进行转移。与此同时，要注重教师资源的流通与共享，积极对教育贫困地区进行师资培养和帮扶。

3. 发挥市场对教育资源的配置作用，优化基础教育资源共享体系。市场机制具有激发其场域活动内各方活力的力量。这在基础教育互动合作中是有利用价值的。突出表现在，引入市场机制，激发各地基础教育学校、教育机构以及社会组织贡献其拥有的教育资源，并以此为依托进行区域间教育资源合理分配。在此基础上，京津冀需要打造教育信息资源共享的大数据教育平台，将京津高质量基础教育资源科学合理地转移至河北省。作为对此的辅助和加强，尚需采用相关手段，如联合基础教育协同发展监督评价组织和咨询机构，创立数字化形式的共享图书馆等，促使学校现代化教学设备流通共用。此外，在鼓励基础教育资源向河北省转移的过程中，京津冀可以联合建立数字化教育资源共享平台，将互联网作为教育资源流动共享的媒介，为三地基础教育协同发展提供推动力。

（四）完善基础教育协同发展承接功能

京津冀协同发展这一重大国家战略的核心是疏解北京非首都功能，从基础教育角度出发，则要使部分学校、教师和学生向外地进行迁移。在具备国家政策支持与地缘优势的情况下，河北省成为北京转移人员承接地的首选。同时，部分河北省劳动人口也在向京津迁移，三地间人员流动较为频繁，存在学龄期子女随之迁移交错频繁、规模浩大的状态。因此，需要完善京津冀基础教育协同发展承接机制，以此作为京津冀协同发展建设的支撑。

在北京"大城市病"日渐加重的现实情况下，在一定程度上疏解北京市非首都功能是京津冀协同发展的目标。但基于人民追求自我提升的现实需求，减轻北京市城市负担的前提是承接地的教育水平与基础设施建设较为理想。如果承接地的社会、经济和教育科技发展水平突出，就自然可以吸引更多劳动力迁移。以此而论，只有不断完善承接地的基础设施建设，丰富承接地各类资源，提升承接地的公共服务水平，才能提升人口疏解积极性，使被疏解的人口才更愿意前往承接地工作和生活。目前我国存在"职住分离"现象，即有些被疏解的人口选择在承接地工作，但依旧在原来的城市生活，这种现象就不能被称作真正意义上的人口疏解。2005年搬迁出京的首钢集团就是这样一个典型的范例。该集团中大部分职工选择在承接地购置房产，但是依然有近5000名职工往返于北京石景山和河北唐山曹妃甸之间。由于想让子女接受高质量教育，他们更愿意在教育资源优势突出的北京生活。由此可知，教育资源充分与否，质量高下之别，客观上已成为影响人口迁移的重要因素。

一方面，京津冀基础教育协同发展需要以基础教育资源优化配置为切入点，只有高质量、高水平的教育资源才能使承接地的教育水平得到提升，使被疏解人口的子女入学、巩固、持续及扩大等教育问题得到妥善解决。京津冀基础教育协同发展过程可以在现实条件允许的情况下，有计划地将北京市部分学生向河北省和天津市过渡。① 通过教育资源共享体系提高河北省基础教育水平，优化城市和校园基础设施，以迁入人口能接受到更优质的教育服务为背景条件，提升人员跨区域迁移积极性。

另一方面，要对转移到河北省和天津市郊区县的北京户籍学生保留原有学籍，并派遣北京市基础教育相关学校教师进行教学，避免因三地教育模式和教学内容不同造成学生难以适应的现象。例如，天津市滨海新区就为北京户籍的中小学生设置了专门承接的"北京班"，教师的教学内容与教科书均与北京市的标准一致，师资力量也与北京市中小学无异。河北省有多所名校集团下的附属学校，与名校一脉相承，拥有良好的教学体系，师资力量与本校无异，在转移人口和随迁学生的承接工作上有很大的优势。这种两地共同合作的形式可以更好地发挥津冀两地的承接功能，对京籍学生的培养教育和组织管理更为高效。在两地共同管

---

① 尹德洪．共生视角下京津冀协同发展研究［J］．商业经济研究．2019（19）：154．

理承接机制中，要以府际关系理论为指导，使地方政府在中央政府的支持下有效合作。如上所述，首先要建立专业管理机构，继而在两地政府教育部门设立管理专项事务的办公室，吸纳专业管理人员负责此项工作。该办公室在负责北京市与承接地区进行有效沟通的基础上，在专项财政拨款、人事制度建设等方面及时加强对接，保证京籍学生教育教学活动顺利开展。在财政经费的落实上，要根据社会实际发展情况综合分析，通过两地协商确定转移学生的财政经费分配制度。由于学生保留京籍，而他们所利用的教育资源除教师资源之外，基本是承接地现存资源。综合上述情形，京籍转移学生的财政经费应以转出地政府北京市支付为主，辅以承接地经费辅助增补的双向来源加以保障，必要时可以规定两地经费投入比例指数或比例，分别进行经费配额支出。

五、补救京津冀基础教育协同发展中的部分薄弱环节

在企业管理领域，有一个被广泛应用的木桶定律：一只木桶盛水的多少，并不取决于木桶上最高的那块木板，而取决于最短的那块。这个定律启示我们，在任何组织里薄弱环节往往是影响组织形象的关键，因此在京津冀基础教育协同发展中对薄弱环节的重视是非常必要的。

（一）建立基础教育师资长效共享机制

教师资源是基础教育资源体系中的重要组成部分，也是决定京津冀基础教育差距的关键因素，因此合理配置教师资源是京津冀基础教育协同发展的重点。对京津冀区域内现有师资加以合理配置和调节，提高教师资源流通效率，可以提高区域基础教育的整体水平，促进合作项目顺利开发，加大教育资源的利用共享。通过前两章对京津冀基础教育现状和问题分析可知，京津冀优质教师资源分布不均衡，河北省教师整体学历水平偏低，基础教育阶段缺乏高学历教师人才。为此，在区域间创立基础教育师资长效共享机制，优化京津冀教师资源结构，便显得非常急迫。这要求努力采用合理方法手段去化解，主要设想包括：通过定期进行师资培训、加强教师跨区域流通、校际联盟领导交流等形式，利用统一的规划与培训机制，完成京津冀区域内高学历教师交流共享，最终共同提升区域内教师整体教学水平。

在北京市、天津市和河北省城市定位变化、产业结构调整、人口疏解转移的过程中逐渐形成相互信任的合作伙伴关系，使基础教育中最重要的师资资源可以合理地流通，发挥名师资源的示范引领作用，利用其辐射效应打造更优质的京津冀师资团队。为此，政府需要完善教师评价制度，其中包括对教师进行职称评定和阶段性表彰认可。对那些为了疏解人口压力而向承接地迁移的教师给予政策倾斜，尤其是体现出职称评定上的优势，提高迁移教师的经济补贴待遇。

在不断提高城市基础服务水平的前提下，河北省应着眼于构建师资交流互聘平台。具体而言，河北省充分利用国家优惠政策作为保障，实现区域间高质量教师资源的互聘。河北可以利用便利的地缘条件跨区域聘用北京和天津两地优秀教师作为师资力量储备。此举重在通过区域间教师互聘达到共享教师资源的目的。聘请优秀教师不仅能够加强师资团队的质量，还能促进原有教师素质的提高。原有教师可以通过观看名校优秀教师公开课，总结其教学方法和教学手段，提升自身教学水平。

以上途径有助于推动教师资源可持续性发展，创立基础教育师资长效共享体系，进而有效促进京津冀基础教育资源共享。

(二)重视跨区域务工人员子女的接续教育

由于京津冀三地地理位置上相接，而其产业结构又存在显著不同。北京市的生产性服务业建设水平较高，天津市航空航天、石油化工、生物医药和电子信息实力雄厚，河北省则在冶炼、能源、建材、纺织等产业发展中具备区域优势。三地各有所长，因此，京津冀区域内劳动力迁移数量比较大。但三地交通的便利迅捷为劳动力迁移提供了良好的人力、物流保障。在京津冀区域中，环京津贫困带存在基数较大的农村剩余劳动力，现有的调查结果显示，在 2020 年北京市外来人口中，有 22%来自河北省，其中农村剩余劳动力占据主要部分。与此同时，75%的外来务工人员会将学龄期子女带来劳动地学习。① 这些附加转移的务工人员子女接受教育的过程被迫停滞，使得完善该类学生的续接教育成为亟待解决的

---

① 郑国萍，李潇潇.基于供给侧改革的京津冀教育协同发展运行机制研究[J].办公自动化，2020，25(5)：35.

基础教育问题。

外来务工人员选择带子女迁移的原因是三地城市公共服务水平和教育资源拥有量存在差异，目前不仅是北京市存在外迁人口子女教育接续问题，天津市和河北省也同样存在此类问题。长期处于流动状态的务工人员会选择将子女推向教育水平更高的地区，也就是说迁入地和迁出地的基础教育水平是决定跨区域务工人员子女教育归属的重要依据。因此，重视区域迁入学生基础教育接续工作，提高区域基础教育整体水平，不仅有利于留住基础教育人才，防止人才过度流失，还能够确保地区内学龄期青少年能接受到更优质的教育，加速缓解北京非首都功能。

有鉴于此，京津冀三地教育行政部门须合作共建接续教育机制。首先，合理利用"全国中小学生学籍信息管理系统"。通过该系统保证京津冀三地跨区域转学的学生能够随时调出或调入档案，及时核实信息，简化转学程序，完善转学机制。其次，对京津冀招生考试体制进行改革。冲破户籍的束缚，让学生在父母流动所在地入学，实现就地入学和就地考试，对京籍学生和其他户籍学生统一管理。三地基础教育资源差距是接续教育问题产生的根源，所以要想从根本上解决这个问题，还是要在京津冀基础教育协同发展的过程中以教育资源共享为依托，实现三地基础教育均衡发展。

（三）开展京津冀基础教育协同发展成效的监测和评估

跨区域监测评估机构是京津冀基础教育协同发展不可或缺的重要工具，建设三地基础教育共享体系是一个长期且复杂的过程，需要三地教育行政部门和京津冀协同发展领导小组明晰基础教育资源具体配置情况，以及基础教育合作项目的实践成果。跨区域监测评估机制的构建，是测试京津冀基础教育协同发展实施情况的有效环节，以专门管理京津冀的跨区域监测评估机构为载体，及时更新京津冀基础教育资源数据库，并对京津冀区域教育协同发展政策加以研究，以协议提出的各项指标为监测对象，实时监测合作项目进展以及京津冀基础教育发展情况。同时，各地区教育行政部门要保持负责公正态度，对京津冀基础教育监测评估机构的工作全程跟进，并对其提供的监测评估结果有选择性地采纳，深入分析各项数据指标的状态及反馈，以优化整体工作效果。为了实现京津冀整体区域基础教育发展水平的提升，三地政府应加强对整体区域的基础教育绩效评定与考核，摒弃只关注本区域基础教育一家独大的刻板观念。同时应将合作主体的积极性以及行为纳入考核体系。然后，按照考评结果，对于三地教育机构的合作绩效加以分级奖惩，激励协同主体相互督促，对做出突出成果的主体分别给予奖励和专门支持。然而，为了顺利开展京津冀基础教育监测评估工作，还需着手以下两方面工作：

一方面，三地建立规范的基础教育资源信息库。这种信息库包括：三地基础教育生源信息、三地基础教育教师资源配置信息、已开展的合作项目情况信息以及待开展的合作项目信息。京津冀基础教育资源信息库为教育行政部门领导以及负责专家作出教育资源共享决策提供了可视化信息，还能有效监测三地基础教育资源配置情况以及教育资源共享项目的实施情况。监测评估机构作出的阶段性评估结果可以高效合理地展现出京津冀基础教育发展现状，认识到现阶段区域基础教育协同发展存在的问题与不足，为政府教育部门提供科学的决策信息，使其能够对下一阶段合作任务进行合理规划，并为这些问题提供精准的解决方案。在这一动态过程中，政府对基础教育整改措施实施全程透明化，利用官方网站公布实时工作进展，便于民众参与政策实施过程，还可以吸纳群众意见与建议，加大社会监督力度。

另一方面，规范统一京津冀基础教育发展的各项标准。其中包括学校办学标准、教学质量标准、课程教学评价标准以及学生学业水平标准等。基础教育协同发展需要三地在各自设定的标准基础上，互相观摩借鉴经验，最终走向标准统一，以避免各行其是，混乱无序，无所适从等困扰。

世界各地区域协同发展的历程表明，坚持标准的统一是区域协同发展的重要支撑。任何区域不同地区都会存在或大或小的差距，差距不可怕，只要将区域整体基础教育标准统一，教育资源就能无阻碍地流通，最终区域差距会渐渐缩小，达到区域基础教育均衡发展的目标。

京津冀教育行政部门依托京津冀协同发展领导小组以及评估机构，制定三地统一的标准，然后在三地基础教育实践活动中进行实验。利用京津冀基础教育监测机构进行实时监测，三地教育行政部门要重视检查监测结果，京津冀基础教育评估机构也要给予相关部门及时的反馈。监测结果可以随时进行政策内容调整，指导京津冀基础教育教学的改进，推动基础教育资源的合理流动和分配。通过三地政府教育行政部门和评估机构对标准实施过程的观测，总结阶段性问题，并得出优化改进对策，给教育行政部门决策提供参考。

京津冀基础教育评估机构依据三地统一标准，实施监测结果横向对比，开展多项指标分析，对京津冀各自的基础教育薄弱面与优势面进行纵向对比。通过长期专业机构监测和比较分析，三地统一的标准将会逐渐完善。在标准统一之后，三地可以开展更多合作项目，协同发展的切入点会更容易寻找，这就等同于找到协同发展的抓手，不再局限于空洞化的形式合作。

以上两方面工作实施都需要以跨区域监测评估机构为依托，以京津冀基础教育资源信息库为实证来源，对三地间教育资源共享和教育标准统一加以评估，要制定三地基础教育资源共享评价指标体系，定期更新区域间基础教育资源共享的数据。京津冀基础教育资源共享小组根据机构发布的数据，观测分析三地教育资源共享发展趋势，及时发现并解决问题，使三地基础教育资源共享朝着更好的方向发展，以期达到预计的效果。同时，该类机构要对三地协议签署后的实施情况进行监测，以免合作协议签署后由于行政壁垒等现实因素被搁置，成为一纸空文。

第四节　京津冀基础教育协同发展的学校层面策略

学校是京津冀教育协同发展的重要实践者，在切实落实教育协同战略规划和创新教育体制机制方面发挥着重要作用。无论是义务阶段学校，还是幼儿园和普通高中，均需在校园文化环境、教师队伍建设、课堂教学策略等方面有所变革。

一、以内涵式力量促进京津冀基础教育均衡发展

优质教育需要高水平的教育投资，促使教育内部要素的优化，充分挖掘教育内部力量，提升教育质量。特色学校的建设要求学校立足自身，对学校现有的资源加以充分地挖掘，寻找真正属于学校的特有资源，并通过优化、提升这些特有资源，引导学校走向特色办学的深层次水平，进而将特色的示范效应辐射至学校办学的各个方面，形成自身的特色优势，建成特色学校，实现为每一个学生提供适切的教育目标，实现优质教育总体目标。① 基于这种认识，京津冀中小学，尤

---

① 姜元涛，沈旸，王向超．特色办学：推进义务教育优质均衡的现实路径［J］．教育导刊，2014(11)：26-28.

其是河北省域内的中小学应该坚持走内涵式发展道路，以特色办学为京津冀基础教育协同发展贡献自身独特资源及作用力。

（一）科学凝练办学理念

办学理念是京津冀区域中小学对外展示的窗口，理念的认可是彼此建立合作关系的基础。一般来说，办学理念是目标取向与价值观在学校办学、治校、育人实践的综合体现，是教育理论与学校实际办学条件有机结合，更是国家教育方针在学校的具体化。学校管理者在一定教育理论的支配下，融进自己（也包括学校其他领导和教职工）对教育方针的理解，结合本校实际而形成的办学治校育人的独特思想。它是集体智慧的结晶，其归属既是个人的，也是集体的。首先是校长的（校长是领导者、思想者），并且主要是校长的（校长是办学的主要负责人）；其次，不仅仅是校长的（应该凝聚大家的智慧，应该吸收他人、古人的智慧，还应该变成全体教师的共识和行动）。学校办学理念一般包含以下四个必不可少的且逻辑地联系在一起的内容：一是必须明确学校要培养什么样的人才，即要根据国家的教育方针和教育目的，同时要考虑到学生群体的实际，基于对学生素质现状的分析和理想人才的思考，提出具体的、带有学校特色的培养目标。二是通过什么样的活动来实现这样独具特色的教育目标，即实现这样的培养目标，学校需要开设什么样的课程？要通过哪些活动和途径才能培养出来？应该用什么样的教学组织形式和方式方法去培养？这就涉及课程、教材、方法等方面的认识。三是开设这样的课程和活动应采用科学的方法，学校需要什么样的教师队伍、什么样的物质条件？学校要求的教师，除了具备教师的一般条件外，还应该根据学校、学生的实际发展具备一些特殊的素质。四是对以上教育活动的方方面面如何组织管理？各种资源如何积累、调度与运用？如何通过管理更好地达成教育的目标？具体包括学校内部的组织体系如何建立？学校的文化是什么？如何建设？学校应该建立哪些制度？如何开展评价以引导教师和学生达到这样的教育目标？

（二）优化学校管理环境

在推进落实京津冀基础教育协同发展的进程中，对河北省中小学校长和教师能力和素质的提升，在整个协同工作中占据着较大比例。其中的缘由在于，管理干部队伍的状况，是直接影响学校管理水平的高低、成长发展的快慢、人力物力效益发挥的一个关键因素。马克思指出，人的本质并不是单个人所固有的抽象物。在其现实性上，它是一切社会关系的总和。① 众所周知学校办学受到诸多因素的制约，有些影响因素是积极的、正向的，有利于学校主体积极的心理和行为形成与选择；有些则违背管理规律，必须予以清理和矫正。优化学校管理环境是一项复杂而艰巨的任务，不仅需要一定的客观条件与积极态度，还需要一定的理论指导，遵循一定的科学原则。一是教育性原则，即学校管理环境的设置要具有教育性，符合教育和管理任务完成的需要，任何文化环境都或多或少、或隐或现地具有教育性。二是智能性原则，就是在学校管理环境设置上要突出学校主体（尤其是学生）智能的提高，这是学校管理环境区别于其他环境的特点所在。三是情境性原则，就是在创设学校管理环境时自觉运用无意识活动的规律，增强特定情境对人们的影响。一定的情境可以为人们提供良好的暗示和启迪，有利于陶冶人的心灵。四是美学性原则，就是要求根据美的规律来设置学校管理环境。夸美纽斯曾说，学校本身应当是一个快意的场所，校内校外看去都应当富有吸引的力量。审美活动作为人类的崇高追求也必然反映在学校管理领域。五是参与性原则，就是要求学校管理者充分调动广大学校主体的主动性和创造性，使所有学校主体都积极参与学校环境建设的重任。六是互惠性原则，学校管理者应从社区公众利益出发，从优化社区环境着手，吸引和动员社会各方面力量共建良好的社区环境，从而不仅为学校管理创造良好的外部条件，也为校园环境优化创造了条件。

（三）加强教师队伍建设

教师是京津冀区域教育系统中起决定性作用的人力资源，同时也是提升京津冀区域教育质量的关键。京津冀中小学教师的发展水平影响着三省市基础教育的改革、发展水平，因此在京津冀教育变革的过程中，需要关注教师的学习与发展。现阶段，京津冀三省市的高品质学校都将教师培养工作作为首要工作来抓，

---

① 马克思，恩格斯，中共中央马·恩·列·斯编译局. 马克思恩格斯选集（第一卷）[M]. 北京：人民出版社，1972.

要充分发挥激励、支持和服务的职责，多渠道、多元化、多层次地营造人才辈出、人才优出、人才快出的良好成长土壤。高品质学校非常注重给教师专业发展搭建丰富、多元、立体的平台，如课程平台、课堂平台、课题平台、资源平台、培训平台、讲学平台等，让老师们在展示中激发动力，在交流中丰富自我，在锤炼中提升素养，从而最大限度、极富个性地发展，实现职业价值与梦想。学校在提升教师专业技能的同时，还注重对教职工的人文关怀和情感滋养，以激发和涵养教师的归属感、亲情感和幸福感。一方面，培养教师阳光向上、自信乐观的心理品质，化解教师的人际敏感、忧郁压抑、偏执暴躁等心理问题。教师具有良好的心理素养，不仅有利于教师专业生活的愉悦与幸福，还有利于建立良好的师生关系，防止学生师源性心理障碍的产生。另一方面，学校应力所能及地协助教师解决生活上的问题，丰富教师业余生活，有助于教师安心从教，如丰富工会活动、发展教师社团、协助教师处理生活问题等。

(四)构建素质教育的学科课堂

学科课堂是京津冀基础教育内涵式均衡发展的主渠道。课堂从规范化走向优质化，是京津冀基础教育内涵式均衡发展的主要内容。关于好课堂的标准，目前尚未有统一的标准或者达成广泛共识的表述。例如，叶澜教授提出了五个"实"的标准，即"扎实、充实、丰实、平实、真实"的课，强调一节好课一定是有意义、有效率、有生成性、有常态性、有待完善的课。李政涛教授认为，除了叶澜教授的五个"实"标准，高品质课堂还应该具备充分体现学科育人价值和充分体现个性化生长两个标准。一般来说，高质量的课堂应该有如下特征。[①] 一是生命在场。"课堂教学应被看作师生人生中一段重要的生命经历，是他们生命有意义的过程部分。"让课程焕发生命的活力，是高品质课堂永远的追求和永恒的特质。教师必须眼中有"人"，要尊重学生生命的尊严性、主体性和创造性，呵护学生生命的成长，倾听学生生命的表达，共享学生生命的体验，尊重学生生命的个性，发展学生生命的潜质。二是主体积极。学生具有主观能动性，主体性是人类

---

① 何伦忠，张泽科，崔勇．走向高品质学校（中学卷）[M]．成都：四川教育出版社，2020：60-62.

的属特性，在课堂上则表现为学生是学习的主人，即学习者主动参与、自觉参与、深度参与课堂教学中。"填鸭式教学"历来被人所诟病，就是因为它漠视人的主体性。四是动态生成。教学过程是一个师生之间、生生之间彼此呼应的双向动态生成过程，师生分别在生成自己的课程理解和生命理解过程中实现自我建构和智慧提升。动态生成的课堂，不图省事和形式，追求真实和自然的过程，鼓励学生敢想敢说和深入探究。五是深及内核。高品质课堂，不是仅仅关注表层的学科知识，而是以学科核心素养为导向和标高，关注学科的本质，包括基本价值、基本思维、核心知识，是知识、能力、方法、意义等的整合建构。

值得注意的是，在经济社会持续发展和基础教育课程改革深入推进的背景下，在河北省某些教育整体水平原本并不发达的县区，出现了一些亮点示范学校。笔者曾经采访报道的沧州市海兴县的育红小学即是其中的典型，转引如下，以飨读者。

提升文化品质　创建文化名校[①]
——河北师范大学附属中学校园文化掠影

近年来，河北师范大学附属中学秉承"学校是师生发展的生命场"的办学理念，打造特色校园文化，努力让教师幸福工作、学生快乐成长。

物质文化建设——奠基校园文化基石。学校空间布局别具匠心，时尚与古朴并存，动感与静逸交融。校史馆、科技馆、国学馆。地球生命馆、昆虫馆独具特色，爱阅空间、书法教室书墨飘香，AR 实验室、脑科学实验室理念超前，"行知"长廊、戏曲楼廊雅韵悠然。

制度文化建设——维护校园文化诉求。在德育管理上，学校着力完善"一个中心，三个支点，一条主线"的育人制度；在行政管理上，坚持层级管理与集中管理相结合，刚性管理制度中蕴含着人文气息；在学生管理上，学校不断完善各项规章制度，实施精细化管理项目，培养学生的自主管理

---

① 吴冠斌. 提升文化品质　创建文化名校——河北师范大学附属中学校园文化掠影［J］. 河北教育(综合版)，2020，58(06)：2.

能力。

精神文化建设——延伸校园文化内涵。学校重视班级文化在校园精神文化建设中的作用，以"一班一特色"的理念引领学生开展班级文化建设，并强调以班级文化涵养班级气质，塑造班级性格。

二、开展区域间跨校合作交流

随着京津冀协同发展上升为国家战略，特别是《"十三五"时期京津冀教育协同发展专项工作计划》发布以来，三省市教育行政部门积极探索义务教育协同发展的运行机制和原理，通过制度保障和实践引领等方式，营造了义务教育协同发展的优越环境。在此过程中，中小学校际合作成为三省市助推京津冀义务教育均衡发展的有力抓手。以学校为例，据不完全统计，截至 2019 年 10 月底，河北省已有超过 270 余所小学与北京和天津的小学建立了稳定而有效的合作关系，并在学校管理体制改革、校园特色文化建设、课堂教学质量提升、学生发展核心素养等领域开展了多样化的互动交流，有效提升了合作共同体成员校的办学质量和三省市义务教育整体水平。未来，京津冀中小学尤其是河北省域内的中小学更应该主动地"走出去，请进来"，在实践探索中优化合作机制，提升合作质量和实践效率。为此，应从以下几个方面努力或探索。

(一)创新校际合作模式，推进京津冀区域基础教育协同发展

校际合作，国内外都有研究和尝试，但主要还是以高等教育领域居多。例如，截至 2024 年 4 月，北京大学约与 70 个国家和地区的近 400 所大学和研究机构建立合作关系。据北京大学国际合作部副部长潘庆德介绍，目前北京大学的校际交流形式主要有：世界高校纷纷在北京大学设立分校，北京大学在校学生海外学习项目蓬勃旺盛，校际交流交换学生不断增加，暑期学校为国外大学的学生授课，学生社团的对外交流，联合博士生培养项目，国际交流节，独特的大学生日等。发展至今，校际合作已经不仅局限于高等院校之间的合作，也成为当前中小学校发展的新方式。

在京津冀基础教育协同发展中，校级合作更是成为重要的内容和活动组织形

式，且被证明是一种有效的途径。眺望远景，三地中小学，尤其是河北的中小学校更应设法将校际合作做出特色和打造品牌。首先，应从环京津地区着手，推动区域内教育资源的合理流动。倡导建立友好结对学校，发挥资源优势，开展区域间校际学生交流互动，如图书、实验设备、体育场所等优先向区域内的周边学校开放。其次，分步实施援助、共建，促进优质教育均衡普及。区域内中小学校间的合作可以由城市延伸到城乡学校之间。当城市间"名校办分校"的模式成熟之后，在城乡间尝试"名校+农校""教科研单位+分校""教育联盟"等资源再生模式，带动区域内相对薄弱校、农村学校共同转型提升。再次，区域内可以开展中小学教师的多元培训。例如，定期举办京津冀三地中小学教师、校长合作培训研讨会，打造三地教师、学校管理者培训实习基地，构筑三地联合培训中小学骨干教师的合作机制，制定教师、管理者定期交流制度。

（二）健全京津冀校际合作的评价机制

京津冀区域基础教育校际合作过程中，完善的评价机制会主导学校和教师的工作态度和交往方式。首先，学校在建立教师评价机制时，应把教师个人是否参与交流活动、参与程度以及合作效果如何等各项指标作为重要的考核指标，对那些在合作中表现出态度积极、合作能力强，能够深化合作、实现资源共享的个人给予一定的物质或精神奖励。其次，在学校评价教师个人合作业绩的同时，三地教育主管部门应建立校际合作质量监测制度，定期对区域内学校与区域外学校的交流开展监测和分析，逐步建立科学、规范和制度化的校际合作监督评估体系和活动指导体系，不断提高中小学的教育质量。

（三）建立特色教育资源库，增强对京津冀学校参与合作的吸引力

有关京津冀特色资源库内容已见诸上述相应章节。三地加入合作的中小学校应充分利用区域内优质基础教育资源，对基础教育发展相对落后的地区和学校实行定向扶持，制定跨地区中小学的对口帮扶制度。政府部门积极鼓励各地根据自身特点，与合作学校共同拓展校本课程。举例来说，张家口生态山区文物遗迹众多，民间艺术丰富，可以充分发掘本地文化，通过基础教育培养地区人口的文化认同和自豪感。承德地区有金山岭长城这一重要历史关隘，与北京、天津、秦皇

岛等地的长城连接在一起形成长城文化带；可以集中合作研究与之相关的校本课程等，因地制宜，分类合作。

（四）实施区域教育信息化建设和推广应用

中国社会科学院工业经济研究所周民良结合对"十一五"时期京津冀地区一体化发展研究，提出要采取五个方面的政策举措。其中之一，就是促进资源共享的政策。具体内容包括：建立跨区域、立体式、综合性的公共交通运输网络体系，建立京津冀地区发达的信息网络支持体系，加快能源建设项目的合作开发，鼓励省市间煤炭、天然气电力、石油等能源的产销合作，加强对旅游资源的共同开发利用，注重自然资源利用的一体化规划，方便异地消费和异地购买等。现阶段，在京津冀教育水平差距过大的背景之下，建构公共网络和学习资源平台，平台是弥补差距的主要手段。北京、天津应重点落实信息资源的合作开发与三地共享，运用网络技术建立教育资料库；河北应尽快完善省、市、县三级教育网络体系，促进区域内信息交流和共享。微信是目前我国个人之间运用最多的一种交流工具。对某个问题感兴趣的不确定人群可以通过微信群随时随地讨论问题，共享信息。

2015年3月，北京市海淀实验小学、天津河西区平山道学校、唐山市路南区万达小学和石家庄市桥西区西雅小学四所学校进行签约合作，目前已建立微信群，并及时发布各校最新活动动态，实现信息共享。

新闻链接①：

唐山曹妃甸区与北京　优质教育资源再"结缘"

日前，唐山市曹妃甸区与首都师范大学附属实验学校教育集团签订战略合作协议，按照协议约定，从新学期开始，首都师范大学附属实验学校教育集团将对曹妃甸区新建的九年一贯制学校进行托管，拟派专家团队赴合作

---

① 下文摘自：河北新闻网，https：//hbrb. hebnews. cn/pc/paper/c/202209/05/content_152926. html.

学校。

根据协议，该九年一贯制学校管理以首都师范大学附属实验学校团队为主，北京不仅派业务校长，还将派一部分骨干教师。曹妃甸区的教师团队也将定期赴北京接受培训。双方还约定，将在曹妃甸新城再建一所集小学、初中、高中为一体的高标准实验学校，运用首都师范大学附属实验学校先进的教育理念、强大的管理和教育团队，推动曹妃甸区教育高质量发展。

以此为契机，曹妃甸区将充分利用首都师范大学附属实验学校丰富的办学经验、科学的管理方法和优质的教育资源，打造品牌聚人气，将曹妃甸区打造成为义务教育优质均衡发展区、基础教育教学改革实验区，增强教育服务产业高质量发展的能力。

总体言之，扎实落实京津冀基础教育协同发展的核心在于"结构性"优化，通过优化教育空间布局、整合教育资源、调整师资配置等方式，构建区域教育协同发展结构体系，解决"怎样供给"的问题，最终实现区域基础教育水平的整体提升。这就需要京津冀基础教育协同以顶层规划为统领、长远共赢发展为原则，在政府主导下建立合理清晰的协同发展策略与机制，最终实现三省市的基础教育协同发展。

参 考 文 献

一、中文参考文献

（一）著作类

［1］曹燕．长三角区域高等教育协同发展政策优化研究［M］．上海：上海社会科学院出版社，2023.

［2］曹克瑜．区域经济理论与实践［M］．西安：陕西人民出版社，2009.

［3］董泽芳．区域教育统筹与发展［M］．武汉：武汉工业大学出版社，1995.

［4］方中雄，桑锦龙．京津冀教育发展研究报告（2016—2017）［R］．北京：社会科学文献出版社，2018.

［5］方中雄，桑锦龙．京津冀教育发展报告（2018—2019）［R］．北京：社会科学文献出版社，2019.

［6］方中雄，冯洪荣，郭秀晶等．京津冀教育发展报告（2021—2022）［R］．北京：社会科学文献出版社，2022.

［7］戈丹．何谓治理［M］．北京：社会科学文献出版社，2010.

［8］戈钟庆．低碳经济与河北转型研究［M］．北京：中国经济出版社，2013.

［9］高兵．京津冀教育协同发展战略探究［M］．北京：知识产权出版社，2016.

［10］顾明远．教育大辞典［M］．上海：上海教育出版社，1998.

［11］顾明远．教育大辞典（简编本）［M］．上海：上海教育出版社，1999.

［12］顾明远，石中英．《国家中长期教育改革和发展规划纲要（2010—2020 年）》解读［M］．北京：北京师范大学出版社，2010.

［13］管新平，何志平．欧盟概况［M］．广州：华南理工大学出版社，2003.

[14] 管培俊, 朱旭东. 中小学教师队伍质量建设研究[M]. 北京：北京师范大学出版社, 2014.

[15] 郭治安, 沈小峰. 协同论[M]. 太原：山西经济出版社, 1991.

[16] 郭治安, 等. 协同学入门[M]. 成都：四川人民出版社, 1988.

[17] 戈钟庆, 殷化龙. 低碳经济与河北转型研究[M]. 北京：中国经济出版社, 2013.

[18] 何伦忠, 张泽科, 崔勇. 走向高品质学校(中学卷)[M]. 成都：四川教育出版社, 2020.

[19] [德] 赫尔巴特. 普通教育学·教育学讲授纲要[M]. 李其龙, 译. 北京：人民教育出版社, 1989.

[20] [德] 赫尔曼·哈肯. 协同学：大自然构成的奥秘[M]. 凌复华, 译. 上海：上海译文出版社, 2005.

[21] [美] 杰弗里·A. 迈尔斯. 管理与组织研究必读的40个理论[M]. 徐世勇, 李超, 译. 北京：北京大学出版社, 2014.

[22] 林尚立. 国内政府间关系[M]. 杭州：浙江人民出版社, 1998.

[23] [西德] H. 哈肯. 协同学讲座[M]. 西安：陕西科学技术出版社, 1987.

[24] [英] 斯蒂芬·J. 鲍尔. 教育改革：批判和后结构主义的视角[M]. 侯定凯, 译. 上海：华东师范大学出版社, 2002.

[25] [美] 杰弗里·A. 迈尔斯, 徐世勇, 李超. 管理与组织研究必读的40个理论[M]. 北京：北京大学出版社, 2014.

[26] 芦文慧. 高校公共关系理论与实践[M]. 沈阳：东北大学出版社, 2008.

[27] 李军凯. 京津冀教育协同发展实践策略研究[M], 北京：科学出版社, 2017.

[28] 李冀. 教育管理辞典[M]. 海口：海南人民出版社, 1989.

[29] 李国平, 陈红霞. 协调发展与区域治理：京津冀地区的实践[M]. 北京：北京大学出版社, 2012.

[30] 李森, 宋乃庆. 基础教育概论[M]. 成都：四川教育出版社, 2004.

[31] 刘志军, 刘子科. 城镇化背景下区域基础教育高位均衡发展研究[M]. 北京：教育科学出版社, 2015.

［32］林尚立．国内政府间关系［M］．杭州：浙江人民出版社，1998．

［33］卢德之．论共享文明［M］．北京：东方出版社，2011．

［34］马涛．经济思想史教程（第2版）［M］．上海：复旦大学出版社，2018．

［35］马克思，恩格斯，中共中央马·恩·列·斯编译局．马克思恩格斯选集（第
一卷）［M］．北京：人民出版社，1972．

［36］马晓强，雷钰．欧洲一体化与欧盟国家社会政策［M］．北京：中国社会科学
出版社，2008．

［37］孟繁华，张景斌．和谐共生 教师教育共同体的理论与实践［M］．北京：首都
师范大学出版社，2016．

［38］孟繁华．学校发展论［M］．北京：教育科学出版社，2011．

［39］罗明东，潘玉君，施红星．全国义务教育省域均衡发展监测、评价与预警
［M］．北京：北京大学出版社，2014．

［40］彭世华．发展区域教育学［M］．北京：教育科学出版社，2003．

［41］石晨霞．欧盟社会政策研究［M］．武汉：武汉大学出版社，2016．

［42］宋魁元．高等学校实验室建设与管理［M］．长沙：中南工业大学出版社，
1986．

［43］苏家坡．社会调查理论与方法［M］．长沙：湖南师范大学出版社，1989．

［44］孙绵涛．教育行政学［M］．武汉：华中师范大学出版社，1998．

［45］孙善学，吴霜，杨蕊竹．京津冀教育协同发展战略探究［M］．北京：首都经
济贸易大学出版社，2016．

［46］陶品竹．京津冀协同发展与区域法治建设研究［M］．北京：中国政法大学出
版社，2018．

［47］田德文．欧盟社会政策与欧洲一体化［M］．北京：社会科学文献出版社，
2005．

［48］滕利荣，孟庆繁．构建高校与社会协同实践育人新模式［M］，长春：吉林大
学出版社，2012：63．

［49］汪仲华．向哲人致敬 谈规矩方圆［M］．上海：上海人民出版社，2021．

［50］王碧玉．中国农村反贫困问题研究［M］．北京：中国农业出版社，2006．

［51］王克强，刘红梅．城市郊区集体土地价格形成机制与利益分配研究［M］．上

海：上海人民出版社，2007.

[52]王璐．粤港高校合作办学机制研究[M]．广州：中山大学出版社，2015.

[53]王振．中国区域经济学[M]．上海：上海人民出版社，2022.

[54]王喆，汪海．推动有效市场和有为政府更好结合——新时代经济体制改革方略[M]．北京：中国计划出版社，2021.

[55]吴华．从差距合作到差异合作——宁波市江东区学校合作的创新实践[M]．济南：山东教育出版社，2010.

[56]吴景泰，安玉新．管理学[M]．北京：北京航空航天大学出版社，2014.

[57]夏征农．辞海(上册)[M]．上海：上海辞书出版社，1999.

[58]于海洪，李月涵，马淑杰．农村幼儿教育多元供给职能与绩效[M]．西安：西安电子科技大学出版社，2017.

[59]俞可平．治理与善治[M]．北京：社会科学文献出版社，2000.

[60]颜廷标．京津冀协同创新机理与路径研究[M]．石家庄：河北人民出版社，2020.

[61]杨支柱．先有鸡，先有蛋？——透视中国教育[M]．北京：中国民航出版社，2001.

[62]杨小微．中国基础教育改革报告：区域研究2009[M]．桂林：广西师范大学出版社，2010.

[63]杨令平．县域义务教育均衡发展进程中的政府行为[M]．福州：福建教育出版社，2018.

[64]姚洋．制度与效率：与诺斯对话[M]．成都：四川人民出版社，2002.

[65]于海洪，李月涵，马淑杰．农村幼儿教育多元供给职能与绩效[M]．西安：西安电子科技大学出版社，2017.

[66]曾珍香，张培，王欣菲．基于复杂系统的区域协调发展 以京津冀为例[M]．北京：科学出版社，2010.

[67][美]詹姆斯．S. 科尔曼．教育机会均等观念[M]．汪幼枫，译．上海：华东师范大学出版社，2019.

[68]翟博．教育均衡论[M]．北京：人民教育出版社，2008.

[69]张力，李孔珍．教育强国战略研究系列——区域教育协同发展[M]．广州：

广东教育出版社，2017.

[70]张金马．公共政策分析：概念·过程·方法[M]．北京：人民出版社，2004.

[71]张金锁，康凯．区域经济学[M]．天津：天津大学出版社，2009.

[72]张力，李孔珍．区域教育协同发展的政策方案与理论研究——京津冀教育协
同发展对策研究[M]．广州：广州教育出版社，2017.

[73]张益禄，岳凤霞．纵横集[M]．石家庄：河北教育出版社，2016.

[74]张雨．农业科技成果转化运行机制[M]．北京：中国农业科学技术出版社，
2006.

[75]赵新亮．义务教育学区制改革——基于共同体理论的教育均衡发展模式探索
[M]．北京：科学出版社，2018.

[76]郑国萍．京津冀教育协同发展运行研究：基于供给侧改革视角[M]．秦皇
岛：燕山大学出版社，2021.

[77]中国社会科学院语言研究所词典编辑室．现代汉语词典(第 6 版)[M]．北
京：商务印书馆，2015.

[78]中华人民共和国民政部．中华人民共和国乡镇行政区划简册 2021[M]．北
京：中国社会出版社，2021.

[79]中国大百科全书出版社编辑部.中国大百科全书教育[M]．北京：中国大百
科全书出版社，1985.

[80]朱家存．教育均衡发展政策研究[M]．北京：中国社会科学出版社，2003.

[81]朱旭东．教师专业发展理论研究[M]．北京：北京师范大学出版社，2011.

[82]朱智贤．心理学大辞典[M]．北京：北京师范大学出版社，1989.

（二）论文集类

[1]保罗·R.多梅尔．政府间关系[M]//理查德·D.宾厄姆，等．美国地方政府
管理：实践中的公共行政．九州，译．北京：北京大学出版社，1997.

[2]蔡先金．大学梦 大学发展之道 齐鲁高教论坛 2013 年论文集[C]．青岛：中
国海洋大学出版社，2014：168.

[3]郝志功．基于京津冀协同发展的基础教育均等化研究[C]//河北省廊坊市应
用经济学会．对接京津：廊坊市域经济发展——第九次京津冀协同发展：国

家重大发展战略廊坊论坛论文集. 廊坊：河北工业大学廊坊分校党委，2015：22-27.

[4]广西社科联课题组，姚兵. 推进泛珠三角九省区基本公共服务均等化公共政策协调研究[C]//海南省社会科学界联合会. 加强公共政策协调，促进泛珠合作发展——2012 年泛珠三角区域合作与发展社科专家论坛（第十届）论文汇编. 海口：海南社会科学界联合会，2012.

[5]乔鹤. 国际都市圈基础教育资源配置比较研究[R]//方中雄，桑锦龙，郭秀晶，等. 京津冀教育发展报告（2018—2019）. 北京：社会科学文献出版社，2019.

[6][美]詹姆斯·科尔曼. 教育机会场等的观念[G]//张人杰. 国外教育社会学基本文选. 上海：华东师范大学出版社，2009.

（三）学位论文类

[1]陈滔娜. 哈佛燕京学社研究——民国时期校际合作的成功个案[D]. 南京：南京大学，2008.

[2]邓涛. 教师专业合作的理论与实践研究[D]. 长春：东北师范大学，2008.

[3]董静静. 城乡小学校际联合教研存在的问题与解决对策研究[D]. 重庆：西南大学，2016.

[4]李东升. 京津冀地区财政教育投入与经济协同发展研究——基于因子分析和空间计量经济学的方法[D]. 天津：天津财经大学，2015.

[5]王志玲. 京津冀协同发展背景下河北高校高层次人才队伍建设研究[D]. 石家庄：河北科技大学，2019.

[6]肖健. 河北省义务教育均衡化发展问题研究——基于京津冀一体化发展视角[D]. 天津：天津财经大学，2019.

[7]谢宁. 城乡统筹背景下教师专业发展的校际合作机制研究[D]. 重庆：西南大学，2013.

[8]颜嫦嫦. 利益相关者视野下小学教育集团化办学的个案研究[D]. 杭州：浙江师范大学，2017.

[9]杨帅. 城乡中小学结对帮扶现状与对策研究——以保定市阜平县为例[D].

保定：河北大学，2018.

[10]杨艳苹．京津冀基础教育资源共享问题研究[D]．北京：首都经济贸易大学，2018.

[11]张耀华．京津冀职业教育协同发展对策研究[D]．北京：北京建筑大学，2020.

（四）期刊类

[1]蔡春，王寰安．京津冀基础教育合作办学模式研究[J]．中国教育学刊，2021（3）：50-56.

[2]曹浩文，李政．京津冀基础教育协同发展：定位、现状与对策[J]．上海教育科研，2017(5)：13-17+8.

[3]曹连喆．京津冀基础教育协同发展的困境与出路[J]．智库时代，2020(14)：134-135.

[4]董南燕，王卫，卢晓东．暑期学校：优质教育资源共享的新模式——北京大学暑期学校的办学理念与实践[J]．高等理科教育，2007(4)：40-44.

[5]方中雄，高兵．京津冀协同发展战略下首都基础教育地位、作用与变革趋势研究[J]．中国教育学刊，2017(12)：6-13.

[6]傅毓维，邵争艳．加强区域高等教育合作的思考[J]．科技与管理，2006(3)：143-145.

[7]高卉，左兵．英国"教育优先区"政策对我国少数民族地区教育的启示[J]．民族教育研究，2007(6)：111-115.

[8]高兵，李政．京津冀教育协同发展的基本原则与运行机制研究[J]．北京教育（高教），2015(2)：8-10.

[9]高扬，何晓萍．网络环境下数字化教育资源共享模式探究[J]．江西图书馆学刊，2010，40(4)：31-34.

[10]高星．高校成人教育机构开放办学机制的研究述评[J]．河北大学成人教育学院学报，2011，13(1)：35-38.

[11]郭必裕．长三角高效联动发展的阻滞因素[J]．煤炭高等教育，2010(4)：2.

[12]河北通过贯彻《京津冀协同发展规划纲要》的意见[J]．城市规划通讯，2015

（14）：9.

[13]胡志强.当前中小学校际合作的实践类型、核心问题与改进策略[J].教育理论与实践，2017，37（2）：13-16.

[14]季诚钧，朱亦翾，张墨涵.长三角地区教育发展现状及规划比较研究——基于教育现代化视角[J].决策与信息，2019（2）：88-100.

[15]金东海，师玉生.义务教育均衡发展与贫困地区学生就学资助的关联研究[J].西北师大学报（社会科学版），2009，46（6）：132-137.

[16]姜元涛，沈旸，王向超.特色办学：推进义务教育优质均衡的现实路径[J].教育导刊，2014（11）：26-28.

[17]靳昕，史利平.京津冀基础教育协同发展运行机制研究[J].中国教育学刊，2017（12）：14-19.

[18]梁燕，马日良.论高校合作创新过程中的有效机制[J].研究与发展管理，2002（1）：58-62.

[19]李孔珍，张琦.京津冀教育协同发展的三种管理模式研究[J].首都师范大学学报（社会科学版），2016（4）：119-127.

[20]李显军.论教育资源共享[J].成都教育学院学报，2002（8）：24-29.

[21]李忠华.文化资本视阈下的京津冀教育资源协同发展[J].中国集体经济，2016（30）：6-7.

[22]李志义.让教育回归本然[J].中国大学教学，2010（2）：4-8+67.

[22]冷志明，张合平.基于共生理论的区域经济合作机理研究[J].未来与发展，2007（6）：15-18+24.

[23]刘丹丹.试论京津冀协同发展战略视阈下的教育协同发展[J].河北青年管理干部学院学报，2017，29（2）：54-57.

[24]刘勇，姚舒扬.文化认同与京津冀协同发展[J].北京联合大学学报（人文社会科学版）.2014，12（3）：35-40.

[25]刘国荣.关于推进长三角义务教育高位均衡发展的思考与建议[J].上海教育科研，2010（11）：40-41.

[26]刘子飞.浅析京津冀协同发展区域治理模式——基于制度创新的角度[J].新经济.2021（10）：41-43.

[27]陆军．欧洲 2020 战略：解读与启示[J]．欧洲研究，2011，29(01)：72-88+ 159．

[28]马俊红．关于构建京津冀基础教育服务协同发展机制探讨[J]．商，2015 (42)：71．

[29]李忠华．文化资本视阈下的京津冀教育资源协同发展[J]．中国集体经济， 2016(30)：6-7．

[30]牛文元．地理空间决策的成功与失误[J]．科学，1988(1)：22-27+79．

[31]彭丽华，董烈霞．京津冀协同发展战略视角下基础教育协同发展探析[J]． 知识经济，2017(20)：167+169．

[32]任友群，徐光涛，王美．信息化促进优质教育资源共享——系统科学的视角 [J]．开放教育研究，2013，19(5)：104-111．

[33]苏开美．在更大范围内推进义务教育均衡发展[J]．人民教育，2013(Z1)： 35-37．

[34]宋萑，冯海洋．京冀基础教育协同发展共同体的构建——兼议大学—区域— 学校伙伴协作的路径[J]．河北教育(综合版)，2016(11)：24-25．

[35]苏红，李艳红，任永梅．关于合作行为影响因素的研究述评[J]．昆明理工 大学学报(社会科学版)，2005(3)：82-85．

[36]宋敏．大学与中小学合作研究的背景、必要性及内涵[J]．首都师范大学学 报(社会科学版)，2004(S2)：202-204．

[37]陶西平．重新认识基础教育"独立价值"[J]．中国教育学刊，2012(1)：6-7．

[38]《天津市贯彻落实(京津冀协同发展规划纲要)实施方案》解读[J]．中国资源 综合利用，2015，33(9)：10-19．

[39]王宁．京津冀基本公共服务均等化：问题与对策[J]．商，2015(28)：62-64．

[40]王依杉，张珏．中国式教育现代化的区域表达——长三角教育一体化的探索 与实践[J]．教育发展研究，2023，43(9)：20-29．

[41]王智．名校办分校：如何共享优质教育资源？[J]．河北教育(综合版)， 2019，57(Z1)：86-87．

[42]吴冠斌．京津冀区域基础教育校际合作现状研究[J]．河北教育(综合版)， 2019，57(Z1)：82-85．

[43]吴冠斌. 提升文化品质　创新文化名校——河北师范大学附属中学校园文化掠影[J]. 河北教育(综合版), 2020, 58(06): 2.

[44]吴洪成, 寇文亮. 京津冀中小学校际合作定位与运行机制研究——基于河北合作学校的调查[J]. 教育学术月刊, 2020(7): 32-41.

[45]吴继光. 教育资源共享在基础教育领域的模式研究[J]. 中国现代教育装备, 2009(10): 9-11.

[46]王家源, 柴葳. 奏响教育优先发展的时代先声[J]. 云南教育(视界时政版), 2018(11): 6-8.

[47]王宁. 京津冀基本公共服务均等化: 问题与对策[J]. 商, 2015(28): 62-64.

[48]王善迈, 董俊燕, 赵佳音. 义务教育县域内校际均衡发展评价指标体系[J]. 教育研究, 2013, 34(2): 65-69.

[49]闻待. 校际合作共同体的典型实践及特征[J]. 教育发展研究, 2008(24): 21-25.

[50]吴冠斌. 京津冀区域基础教育校际合作现状研究[J]. 河北教育(综合版), 2019, 57(Z1): 82-85.

[51]吴洪成, 寇文亮. 京津冀中小学校际合作定位与运行机制研究——基于河北合作学校的调查[J]. 教育学术月刊, 2020(7): 32-41.

[52]吴继光. 教育资源共享在基础教育领域的模式研究[J]. 中国现代教育装备, 2009(10): 9-11.

[53]肖庆顺, 张武升. 京津冀基础教育协同发展的政策研究[J]. 北京师范大学学报(社会科学版), 2017(2): 5-14.

[54]谢蓉. 基础教育的公私合作供给模式与治理: 基于珠三角的案例研究[J]. 南方经济, 2016(12): 104-111.

[55]徐世鼎. 院校合作机制建构的路径选择与制度保障[J]. 继续教育研究, 2011(10): 86-87.

[56]薛二勇, 刘爱玲. 京津冀教育协同发展政策的构建[J]. 教育研究, 2016, 37(11): 33-38.

[57]薛海平, 孟繁华. 中小学校际合作伙伴关系模式研究[J], 教育研究, 2011,

32（6）：36-41.

[58] 杨治平. 从绝对均养化到弹性均等化——美国纽约州促进基础教育质量公平的财政保障机制研究[J]. 世界教育信息，2015，28（3）：48-53.

[59] 叶宏. 论图书馆联盟的运行机制[J]. 图书馆，2007（2）：56-58+123.

[60] 易红郡. 西方教育公平理论的多元化分析[J]. 湖南师范大学教育科学学报，2010，9（4）：5-9.

[61] 尹德洪. 共生视角下京津冀协同发展研究[J]. 商业经济研究，2019（19）：154-158.

[62] 尤莉. 义务教育均衡发展指数设计的国际经验与借鉴[J]. 中国教育学刊，2016（10）：56-61.

[63] 岳昌君. 我国教育发展的省际差距比较[J]. 华中师范大学学报（人文社会科学版），2008（1）：122-126.

[64] 张云，窦丽琛，高钟庭. "京津冀协同发展：机遇与路径学术研讨会"综述[J]. 经济与管理，2014，28（2）：95-97+2.

[65] 张地容，杨丹，李祥. 从高速度到高质量：党的十八大以来乡村教育发展的历史成就与经验反思[J]. 现代教育管理，2022（9）：29-38.

[66] 郑国萍，李潇潇. 基于供给侧改革的京津冀教育协同发展运行机制研究[J]. 办公自动化，2020，25（5）：33-37.

[67] 郑国萍，陈国华. 京津冀教育协同发展供需矛盾及应对策略[J]. 河北师范大学学报（教育科学版），2017，19（4）：95-100.

[68] 周海涛，朱玉成. 教育领域供给侧改革的几个关系[J]. 教育研究，2016，37（12）：30-34.

[69] 朱剑. 美国的五校联盟探析[J]. 现代教育科学，2006（3）：58-60.

（五）报纸类

[1] 陈南，程天君. 推进义务教育均衡发展"三步走"[N]. 中国社会科学报，2020-06-24（008）.

[2] 范恒山. 发挥教育在京津冀协同发展中的基础先导作用[N]. 光明日报，2017-04-25（13）.

［3］梁丹，王家源.《2019 全国义务教育均衡发展督导评估工作报告》发布——超 95%的县实现义务教育基本均衡［N］.中国教育报，2020-05-20（1）.

［4］孟繁华，劳凯声.京津冀教育协同发展的挑战与应对［N］.中国教育报，2015-01-09（007）.

［5］曲经纬."十三五"期间京津冀教育系统合作协议达 168 个［N］.北京城市副中心报.2021-10-29（001）.

［6］张伟亚.56 所学校与京津冀优质教育资源"牵手"［N］.河北日报，2020-7-28（005）.

（六）网络类

［1］北京市教育委员会.市委、市政府印发《首都教育现代化 2035》［EB/OL］.（2019-09-17）［2024-08-12］.https：//www.beijing.gov.cn/ywdt/gzdt/201909/t20190917_1827753.html.

［2］河北省人民政府.河北雄安新区规划纲要［EB/OL］.（2018-04-21）［2024-08-02］.http：//www.xiongan.gov.cn/2018-04/21/c_129855813.htm.

［3］马北北.北京市加快行政副中心规划建设［EB/OL］.（2015-07-12）［2024-07-21］.https：//zqb.cyol.com/html/2015-07/12/nw.D110000zgqnb_20150712_5-01.htm.

［4］新华社.受权发布：中共中央、国务院决定设立河北雄安新区［EB/OL］.（2017-04-01）［2024-08-02］.http：//www.xinhuanet.com/politics/2017/04/01/c_1120741571.htm.

［5］人民日报.京津冀教育协同，一场存量改革［EB/OL］.（2017-04-13）［2024-06-28］.http：//www.xinhuanet.com/politics/2017/04/13/c_129531446.htm.

［6］肖金成.关于京津冀协同发展的若干思考［EB/OL］.（2015-08-26）［2024-06-30］.http：//www.xinhuanet.com/politics/2015/08/26/c_128168732.htm.

［7］叶雨婷.专家：京津冀教育协同发展关键问题有待解决［EB/OL］.（2022-12-19）［2024-06-30］.https：//finance.sina.com.cn/jjxw/2022-12-19/doc-imxxexzy3947230.shtml.

［8］张家口市文化广电和旅游局.未来五年，张家口市这样打造冰雪运动"全国

样板"〔EB/OL〕.（2023-04-11）〔2024-08-25〕. http：//whgdly. zjk. gov. cn/content. thtml？ contentId＝197085.

［9］赵婀娜. 京津冀职业教育如何协同发展（教育眼·职教改革新探索）〔EB/OL〕.（2016-03-17）〔2024-08-12〕. http：//edu. people. com. cn/GB/n1/2016/0317/c1006-28204988. htm.

［10］新华社. 中共中央办公厅、国务院办公厅印发《加快推进教育现代化实施方案（2018—2022 年)》〔EB/OL〕.（2019-02-23）〔2024-08-02〕. http：//www. gov. cn/xinwen/2019-02/23/content_5367988. htm.

［11］新华社. 北京通过贯彻《京津冀协同发展规划纲要》的意见〔EB/OL〕.（2015-07-12）〔2024-08-15〕. http：//www. gov. cn/xinwen/2015-07/12/content_2895589. htm.

［12］新华社. 中华人民共和国国民经济和社会发展第十四个五年规划和 2035 年远景目标纲要〔EB/OL〕.（2021-03-13）〔2024-08-19〕. http：//www. gov. cn/xinwen/2021-03/13/content_5592681. htm.

［13］中华人民共和国教育部. 国家中长期教育改革和发展规划纲要（2010—2020 年）〔EB/OL〕.（2010-07-29）〔2024-08-21〕. http：//www. moe. gov. cn/srcsite/A01/s7048/201007/t20100729_171904. html.

［14］中华人民共和国教育部. 国务院关于基础教育改革与发展的决定〔EB/OL〕.（2001-05-29）〔2024-06-26〕. http：//www. moe. gov. cn/jyb_xxgk/moe_1777/moe_1778/201412/t20141217_181775. html.

［15］新华社. 习近平总书记引领推动京津冀协同发展纪事〔EB/OL〕.（2023-05-14）〔2024-06-26〕. http：//www. gov. cn/yaowen/liebiao/202305/content-6857724.htm.

二、外文参考文献

（一）著作类

［1］CHENG Y, WANG Y, TONG S H, et al. Analysis and Design of Digital Education Resources Public Service Platform in Huanggang〔M〕. Advances in Multimedia,

Software Engineering and Computing Vol. l. Springer Berlin Heidelberg,2011.

［2］NISTOR L. Public Services and the European Union：Healthcare，Health Insurance and Education Services ［M］. Hange,the Netherlands:T M C Asser Press,2011.

［3］CORDEN A, DUFFY K. Human Dignity and Social Exclusion［M］//SYKES R.，ALCOCK P.. Developments in European Social Policy:Convergence and Diversity，Cambridge：The Policy Press,1998.

（二）论文集类

RODRIGUEZ-TRIANA M J, GOVAERTS S. Rich Open Educational Resources for Personal and Inquiry Learning：Agile Creation，Sharing and Reuse in Educational Social Media Platforms［C］.International Conference on Web and Open Access To Learning. IEEE,2015:1-6.

（三）学位论文类

DARLING-HAMMOND.Professional Development Schools：Schools for Developing a Profession. New York：Teachers College Press.

（四）期刊类

［1］BARD J, GARDENER C,WIELAND R.Rural School Consolidation Report:History，Research Summary，Conclusions and Recommendations ［J］. *National Rural Education Association*,2005:21.

［2］HUGHES J T. Cooperation to Collaboration：Resource Sharing and Partnership in Finance［J］.*American Education Annual*(1997-1998).

［3］KERRES M,HEINEN R. Open Informational Ecosystems：The Missing Link for Sharing Resources for Education［J］.*International Review of Research in Open and Distributed Learning*, 2015,16(1):24-39.

［4］NANJUNDA D C,RAMESH C. Elementary Education in Rural Karnataka — An Analysis［J］.*Artha Journal of Social Sciences*,2010,9(02):1-11.

［5］HUSEN T.A Marriage to Higher Education［J］.*The Journal of Higher Education*，

1980,51(06):616-649.

[6] Upgrading of Industrial Structure under the Background of Beijing-Tianjin-Hebei Coordinated Development [J]. Computer Applications in Engineering Education, 2018(18).

[7] XIE H Q, YANG M M, Fan L. An Empirical Study on the Correlation between Educational Input and Upgrading of Industrial Structure under the Background of Beijing-Tianjin-Hebei Coordinated Development [J]. *Computer Applications in Engineering Education*, 2018,18(5):2519-2526.

(五)报纸类

FULLAN M, ERSKINE-CULLEN E, WATSON N. The Learning Consortium: A School-University Partnership Program—An Introduction [N]. *School Effectiveness and School Improvement*, 1995,6(3):187-191.

(六)网络类

ARCHE. About Atlanta Regional Council for High Education [EB/OL]. [2019-12-23] (2024-07-21). https:www. atlantahighered. org/.

附　　录

京津冀基础教育协同发展视域下中小学校际合作机制研究访谈提纲

被访谈者姓名：

问卷编号：

访谈日期：

访谈具体起始时间：

一、关于合作动机

1. 请您谈一谈贵校的发展目标(定位)是什么？

2. 您期望通过与×××开展合作，在哪些方面有所收获？

二、关于合作过程

3. 请问贵校是在怎样的契机下同×××建立起合作关系？

4. 在合作时间里，双方大多以何种频率，何种方式展开合作？

5. 在合作过程中，区(县)教育局给予了怎样的帮助？

6. 学校内部校长、教师在合作中发挥了怎样的作用？

7. 在合作中，贵校主要做了哪些工作？

三、关于合作效果

8. 在整个合作交流的过程中，您有哪些改变？

9. 合作开展以后，课堂以及学生发生了哪些改变？

10. 教师在参与合作中得到哪些方面的提升？

11. 学校整体随着合作的开展发生了哪些变化？

四、关于合作反思

12. 合作中遇到哪些困难？比如在资金、人员、制度、沟通等方面，有没有哪些问题的存在影响到合作的效果？如果有，是如何解决的？

13. 对于合作的继续开展，您有什么建议？

京津冀基础教育协同发展视域下中小学校际合作机制研究调查问卷

老师您好:

　　本问卷是为完成省级课题"京津冀基础教育协同发展研究"而设计的。此问卷采用匿名方式,调查内容不涉及对学校具体工作的评价,也不向学校管理层汇报调研结果,请您不必有任何顾虑。您的意见和建议对本研究特别重要,请您填写自己的真实观点。

　　填写说明:请从下面每一道题目所提供的备选答案中,选出符合本人真实想法的答案并将代号填在问题后的"(　　　　)"内,如果没有特殊说明,每题只有一个答案。如果有特别说明,按说明填写。如果有些题目未能提供符合您想法的答案,请在选项后的"(　　　　)"内填写您的想法,最后再将代号填在问题后的"(　　　　)"内。

　　第一部分

　　基本信息

1. 您的性别:(　　　　)

　　A. 男　　　B. 女

2. 您的年龄:(　　　　)

　　A.30 周岁以下　　B.31~35 周岁　　C.36~40 周岁　　D.41~45 周岁

　　E.46~50 周岁　　F.50~55 周岁　　G.56 周岁以上

3. 您的学历:(　　　　)

　　A. 专科及以下　　B. 本科　　　　C. 硕士　　　　D. 博士

4. 您的专业职务:(　　　　)

　　A. 未定职级　　　B. 员级　　　　C. 助理级

　　D. 中级　　　　　E. 副高级及以上

5. 您的教龄是:(　　　　)

　　A.5 年及以下　　B.6—15 年　　C.16—25 年　　D.25 年以上

6. 您任职学校所在地:(　　　　　)

　　A. 农村　　　　　　　B. 城镇

　　第二部分

　　问题选择

7. 您认为,贵校与京/津学校开展合作的主要动机是:(　　　　　)(不定项)

　　A. 完成教育行政部门部署的任务

　　B. 协调解决区域校际利益冲突

　　C. 发挥自身比较优势,扩大本校的影响力

　　D. 学习成功经验,提升本校办学质量

　　E. 共建共享区域优质义务教育资源

　　F. 提升区域义务教育整体竞争力

　　G. 其他:(　　　　　　　　　　　　　　　　　　)(请填写)

8. 您认为,贵校与京/津学校合作的主要方式是:(　　　　　)(不定项)

　　A. 参观学习

　　B. 信息共享

　　C. 干部挂职锻炼

　　D. 对口支援

　　E. 项目合作

　　F. 其他:(　　　　　　　　　　　　　　　　)(请填写)

9. 您认为,贵校与京/津学校合作的主要内容是:(　　　　　)(不定项)

　　A. 设施设备共享

　　B. 课程资源的共建共享(包括校本课程开发和校园文化建设)

　　C. 学生发展核心素养探索

　　D. 促进教师专业化成长

　　E. 课堂教学改革研究

　　F. 优化学校管理,提升办学水平

　　G. 其他:(　　　　　　　　　　　　　　　　)(请填写)

10. 您认为,贵校与京/津学校合作中的主要问题是:(　　　　)(不定项)

　　A. 学校合作意识不强,责任意识不强

B. 校际合作形式与合作内容相对单一

C. 校际合作随意性大,稳定性较差

D. 校际合作松散,合作规则体系有待完善

E. 校际合作停留于形式,实效不明显

F. 校际合作评价机制不全,影响学校积极性

G. 其他:(_____)(请填写)

11. 您认为,贵校与京/津学校合作的主要困境是:(_____)(不定项)

A. 行政区划管理分割,校际交流受限

B. 地区间经济差距大,义务教育发展不均衡

C. 跨区域校际合作成本较高

D. 校际强弱悬殊,合作中地位不对等

E. 学校间利益协调难度大

F. 合作中存在潜在的文化冲突和磨合难题

G. 合作主体单一,一线教师和学生的参与度较低

H. 其他:(_____)(请填写)

12. 您认为,如何促进校际合作(_____)(不定项)

A. 组建区域校际合作的高层协调机构

B. 凝练办学特色,形成差异化优势

C. 树立开放意识,健全校际平等交流机制

D. 强化队伍管理,提高教师整体素质

E. 完善校际合作评价机制,保持合作持久性

F. 其他:(_____)(请填写)

13. 对于提升校际合作质量,您还有哪些意见和建议?(请写在下面空白处)

问卷到此结束,再次感谢您的配合,祝您工作顺利,生活愉快!

后　记

　　京津冀特殊的地理位置形成了国家的新战略发展规划的部署和千年大计的发展蓝图,令工作和生活在这片厚重而富饶的土地上的人们都精神振奋,信心倍增,活力迸发并心驰神往。教育是社会的重要组成部分,由于文化传承、人才培养和技术革新都有赖于教育,新形势下的科教兴国是一项英明而远大的国家战略,不容置疑。如何探讨和构建京津冀区域社会协同发展中的基础教育协同,自然是迫切而亟须的,我们的力量虽然微薄,但在时代的感召和使命的召唤下尽个人的绵薄之力融入其间,这是一种担当和责任。虽然“为伊消得人憔悴”,却也无怨无悔。尽管我们的论著在京津冀社会发展研究中只是浩荡潮流中的一朵浪花,能够起些许点缀和增色,此生足矣。京津冀基础教育协同发展涉及的因素复杂多变,而且许多并不是学术探讨的学者所能干预化解的,但做一点学理的和实证的探讨,建言献策也应是本分之事,因为我们生活在这方大地,为此而作出应有的努力、奉献,责无旁贷。虽然我的本身学术专攻方向是教育史,但由于学院发展的需要,二十年来一直承担教育学原理的专业相关论文辅导,这一方面与本课题的内容发生学科关联,另一方面也肯定存在专业研究领域的某些差异,以及由此带来的著作中存在的瑕疵乃至缺失。我想这是学界同仁和读者可以包容和理解的。当然,我也欢迎专家学者的批评和指正,以使我们今后在继续探索中吸取意见,提高水平质量,使成果能够实现“欲穷千里目,更上一层楼”。本书由河北大学教育学院教授、博士生导师吴洪成,河北大学教育学院教育史专业博士生吴冠斌合作完成。冠斌同志曾任河北省教育厅宣传中心《河北教育》杂志记者,所以有机会和条件亲临一些教育部门和学校、部分教师和学生当中去实施访谈和调查,许多实证的素材和资源是现实基础教育的反应,真切而具体。我们在合作撰写中彼此协作、互相讨论,共同完成这部著作,虽然其中有许多不如意之处,但敝帚自珍,心怀理想和愿景,期望能够对区域教育理论和京津冀教育协同发展有所作为,实现现实推进。

　　该书是河北省教育厅人文社会科学研究重大课题攻关项目"京津冀基础教育协同发展路径与方法研究"(编号:ZD202010)最终研究成果。我们十分感谢河北省教育厅立项资助该课题的研究并给予实现的宽容,在立项过程和开题论证阶段,河北省教育厅宣传中心负责人、《河北教育》杂志总主编宗树兴研究员给予了支持和教诲,在调研过程以及交流探索中他也给了诸多便利和帮助,在此深表谢意。课题的开题曾召集北京师范大学、陕西师范大学、江西省教育科学研究院的教授参加指导,他们提出的建议给我们以启发,在此一并致谢。

　　武汉大学出版社是全国一流大学的直属出版机构,在国内享有盛誉,能够欣然接受出版本书,这是我们的荣耀,同时也是对我校教育学科发展的大力支持。武汉大学出版社郭静编辑在书稿的选题立项、编辑加工以及审核出版等环节过程中给予了大力的支持和帮助,并提出了中肯而宝贵的意见和要求。她的工作态度、对学术著作的专精负责以及为作者分忧解难的奉献品格都让我们深深感动,在此向她表示敬意和感激。

吴洪成

2024 年 8 月 12 日于燕赵学府河北大学教育学院教育科学研究所办公室